W0175582

Das Buch

Ella Fitzgerald – die große alte Dame des Jazz. Schon über ein halbes Jahrhundert fesselt sie ihr Publikum immer wieder aufs neue mit der perfekten Tonlage und Klarheit ihrer Stimme. Die Hingabe an die Musik hat sie alle Hürden ihres bewegten Lebens meistern lassen. Kein leichter Weg. Sie mußte als Schwarze die Rassenschranken eines »weißen« Amerika überwinden und den offensichtlichen Nachteil, im auf strahlende Jugendlichkeit ausgerichteten Showbusiness alt zu sein. Ella Fitzgerald wehrt sich dagegen, zur Legende zu werden. Privat begegnet sie uns in dieser Biographie als sensible Frau, der zuviel Rampenlicht immer Unbehagen bedeutete. Eine Frau auch, deren Leben geprägt ist von unerfüllten Sehnsüchten, von Enttäuschungen.

Jim Haskins zeichnet auf der Basis zahlreicher Interviews mit Freunden, Musikerkollegen, Kritikern und Verehrern der First Lady des Jazz ihr faszinierendes Porträt.

Der Autor

Jim Haskins ist Englisch-Dozent an der University of Florida. Er hat über achtzig Bücher veröffentlicht, als besonderer Kenner des Jazz u. a. auch die Biographien von Lionel Hampton, Scott Joplin und Dinah Washington.

JIM HASKINS

ELLA FITZGERALD

First Lady des Jazz

Aus dem Englischen
von Lore Boas

WILHELM HEYNE VERLAG
MÜNCHEN

HEYNE ALLGEMEINE REIHE
Nr. 01/9094

Titel der Originalausgabe
ELLA FITZGERALD A LIFE THROUGH JAZZ
erschienen 1991 bei Hodder & Stoughton Publishers

Für Leo und Geri

DANK UND ANERKENNUNG

Den folgenden Personen bin ich für ihre Hilfe bei diesem Buch zu Dank verpflichtet:

Patricia Allen-Browne, dem verstorbenen Eddie Barefield, Keter Betts, Geri Branton, Dave Burchfield, Charline Burgess, Pam Day, Bill Doggett, Tommy Flanagan, E. E. Gariepy, Leslie Gourse, Gene Grissom, Milt Jackson, *Jazznews International, Jazz Notes,* Hank Jones, Arthur Josephson, Ann L. Kalkhoff, Connnie Kuhns, dem verstorbenen Mel Lewis, Marian Logan, Norman Matulef, Marvin Millis, James Moody, Beverly Peer, Maurice Prince, Roger Ramirez, Mr. und Mrs. Irving Randolph, Mr. und Mrs. Abe Rothstein, Phil Schapp, Victoria Secunda, Raymond Trent, George Wein. Ein besonderes Dankeschön an Kathy Benson.

Inhalt

1. Das Talent der Waise

Schon mehr als ein halbes Jahrhundert hat Ella Fitzgerald ihren Platz in den Herzen der Musikliebhaber in aller Welt, und der wird ihr ohne Frage auch bleiben. Ihre Stimme, die sie eine Gabe Gottes nennt, ist bemerkenswert. Jahrelang klang sie zart und mädchenhaft. Erst in den letzten beiden Jahrzehnten etwa ist sie zu einem dunkleren Alt geworden, aber immer erkannte man diese Stimme sofort als die ihre.

Durch ihre unglaubliche Musikalität, ihre Fähigkeit, diese Stimme wie ein Instrument zu »spielen«, ist es ihr gelungen, sich den Veränderungen in ihrer Stimme anzupassen, einmal abgesehen von den Veränderungen im musikalischen Stil und Geschmack. Wie der Kritiker John Rockwell 1986 in der *New York Times* schrieb: »Sie trifft nicht nur jede Note, wie sie es möchte, biegt und färbt sie nach Belieben, sondern sie weiß auch genau die richtige auszuwählen aus der betäubenden Fülle der Möglichkeiten, die in der Hitze einer Jazzimprovisation an ihr vorüberfliegen. Die Art, wie sie eine Tonhöhe färben oder die chromatische Tonleiter rauf und runter gleiten kann oder in einem Akkord die Note herauspickt, die den Ausdruck auf das pikanteste hervorhebt, das beweist den vollendeten Musiker, mag ihre Ausbildung auch noch so unakademisch gewesen sein.«[1]

Und dann ist da noch ihr Stil. Die Kritiker haben sich viele Jahre lang beklagt, ihr Gesang ermangele des echten Gefühls, es fehle zu häufig die Leidenschaft. Nie hätte sie eine Bluessängerin sein können, und glücklicherweise hat sie es auch nur selten versucht. Sie versuchte – und das mit Erfolg – die Balance und die Verbindung zu finden zwischen Jazz- und Popgesang. Was ihr an Tiefe fehlte, machte sie durch Technik wett. Ihr sagenhafter Sinn für Rhythmus, ihre präzise Artikulation und die ausgeprägte, konzentrierte Ausstrahlung ihrer künstlerischen Persönlichkeit halfen ihr, den Unwägbarkeiten des musikalischen Geschmacks zu trotzen in einer professionellen Karriere, die sich nun schon dem sechsten Jahrzehnt nähert.

Bis in die jüngste Zeit alterten Ella und ihre Stimme mit Grazie. Ihr mädchenhafter Überschwang mag ursprünglich nur ein Überlebensmechanismus gewesen sein, aber er erfüllte seinen Zweck. Ella war das Mädchen von nebenan, als noch viele weiße Fans sich in einem öffentlichen Bus niemals neben jemanden ihrer Rasse gesetzt hätten. Später war sie dann die Lieblingstante und noch später eine Ikone. In all dieser Zeit war sie sich ihrer Persönlichkeit niemals sicher, weder auf noch hinter der Bühne, und das mag wohl die größte Tragödie in einer ansonsten glanzvollen Karriere sein. Trotz der mehr als hundert Plattenalben, dreizehn Grammy Awards, ungeachtet der nationalen und internationalen Ehrungen ist Ella Fitzgerald immer noch ein ängstliches, unsicheres kleines Mädchen, das weniger dazu neigt, sein Leben selbst zu bestimmen, als sich davon treiben zu lassen, und das sich immer so sehr gehütet hat, sein privates Ich zu enthüllen, daß es nach mehr als einem halben Jahrhundert als Figur des öffentlichen Lebens immer noch eine der unbekanntesten Persönlichkeiten der Welt ist.

Ella Fitzgerald wurde am 25. April 1918 in Newport News, Virginia, geboren. Ihren Vater hat sie nie gekannt, den Berichten über Ella zufolge starb er schon kurz nach ihrer Geburt. Die wenigen Erinnerungen an ihn stammen aus Anekdoten, die ihre Mutter ihr erzählt hatte und die sich in dem kindlichen Köpfchen mit tatsächlichen Erfahrungen vermischten. Ihre Mutter, Tempie, hatte ihr immerhin erzählt, der Fitzgerald-Haushalt sei voll Musik gewesen, als ihr Vater noch lebte. Ihre Mutter sang, ihr Vater spielte Gitarre, und in den Tagen vor dem Aufkommen des Radios machten sie für sich selbst, die Familie und die Freunde Musik. Nach dem Tod ihres Vaters war eine Zeitlang Schluß damit. Ella hatte so niemals Gelegenheit, in ihren jüngsten und empfänglichsten Jahren eine Beziehung zu einem männlichen Wesen aufzubauen. Ellas Mutter konnte sich den Luxus nicht leisten, darüber lange nachzudenken. Sie hatte die Sorge, wie sie sich und ihre Tochter durchbringen sollte. Schließlich schloß sie sich der Nachkriegswanderung der

Schwarzen nach Norden an, nach Yonkers, New York, wo sie eine Schwester hatte.

Yonkers, den Hudson hinauf von der Bronx (dem nördlichsten Stadtteil von New York City), war nach dem Krieg eine aufblühende Industriestadt. Die kleine Ella und ihre Mutter zogen zu Ellas Tante, Virginia Williams. Tempie Fitzgerald fand Arbeit in einer Wäscherei und begann schließlich nebenbei noch einen Speise- und Getränkehandel. Bald fing sie an, mit einem Mann auszugehen, der im Tiefbau und als Chauffeur arbeitete, und nach einer gewissen Zeit zogen sie und die kleine Ella zu ihm. Anscheinend behandelte ihr neuer »Stiefvater« sie gut, und nach einer Weile hatte sie eine kleine Halbschwester. Sie spricht von einem behaglichen Familienleben voller Liebe und Hoffnung.

Das Viertel, in dem sie lebten, war typisch für die Fabrikstädte des Nordens, die ständig mehr oder weniger ungeschulte Arbeitskräfte brauchten und Zuwanderer und Schwarze aus dem Süden anzogen. Es gab unten in der Straße ein »Freudenhaus« und ein oder zwei Spielsalons für das »Numbers Racket«. Die Rassen waren gemischt, und die Schwarzen lebten ohne besondere Vorkommnisse Seite an Seite mit den neu angekommenen Zuwanderern, die ebenfalls Arbeitsmöglichkeiten in Yonkers suchten. Ihre Nachbarn und Klassenkameraden waren überwiegend Italiener, aber sie kann sich nicht erinnern, sich als Kind jemals als andersartig empfunden zu haben. Die Freunde ihrer Eltern waren noch zu neu in dem Land und zu sehr damit beschäftigt, ihren Lebensunterhalt zu verdienen und die Sprache zu lernen, als daß sie dessen Klassenstruktur erkannt und begriffen hätten, wie sie damit hätten umgehen können. Ella war elf Jahre alt, als man sie zum ersten Mal »Nigger« nannte. Der Junge war neu in der Schule, und als Antwort stieß Ella ihn, daß er umfiel. Ihre Schulkameraden aber glaubten, sie habe ihn geschlagen und waren entsprechend beeindruckt. Ella war klein, und ihre Klassenkameraden bekamen Respekt vor ihr, weil sie den Neuen untergekriegt hatte.

Zu Hause gab es nun wieder Musik, und Ella lernte die

populären Songs, die ihre Mutter sang, und merkte, daß auch sie gerne sang und tanzte. Es stellte sich bald heraus, daß Ella ein Ohr für Musik, absolutes Gehör, eine gute Stimme und ein hervorragendes Gefühl für Rhythmus hatte. Tempie ermutigte sie und beschloß, ihr Klavierstunden zu bezahlen. Irgendwie knapste sie die nötigen fünf Dollar für jede Stunde vom Haushaltsgeld ab. Aber Ella verbrachte mehr Zeit damit, ihre Klavierlehrerin fasziniert beim Spiel zu beobachten, als selber zu spielen. Als ihre Mutter gewahr wurde, daß sie dieselben Melodien immer und immer wieder spielte, entschied sie, daß sie die fünf Dollar für Ellas Klavierstunden besser verwenden konnte und stoppte den Unterricht.

Die Familie war oft knapp mit Geld: »Wir hatten nicht viel«, sagt Ella. »Wir wuchsen in einer Zeit auf, in der man für einen Beutel Pferdefleisch Schlange stehen mußte. Aber wir teilten alles, was wir besaßen.«[2] Wenn sie nicht in der Schule war, half sie aus, wo sie nur konnte, und machte erst einmal Botengänge für die Nachbarn. Als sie alt genug war, so etwa sieben oder acht, stand sie für das lokale »Haus« Schmiere, hielt die Augen offen, ob ein Polizist kam und klopfte an die Tür, wenn sie einen sah, um die Mädchen drinnen zu warnen. »Ich war ja nur ein Kind«, hat sie mal gesagt, »und wußte doch nicht, daß man so etwas nicht tat. Ich dachte, ich hülfe diesen Frauen Schuhe kaufen.«[3] Später war sie dann »Numbers Runner«, d. h., sie holte bei den Familien in der Nachbarschaft die täglichen Wetten ab und brachte sie zu dem lokalen Wettbüro.

Mit dem, was sie einbrachte und dem Einkommen der übrigen Familie konnte sich die Familie ein Grammophon leisten und gelegentlich auch neue Platten dafür. Ellas Mutter sang mit bei den populären weißen Sängern jener Zeit, unter ihnen die Boswell Sisters – Connee, Martha und Helvetia aus New Orleans –, deren harmonische Geschlossenheit von den Andrews Sisters und anderen weiblichen Gruppen übernommen wurde, ganz zu schweigen von schwarzen Männergruppen wie den Mills Brothers, die ein fester Bestandteil der Swingband-Darbietungen wurden. Connee Boswell, Leadsängerin und Arrangeurin der

Gruppe mit klassischer Ausbildung, die Cello, Klavier und Saxophon spielte, war Ellas Liebling. Auch wenn viele Jazzpuristen über den Stil der Boswell Sisters die Nase rümpfen, sollte man doch darauf hinweisen, daß sie die Pioniere waren, wenn es darum ging, die Stimme als Instrument einzusetzen, und daß sie die ersten waren, die den populären Songs Elemente des Jazz beimischten. Platten von Weißen gab es weitaus häufiger, und sie waren leichter zu bekommen als Platten von Schwarzen. Zu Ellas schwarzen Lieblingssängern gehörten Mamie Smith, Ethel Waters und die Mills Brothers, auf frühen schwarzen Plattenlabeln wie Okeh und Black Swan, und Songs wie »Down Home Blues« und »Oh Daddy«. Man ging nicht in die Plattengeschäfte, um diese 25-cm-Schellacks zu kaufen, sondern man holte sie sich von den Lastwagenanhängern, die von unternehmungslustigen schwarzen Typen gefahren wurden, oder aus den Hinterzimmern von Geschäften in der Nachbarschaft wie etwa Gemüsehandlungen, von Schwarzen betrieben. Auch das lokale Bordell war eine gute Quelle für schwarze Platten.

Eine Vielfalt musikalischer Kost gab es im Radio, das in jedem Haus, das etwas auf sich hielt, vorhanden war. Es gab zwei Sender, CBS und NBC. Duke Ellington übertrug jeden Abend instrumentalen Jazz aus dem Cotton Club, dem hochfeinen Nachtclub (nur für Weiße) in Harlem nach Süden hin. Ellas Geschmack war allerdings mehr auf die weiße populäre Musik gerichtet. Ihre Lieblingsshow war die Arthur Tracys im CBS. Tracy bezeichnete sich selbst als »The Streetsinger«, was zu jener Zeit offenbar eine andere Bedeutung hatte als heutzutage, denn er bevorzugte Songs wie »Marta (Ramblin' Rose of the Wildwood)« und »The Wheel of the Waggon is Broken«. Populäre Songs und Schlager, in denen die Texte wichtiger waren als die Instrumentierung, entsprachen Ellas Geschmack als Teenager, und dieser Geschmack erwies sich als bestimmend für ihre Entwicklung. Ihre Fähigkeit, die populären Tagesschlager zu singen, kam ihr als Mitglied des Glee Club in der Junior High School sehr zustatten, ebenso bei ihren ständigen Auftritten in Schulaufführungen. Während der Mittagspause rückten sie und ihre

Freundinnen manchmal aus zu einem örtlichen Theater, um weiße Sängerinnen wie Dolly Dawn mit dem George Hall Orchestra zu hören, und was sie hörte, nahm sie dann in ihr Repertoire auf.

Ellas Interesse für Musik lenkte sie zu der Zeit nicht von ihrer Schularbeit ab. Sie sagt, sie sei in der Junior High School eine gute Schülerin gewesen: »Eigentlich dachte ich, ich würde einmal Ärztin oder so was werden, ich war nämlich ganz gut in Latein in der Schule, und alles war in Ordnung, bis alle meine Freundinnen die leichteren Fächer nahmen. Und da fing das Lateinlernen an, mich zu langweilen und ich ließ es bleiben.«[4]

Zum Bestandteil des Lehrplans gehörte damals irgendein kreatives Unterrichtsfach. Ella hatte die Wahl zwischen bildender Kunst und Musik. Da sie »mit dem Pinsel nicht umgehen konnte«, wählte sie die Musik und lernte die Anfänge des Notenlesens, aber nur gerade so viel, daß sie damit durchkam – eine höchst oberflächliche Musikerziehung, was sie später bereuen sollte.

Die Kirche, Wiege so vieler großer schwarzer Gesangstalente, scheint auf sie keinen Einfluß gehabt zu haben. Ihr Einfluß war vielmehr die Musik, die sie auf Platten und im Radio hörte. Sie war besonders von unverwechselbaren Vokalstilen fasziniert, und ihr vokales Können machte sie zum geborenen Imitator. Als sie noch in der Junior High School war, hörte sie den »Growl«-Stil, den Louis Armstrong, Fats Waller und andere populär gemacht hatten, und schon bald beherrschte sie ihn. »Ich machte bei ein paar Schulaufführungen mit«, sagt sie, »und da gab es einen Song, der hieß ›Sing You Sinners‹. Ich versuchte dann immer, den zu ›growlen‹. Die Kinder mochten es sehr, wenn ich das tat, und das stieg mir ein bißchen zu Kopfe.«[5]

Eines Tages war sie mit ihrer Mutter auf dem Heimweg von einer Schulaufführung. Da kam ein Mitschüler zu ihr und gratulierte ihr zu ihrem Auftritt, aber Ella sah über ihn hinweg. Ihre Mutter gab ihr eine Ohrfeige und sagte: »Lauf du bloß nicht herum und sprich nicht mehr mit jedem. Selbst wenn jemand in der Gosse liegt und dich anspricht, dann sagst du hallo. Du weißt nie, wer einmal hingeht und dir hilft. Mach das nie wieder.«[6] Diese öffentliche Demütigung zu einer Zeit, da sie besonders empfänglich war, hat sie nie vergessen, sagt sie, und für immer sind ihr dieser Vorfall und die strenge Warnung ihrer Mutter in Erinnerung geblieben.

Was ihr Selbstbewußtsein angeht, so war ein bißchen Überheblichkeit wegen ihres Gesangstalentes wahrscheinlich ganz gut für die junge Ella, denn körperlich gab es wenig, worauf sie stolz sein konnte. Ella war keine Schönheit, und es kann sehr schwer für einen Teenager sein, sich dieser Wahrheit zu stellen. Ihr Gesicht war reizlos, mit kleinen Augen über hohen Backenknochen, ziemlich großer Nase und ebensolchem Mund. Von untersetzter Statur und dick, hatte sie unverhältnismäßig dünne Beine. Ihre Mutter hatte ihr immer versichert, ihr Gesangstalent sei eine Gabe Gottes, ebensoviel wert wie körperliche Schönheit, wenn nicht sogar mehr als diese, ein weiterer Grund, warum ihre Mutter so wütend darüber wurde, daß Ella sich benahm, als sei ihr Talent eher ein Vorrecht als eine Gnade.

Ella liebte nicht nur den Gesang, sie tanzte auch gerne. Auch wenn sie und ihre Freundinnen die Schritte der neuesten Tänze übten, wie des Black Bottom oder des Suzy-Q, war doch der Step ihr Lieblingstanz. Sie und ihre Cousinen oder Freundinnen gingen oft in die lokalen Theater, um die professionellen Tänzer wie Bill »Bojangles« Robinson und Eddie Rector zu sehen. Da diese Tanzstars immer als »direkt aus dem Connie's Inn« oder sonst einem großen Harlem-Club angekündigt wurden, war es nur logisch, daß Ella bald den Hudson River überquerte, um zu sehen, was da so alles los war.

Der Lärm der zwanziger Jahre mag in Yonkers gedämpft geklungen haben, aber es ist undenkbar, daß die Turbulenzen des Harlem der zwanziger und dreißiger Jahre nicht auch den Hudson hinaufgedrungen wären. Mit der Verabschiedung des Volstead Act 1919 und dem (daraus resultierenden) Beginn der Prohibition wurde den kriminellen Elementen schnell klar, daß mit geschmuggeltem Alkohol das große Geld zu machen war. Harlem, früher ein waldreicher Vorort von Manhattan, war seit kurzem ein neues Wohngebiet für die schwarzen Bewohner von Manhattan geworden, die von neu angekommenen ethnischen Minderheiten aus der »Hell's Kitchen« und anderen Vierteln von »Midtown Manhattan« herausgedrängt worden waren. Die gewalttätigen Rassenunruhen 1910 nach dem Schwergewichtsboxkampf zwischen Jack Johnson und Jim Jeffries hatten die Schwarzen abgedrängt nach »uptown«, während der Bau einer erhöhten U-Bahn-Linie, die man versprochen hatte, dazu führte, daß Harlem völlig zugebaut wurde und so Wohnungen für Schwarze entstanden, in denen sie leben konnten. Als dann auch die ehrwürdige Abyssinian Baptist Church »uptown« nach Harlem zog, da folgte die schwarze Bevölkerung aus Midtown Manhattan ganz schnell nach.

Schwarze Zuwanderer aus dem Süden, die nach New York kamen, zogen entweder freiwillig nach Harlem oder wurden dahin gesteuert, und Anfang der Zwanziger war dann die kulturelle Explosion der »Harlem Renaissance« schon in vollem Gange. Die relativ neue Musik, Jazz genannt, war sowohl einer der wichtigsten Träger wie auch eines der wichtigsten Produkte dieses kulturellen Erwachens. Entstanden aus den synkopierten Rhythmen des Ragtime, brachte der Jazz die Synkopierung in die Harmonik und die Orchestrierung ein. Diese Entwicklung hatte schon lange vor dem Ersten Weltkrieg begonnen und wurde in Städten am Mississippi wie New Orleans geboren, in denen die Begegnung zwischen schwarzen und kreolischen Musikern in den Saloons und Spielhallen der gesetzlich zugelassenen Prostitution im Storyville-Distrikt zur Entwicklung eines Ensemblespiels geführt hatte, bei dem die Trompete oder das Kornett die Melodie spielte und Blechbläser, Klavier und Schlagzeug, Baß und Banjo in verschiedenen Kombinationen für den Rhythmus sorgten.

Musikwissenschaftler sind sich nicht einig darüber, wie der Jazz zu seinem Namen kam. In seinen Anfängen nannte man ihn »Razz Music« oder »Spasm Music«. Die Chicagoer behaupten, die Bezeichnung »Jazz« sei um 1912 herum durch die Popularität eines Posaunisten namens Jasbo Brown, »Jas« genannt, entstanden, dessen Spitzname bald dieser Musik angehängt wurde. Was auch immer ihr Ursprung, die Bezeichnung war im Ersten Weltkrieg bereits allgemein in Gebrauch.

Zu der Zeit entwickelte sich der Jazz schon von einer Vaudeville-Kuriosität zu einer musikalischen Mode, in erster Linie, weil man immer besser nach ihm tanzen konnte und er so einem breiteren Publikum zugänglich wurde. Nie wurde sichtbarer, wie gut sich nach Jazz tanzen ließ, als in *Shuffle Along*, einer ausschließlich schwarzen Show, die im 63rd Street Theatre in Midtown Manhattan Premiere hatte, und wenn man den Beginn der Harlem Renaissance an einem einzelnen Ereignis festmachen will, dann war es diese Show.

Der entfesselte Tanz in *Shuffle Along* inspirierte die Weißen dazu, mit neuem Interesse nach Norden, nach Harlem zu blicken. Bald schon machten sich einige Wagemutige auf den Weg nach »uptown«, um zu sehen, was sich da tat. Es dauerte nicht lange, da hatten clevere Alkoholschmuggler angefangen, Flüsterkneipen in gehobenem Stil in Harlem zu eröffnen und damit dieses Gebiet zum Spielplatz für die Weißen zu machen, aber auch nebenher den Schriftstellern und Malern aus Harlem ein weißes Publikum zu bescheren.

In Clubs wie dem Cotton Club und Connie's Inn waren die Kunden ausnahmslos weiß, die Kellner und Entertainer hingegen ausschließlich schwarz. Wenn die schwarzen Entertainer sich der Heuchelei solcher Arrangements manchmal auch nur zu peinlich bewußt waren, so waren sie doch froh, einen Job zu haben, und der gewöhnliche Schwarze war ebenfalls entzückt zu sehen, daß wenigstens einige seiner Rasse es geschafft hatten. Duke Ellington und sein Orchester wurden im Cotton Club die Hausband, und 1927 begann die kleine lokale Rundfunkstation WHW, jeden Abend eine Session mit Ellingtons Musik zu übertragen. Bald folgte das Columbia Broadcasting System (CBS) mit landesweiten Übertragungen, und alle schwarzen Haushalte, die angeschlossen waren, stellten jeden Abend das Radio an, aus rassischer Solidarität, aber auch aus Freude am guten Entertainment. Ella behielt sich die Stunden dieser Rundfunkübertragungen aus dem Cotton Club zum Radiohören vor und träumte von der glitzernden Welt, die der Cotton Club repräsentierte.

Nach dem Börsenkrach von 1929 gingen die Lichter in Harlem noch jahrelang nicht aus, und in ihren frühen Teenagerjahren nahmen Ella und ihre Freundinnen die U-Bahn nach Harlem und gingen in die kleinen Clubs, wo man kein Gedeck bezahlen mußte und wo man es mit den Auflagen des Jugendschutzes nicht so genau nahm, wie es in den feudaleren Clubs der Fall war. Ihr Lieblingslokal war der Savoy Ballroom, Harlems größter und populärster Tanzsaal. An diesem Ort wußten die Eltern ihre Kinder geschützt, denn es wurde streng Ordnung gehalten durch die bulligen Rausschmeißer in ihren Smokings, die mit jedem Störenfried kurzen Prozeß machten.

Der Savoy Ballroom lag im zweiten Stock eines langgestreckten Gebäudes auf der Lenox Avenue zwischen der 140th und 141st Street, an der Stelle eines ehemaligen Straßenbahndepots. Er öffnete seine Pforten am 6. März 1926. Der Inhaber Moe Gale und der Manager Charles Buchanan, beide Experten im Übertreiben, nannten ihn »The World's Most Famous Ballroom« – den berühmtesten Ballsaal der Welt. Sie erwiesen sich als gute Propheten, denn genau das wurde er.

Die Tanzfläche war die größte in Harlem, ca. 15 zu 60 Meter. Man nannte sie schon früh »the Track«, möglicherweise weil sie für manche einer Rennbahn glich und vielleicht auch, weil die Tänzer »Tracks« – Spuren – auf der immer frisch gebohnerten Tanzfläche hinterließen. Das Unterhaltungsrepertoire war riesig. Gastierende Sänger und Tänzer standen auf einer Bühne, die für diese Auftritte über das Niveau der Tanzfläche angehoben werden konnte. Der Tänzer Eddie Rector trat speziell zur Eröffnung auf. Aber berühmt wurde das Savoy dadurch, daß in ihm ständig zwei Bands auftraten, es war sogar von vornherein bewußt darauf eingerichtet, mit zwei Bandstands, einem an jeder Seite der Tanzfläche.

Fess Williams and His Royal Flush Orchestra war eine der ersten Bands. »Professor« Stanley Williams aus Kentucky, dessen »Titel« schon bald zu »Fess« verkürzt wurde, war ein Showman *par excellence*. Er trug einen mit Diamanten besetzten Anzug und einen Zylinder, damit er auch zum Namen seines Orchesters paßte. Er war beim Publikum des Savoy so beliebt, daß der Ballroom eine »Fess Williams Night« veranstaltete, in der 2500 Exemplare seiner neuesten Aufnahme für das Label Harmony verschenkt wurden.

Die Charleston Bearcats (später hießen sie Duncan Mayor's Savoy Bearcats) waren am Eröffnungsabend die zweite »Hausband«, und dazu kam noch Fletcher Henderson's Roseland Orchestra als Gastorchester. Es kamen über fünftausend Menschen.

In den Anfängen teilten sich die beiden Bands höflich die Unterhaltungspflichten. Wenn eine ihren Set bendet hatte, übernahm die andere. Ihre vornehmste Aufgabe war es, für die Tänzer zu spielen, und wenn die Tänzer nicht ausgelassen tanzten, wenn eine Band spielte, wurde die betreffende Band nicht wieder engagiert. Schon 1927 aber waren die »Band Battles« eine ständige Einrichtung geworden, und bei diesen Wettkämpfen waren die Tänzer oft viel zu fasziniert, um noch auf die Tanzfläche zu gehen.

Eine der berühmtesten Battles aus den Anfangszeiten war die am 15. Mai 1927 zwischen New York und Chicago. Fletcher Hendersons und Chick Webbs Bands repräsentierten New York, Fess Williams' (zu dieser Zeit leitete er die Hausband im Regal Theater in Chicago) und King Olivers Bands taten das gleiche für Chicago. Die Lenox Avenue war über mehrere Blocks hin verstopft, und das Überfallkommando wurde gerufen, um die Ordnung zu wahren.

Eine noch größere Attraktion war der Kampf Nord gegen Süd, bei dem drei Bands aus jeder Region gegeneinander antraten. Vertreter des Südens waren Cab Calloway and the Missourians, Johnson's Happy Pals aus Richmond, Virginia, und Ike Dixon aus Baltimore. Für den Norden spielten Duke Ellington and His Orchestra, Charlie Johnson's Paradise Band aus dem Small's Paradise (einem beliebten Harlem-Club) und Fess Williams and His Royal Flush Orchestra.

Beinahe von der ersten Stunde an waren die Tänzer des Savoy Ballroom selbst ein wesentlicher Teil des Entertainment, und 1932 wurde der Slogan des Savoy umgeändert in »The Home of Happy Feet«. Im Verlauf seiner mehr als dreißigjährigen Geschichte war der Club die Wiege der populärsten neuen Tänze, unter ihnen der Suzy-Q, Peckin', Truckin' und der Congeroo. Die berühmtesten entstanden schon gleich, nachdem der Club eröffnet war. Im Hinblick auf Charles A. Lindberghs Alleinflug über den Atlantik wurde im Savoy der Lindy Hop ausgebrütet, ein Tanz, bei dem die Paare in ihren Bewegungen das Abheben und Landen eines Flugzeugs imitierten (wobei die Frau das Flugzeug darstellte). Aber die regulären Tänzer im Savoy brauchten kein Stimulans für ihre Kreativität, denn der Club diente als Bühne für Legionen von sogenannten »eccentric dancers«, akrobatischen Tänzern, die in den Zwanzigern und Dreißigern sehr populär waren.

Ellas Liebling war Earl »Snakehips« Tucker, dessen Spezialität der Snake Hip war, ein Tanz aus dem Süden, bei dem Kopf und Schultern ruhig blieben, während der Körper sich von der Brust bis zu den Fersen in rhythmischen Wellen schlängelte. Tucker konnte seine Hüften und Schenkel in unglaublichen Verrenkungen biegen. Ella merkte, daß sie Tucker mit Erfolg imitieren konnte, und sie träumte davon, eines Tages ein »eccentric dancer« zu werden. Daß sie in Ruhestellung nicht anmutig aussah, daß ihre dünnen Beine von dem verhältnismäßig wuchtigen Rumpf, den breiten Schultern und dem fleischigen Hals und Unterkiefer geradezu überlastet schienen, das störte sie nicht allzusehr. Sie wußte, daß da eine Wandlung vorging, wenn sie zu tanzen anfing.

Sie begann ihre Karriere als Tänzerin in Schulaufführungen. Als diese ihr nicht genug Entfaltungsmöglichkeiten für ihre Talente boten, tanzte sie weiter auf den Straßen von Yonkers, wo sie für die Vorübergehenden steppte und damit etwas einnahm. »Meine Cousinen sagten immer: ›Laß uns ins Kino gehen‹«, erzählte sie, »das endete gewöhnlich damit, daß ich auf der Straße tanzte und die Leute uns Geld gaben. Damals gab es die Block-Partys, da ging ich immer hin und tanzte.«[7] Nach einiger Zeit wurde sie dann so etwas wie eine lokale Berühmtheit.

Später, als sie älter waren, übten die Mädchen ihr tänzerisches Geschäft in den Straßen von Harlem aus, besonders um die Seventh Avenue herum in der der 130., bekannt als

»Black Broadway«, wo die Entertainer auf dem Bürgersteig zum Straßenbild gehörten.

Durch die Depressionszeit nahm vor allem die Anzahl dieser Straßenentertainer zu. Ella und ihre Freundinnen wurden wohl aufgenommen und konnten sich durch ihre Bemühungen das Fahrgeld verdienen, und so sprachen sie immer öfter und mit immer größerer Begeisterung davon, Professionals wie Whitey's Lindy Hoppers zu werden, eine damals sehr beliebte Truppe. Sie machten wohl auch die übliche Wallfahrt zum »Tree of Hope«, einer alten Ulme an der Ecke der Seventh Avenue und 131st Street. Im Lauf der Zeit wurde sie unter den Harlemer Showleuten als eine Art von lebendiger Aladinslampe angesehen, denn man glaubte, wenn jemand ihre Rinde rieb und sich dabei etwas wünschte, ginge der Wunsch in Erfüllung. Als man 1934 Pläne entwickelte, die Seventh Avenue zu verbreitern, mußte man dafür den Baum fällen, aber dem Steptänzer Bill »Bojangles« Robinson, damals inoffizieller »Bürgermeister von Harlem«, gelang es, den Stumpf zu erhalten und ihn später, zusammen mit einer Plakette, auf der verbreiterten Seventh Avenue aufstellen zu lassen.

Da sie sich klar darüber waren, daß sie nie zum Gegenstand einer wunderbaren »Entdeckung« werden würden, sprachen Ella und ihre Freundinnen davon, an einem Amateurwettbewerb in einem der Harlemer Clubs teilzunehmen. Auch sie eine Folge der Depression, wie das Sitzen auf einer Fahnenstange oder die Marathontänze, gaben diese »Amateur Nights« talentierten Leuten die Chance, entdeckt zu werden und dem Publikum die Gelegenheit, sowohl ihre Frustrationen durch eine öffentliche Demütigung loszuwerden als auch stellvertretend die Triumphe gewöhnlicher Mitmenschen wie sie selber mitzuerleben. Die »Amateur Nights« waren zuerst 1930 an den Mittwochabenden im Harlem Opera House eingeführt worden und waren 1933 schon so populär, daß viele Harlemer Theater sie übernommen hatten.

Die »Amateur Nights« gehörten so fest zum Nachtleben in Harlem, daß es einem Möchtegern-Star theoretisch möglich war, von montags bis donnerstags jeden Abend an irgendeinem Amateurwettbewerb irgendwo teilzunehmen. Die Freitag- und Samstagabende waren für die schon arrivierten Talente reserviert.

Da die Amateurwettbewerbe so verbreitet waren, entschlossen sich Ella und zwei ihrer Freundinnen, nicht mehr länger über das Mitmachen zu reden, sondern es endlich auch zu tun. Offensichtlich hatten sie nie daran gedacht, ein Tanzteam zu bilden. Es gab im Showbusiness keine Teams mit drei schwarzen Tänzerinnen, und wenn es auch Legionen von Tanzduos gab (ein Überbleibsel der alten Regel, daß es im weißen Vaudeville immer nur zwei Schwarze zusammen geben sollte), bildeten Ella und ihre Freundinnen auch kein Duo aus ihrer Dreiergruppe. Statt dessen betrachtete sie jede als individuelle Tänzerin, und als sie sich schließlich entschlossen, es in einem Amateurwettbewerb zu versuchen, wollte keine gegen die andere antreten. Also zogen sie Pinnchen, um zu sehen, wer den nächsten Wettbewerb im Harlem Opera House mitmachen sollte, und Ella gewann.

Das Harlem Opera House, 209 West 125th Street, das erste Theater nörlich des Central Park, war von Oscar Hammerstein Ende des neunzehnten Jahrhunderts gebaut worden. Später wurde es von der Keith-Vaudeville-Kette übernommen und für Varieté-Nummern genutzt, bis die 125th Street, ein weißer Außenposten im immer schwärzer werdenden Harlem, das Zentrum des schwarzen Entertainment geworden war. Um 1930 traten im HOH ausschließlich schwarze Künstler auf. Die Amateurwettbewerbe an den Mittwochabenden gehörten zu seinen größten Attraktionen, und weil dies die bekanntesten waren, dachten Ella und ihre Freundinnen zuerst an das Harlem Opera House.[8]

Ella trug sich als Tänzerin ein, da sie das für ihr größtes Talent hielt, und versuchte dann, ihres rasenden Lampenfiebers Herr zu werden, an dem sie für den Rest ihres Lebens leiden sollte, wenn sie hinter der Bühne stand und auf ihren Auftritt wartete. Nun konnte sie nicht mehr zurück – ihre Freundinnen hätten sie Feigling genannt, wenn sie nicht aufgetreten wäre. Sie spähte durch den Vorhang an der Seite der Bühne und fiel fast in Ohnmacht, denn vor ihr trat schon eine Tanznummer auf – ein Paar leichtfüßiger, akrobatischer Schwestern, richtige Publikumslieblinge. Wie sollte sie da folgen können? Sie konnte sich kaum rühren, als ihr Name aufgerufen und sie als Tanznummer angekündigt wurde.

»Meine Knie wurden weich, und in meinem Magen kribbelten Millionen Ameisen«, so erinnerte sie sich später. »Sie mußten mich geradezu auf die Bühne schieben, und als ich dahin sah, wo das Publikum sein sollte, war da nichts als ein dicker, verschwommener Nebel.« Das Orchester fing an zu spielen. Ellas Geist befahl ihrem Körper, sich zu bewegen, aber der weigerte sich zu gehorchen. Das Publikum grummelte ungeduldig. Hinter der Bühne flüsterte der Ansager: »Mach *irgendwas*!«[9] In ihrer Panik merkte Ella, daß sie noch nicht mal hätte von der Bühne laufen können.

Dann gewann der Verstand die Oberhand. Wenn sie sich schon nicht bewegen konnte, konnte sie wenigstens singen. Ein paar Fetzen eines Connee-Boswell-Songs drangen in ihr Bewußtsein, und zögernd intonierte sie die erste Zeile von »Judy«. Das Orchester, vertraut mit dem populären Song, stieg ein und half ihr weiter. Das Publikum hörte auf, ungeduldig auf den Sitzen hin- und her zu rücken, als ein erstaunlich klarer Ton von der Bühne herunterdrang, jede Note tonrein. So wie ihr Selbstvertrauen wuchs, wurde Ella lockerer und ließ ihren Körper in dem leichten, swingenden Rhythmus mitgehen, und als der Song zu Ende war, tobte das Publikum, und Ella hatte einen Wendepunkt in ihrer Karriere erreicht. »Als ich da oben stand«, erinnert sie sich, »da spürte ich die Akzeptanz und die Liebe des Publikums – da wußte ich, daß ich den Rest meines Lebens für die Menschen singen wollte.«[10]

Sie fühlte sich so wohl auf dieser Bühne, daß sie sofort zu einem anderen Song der Boswell Sisters überging, »The Object of My Affection«. Die Reaktion des Publikums war ebenso überschwenglich. Sie hätte noch weiter gesungen, aber da kam der Ansager auf die Bühne und führte sie sanft hinweg.

Amateurwettbewerbe wurden nach dem Applaus beurteilt, und am Ende des Abends war es Ella, die den lautesten

Beifall des Publikums bekam. Sie gewann den Preis von $ 25 in bar und bemerkte später dazu: »Das war das schwerstverdiente Geld, das ich je bekommen habe.«[11]

Zufällig begann im gleichen Jahr noch eine andere junge Frau ihre Karriere als Sängerin in Harlem, die eigentlich davon geträumt hatte, Tänzerin zu werden. Billie Holiday, geboren 1915 als Eleonora Fagan in Baltimore, kam Anfang 1930 nach Harlem und tanzte 1933 vor in Jerry Prestons Log Cabin, 168 West 133rd Street. Sie sei keine Tänzerin, sagte man ihr, und da versuchte sie es noch mal, diesmal als Sängerin, und wurde mit einer Wochengage von $ 12 eingestellt. Dort entdeckte sie John Hammond, Absolvent der Yale University und ehemaliger Geschäftsmann, der Musikkritiker und Produzent geworden war, und arrangierte ihre erste Plattensession, wenn diese 1933er Aufnahmen sich auch nicht besonders gut verkauften.

Ella, durch ihren ersten Erfolg kühn geworden und begierig, noch einmal die Woge der Liebe und Akzeptanz durch ein aufnahmebereites Publikum zu spüren, nahm an weiteren Amateurwettbewerben teil. Bei einem davon versuchte Ella, einen neuen Titel vorzustellen, »Lost in the Fog« von Jimmy McHugh und Dorothy Fields, die durch ihre Arbeiten für die Cotton Slub Chows in den späten zwanziger Jahren berühmt geworden waren. Unseligerweise brachte der Pianist die Harmonien durcheinander, und Ella selbst stolperte über eine Zeile. »Das heißt, ich war *wirklich* völlig raus – I *really* got lost«, sagte sie später in einem Wortspiel mit dem Titel des Songs. Das Harlem-Publikum, das ohnehin berühmt dafür war, einem Entertainer keine Schonung angedeihen zu lassen, wenn er versagte, buhte Ella mit Vergnügen von der Bühne, eine Erfahrung, die für einen unsicheren Teenager leicht hätte vernichtend sein können.[12]

Aber Ella hielt durch. Sie sagte sich, sie dürfe diesen Fehler nicht noch einmal machen und kehrte zu dem kleinen Repertoire zurück, das sie am besten kannte und von dem sie annahm, daß es jeder Pianist beherrsche.

Beim nächsten Mal nahm sie an einem Wettbewerb im neuen Apollo-Theater, 235 West 125th Street, teil. Das ehemalige Burlesk-Theater von Hurtig & Seamon, auf dessen

Bühne in früheren Jahren Sophie Tucker und Fanny Brice gestanden hatten, gehörte Sidney Cohen, der noch ein anderes kleines Theater besaß, das Apollo Burlesque ein paar Häuser weiter unten, direkt über dem Harlem Opera House. 1933, ironischerweise im gleichen Jahr, in dem die Prohibition aufgehoben wurde und die Ära der Flüsterkneipen zu Ende ging, begann der neugewählte Bürgermeister Fiorello LaGuardia eine Kampagne in der Stadt gegen die Burleske, sie sei derb, zotig und unanständig. Hurtig & Seamon wurden aus dem Geschäft gedrängt, ebenso das Apollo. Um seine Verluste möglichst gering zu halten, schloß Sidney Cohen das kleine Theater mit der Harlem Burlesque und eröffnete das frühere Hurtig & Seamon's neu als 125th Street Apollo Theatre, in dem üppige Ausstattungsrevuen gegeben werden sollten.

Zusammen mit seinem Manager Moritz Sussman nahm sich Sidney Cohen nun vor, mit dem Harlem Opera House in Konkurrenz zu treten, das nur ein paar Häuser weiter östlich an der 125th Street lag. Von seiner Eröffnungsshow am 26. Januar 1934 an präsentierte das Apollo berühmte Jazzbands und hatte auch seine eigene Amateur Night.

Ellas Auftritt bei der Apollo Amateur Night ging problemlos über die Bühne. Sie würde singen, sagte sie, und wieder sang sie Nummern, die die Boswell Sisters populär gemacht hatten. Auch diesen Amateurwettbewerb gewann sie.

Sie nahm noch an weiteren Wettbewerben teil. Gelegentlich fügte sie ihren Boswell-Sisters-Standards noch den populären Song »Believe It, Beloved« hinzu, 1934 bei J. C. Johnson herausgekommen und präsentiert von Fats Waller. Es war ihr klar, daß die Anzahl der Wettbewerbe, an denen sie teilnehmen konnte, begrenzt war und daß der Punkt kommen würde, an dem sie sie alle durch hatte, aber es war das einzige, was sie machen konnte. Sie hatte keine Beziehungen im Showbusiness, und bis dato hatte sie auch noch niemand »entdeckt«. Sie mußte weiter jede Gelegenheit ergreifen, die ihr offenstand, und hoffen, daß daraus doch einmal etwas werden würde.

Bei einer Amateur Night saß Benny Carter im Publikum.

Der in New York geborene Multi-Instrumentalist, Komponist und Arrangeur leitete damals sein eigenes Orchester und erkannte sofort das Besondere an Ellas Stimme. »Da stand diese junge Dame, vielleicht fünfzehn oder sechzehn Jahre alt, mit einem erstaunlichen Talent«, sagte er. »Sie hatte, wie man sofort feststellen konnte, einen guten Geschmack. Sie war offen und ehrlich und hatte ihren eigenen Stil. Da waren vielleicht noch kleine Anklänge an Connee Boswell, aber sie kopierte niemanden. Ich wußte, sie war etwas Ungewöhnliches, und die Jahre haben mir recht gegeben.«[13]

Zu der Zeit arbeitete Carter nicht mit Sängern, war aber sicher, sie würde ein Gewinn sein für eine Bigband, die das tat. So stellte er sie John Hammond vor, der ebenfalls von Ellas Stimme so beeindruckt war, daß er mit Carter zusammen ein Vorsingen bei Fletcher Henderson arrangierte.

Henderson erfreute sich des Rufs, der erste Bandleader gewesen zu sein, der sein Orchester nach Instrumenten in Sektionen aufgeteilt hatte. Damit hatte er größere Möglichkeiten geschaffen, den Klang zu kontrollieren und in einer Weise zu variieren, wie es vorher nicht möglich gewesen war. Harlem hatte schon seit etwa 1910 große Orchester gehabt, aber das waren keine wirklichen Jazzbands gewesen, denn weder die Instrumentation noch die Arrangements erlaubten den Musikern zu improvisieren. Um 1923 begann Henderson, die Instrumente in Instrumentengruppen aufzuteilen und die Improvisation zu fördern, mit Hilfe des Geigers Allie Ross und des Arrangeurs Don Redman, der nun einen Song nehmen und seine einzelnen Stimmen auf die verschiedenen Instrumente verteilen konnte. 1927 war Hendersons Band fest im großen Roseland Ballroom in Downtown Manhattan engagiert und galt als die beste Bigband von Harlem. Nachdem sie im Roseland zum Tanz gespielt hatten, gingen sie gewöhnlich »uptown« nach Harlem und tauchten da in denjenigen Nachtlokalen auf, die so spät in der Nacht noch offen waren. Da wurden dann die Arrangements beiseite gelassen und nur noch gejammt.

Schon bald hatten andere Bands Hendersons Einteilung übernommen, und das führte nun zur Entwicklung des

Swing, dem Musikstil, der zum Inbegriff der Dreißiger wurde, wie es der Jazz für die Zwanziger gewesen war.

Der Swing, eine Entwicklung des Bigbandstils der späten Zwanziger, war gekennzeichnet durch einen soliden, pulsierenden Rhythmus, der den Vorrang hatte vor der Melodie. Man konnte noch besser nach ihm tanzen als nach dem melodiösen Jazz, die Betonung lag bei ihm auf der Instrumentengruppe, und er war abhängig von komplexen Arrangements. Musikalisch war der Swing nie so aufregend wie der Jazz der zwanziger Jahre, denn die Swingbands wurden zu populär. Sie waren teuer in der Unterhaltung und brauchten daher Geldgeber, die ihr Geld möglichst schnell wieder hereinbekommen wollten. Die Bands wurden ausgiebig gemanagt, und Persönlichkeiten überschatteten bald die Musik. Die Bandleader wurden selber zu Stars, und die Musik, die sie spielten, wurde mehr und mehr vom Publikumsgeschmack beeinflußt und nicht umgekehrt.

Der Persönlichkeitskult erstreckte sich bald auch auf die Bandsänger, die oft sogar den Bandleader selber an Popularität übertrafen. Mit dem Swing wurden auch die »Girl Singers« immer wichtiger für die Bigbands. Die beliebtesten Bands hatten alle eine Sängerin, und Carter und Hammond glaubten, Ella sei genau die Sängerin, die Henderson zusagen würde.

Zusammen begleiteten sie sie zu Hendersons Wohnung in Striver's Row, dem elegantesten Teil von Harlem (zwischen der Seventh und der Eighth Avenue, von der 138th zur 139th Street), wo auch Duke Ellington und andere erfolgreiche Schwarze wohnten und die aus einer Reihe von Wohnhäusern bestand, die Anfang des Jahrhunderts von dem renommierten Architekten Stanford White entworfen worden waren. Ella, von ihrer Umgebung eingeschüchtert und mehr als nur ein bißchen nervös, sang ihre Standardnummern mit ihrer Interpretation des Swing, aber die kam Henderson zu sehr wie die Swinginterpretationen der Weißen vor, die die Boswells unter die Leute brachten. Da fehlte das Gefühl. Henderson sagte ihr, er würde sich später bei ihr melden, aber sie hörte nichts mehr von ihm.

Zwar waren Benny Carter und John Hammond weiterhin

an der jungen Ella interessiert, hatten sich aber auch um ihre eigenen Angelegenheiten zu kümmern und konnten nicht viel Zeit erübrigen, um ihr zu helfen. Resigniert wandte sie sich wieder den Amateurwettbewerben zu.

Nicht lange danach bekam Ella noch einmal eine Chance, als sie für Arthur Tracys Radioshow bei CBS, »The Street Singer«, vorsang und einen Kontrakt angeboten bekam. Da sie noch minderjährig war, mußte ihre Mutter den Vertrag für sie unterschreiben. Es gibt widersprüchliche Aussagen darüber, ob Ellas Mutter den Vertrag jemals wirklich unterzeichnet hat, aber kurz nach diesem Angebot starb ihre Mutter ganz plötzlich. Doch auch mit der Unterschrift ihrer Mutter wäre der Kontrakt durch deren Tod eben wegen Ellas Minderjährigkeit null und nichtig geworden.

Der Verlust ihrer Mutter war ein unbeschreiblicher Schlag für Ella. Die beiden hatten sich sehr nahegestanden, und ihre Mutter hatte ihre Bemühungen unterstützt, sich eine Karriere im Showbusiness aufzubauen, hatte ihr Ratschläge gegeben, wie sie sich präsentieren sollte, hatte auf eine klare Aussprache geachtet und ihr für ihre Auftritte bei den Amateur Nights ihre wenigen »guten« Kleider geliehen. Ella konnte mit ihren Problemen immer zu ihrer Mutter kommen, mit ihrer Unsicherheit wegen ihres Aussehens und ihrer Frustration, weil sie noch nicht »entdeckt« war. Ihre Mutter hatte sie mit beruhigenden Worten getröstet – »Ist schon gut, Liebling, du wirst das schon ganz prima machen« – und mit mütterlicher Weisheit – »Es ist nicht wichtig, wo du herkommst, wichtig ist, wo du hingehst.«

Ihr vormaliger »Stiefvater« war entweder nicht mehr da oder unfähig und nicht bereit, die Verantwortung für die Erziehung zweier Mädchen mitten in der großen Depression auf sich zu nehmen. Wie auch immer ihre Beziehung zu diesem Mann war oder gewesen sein mag, sie gab ihr nicht die positive Einstellung zu Männern, die nötig gewesen wäre, um später intime und dauerhafte Partnerschaften aufzubauen. Ella und ihre Schwester zogen zu ihrer Tante, Virginia Williams.

Ein hartnäckiger Bestandteil der Ella-Legende besagt, Ella habe eine Zeitlang im Riverdale-Waisenhaus gelebt, aber diese Geschichte scheint von einem übereifrigen Werbefachmann in die Welt gesetzt worden zu sein. Zu jener Zeit gab es im Fach Public Relations keine Schwarzen, ein bedeutsamer Nachteil, wenn es sich darum handelte, Fiktionen über das Leben schwarzer Entertainer zu erfinden – jeder Schwarze hätte gewußt, daß Schwarze ihre Kinder nicht in Waisenhäuser steckten. Immer nahm irgendein Verwandter oder Freund ein verwaistes Kind auf.

Schon 1949 wurde in einem Artikel der schwarzen Zeitung *Our World* festgestellt: »Seitdem haben Presseleute aus dem Tod ihrer Mutter mit all seinem Druck auf die Tränendrüsen Kapital geschlagen [und] das Märchen verbreitet, Ella habe einige trostlose Jahre in einem Waisenhaus verbracht. Sie haben sogar eine Story ausgebrütet, nach der Ella sich aus Bettlaken ein Seil gemacht habe und aus dem Waisenhaus entwichen sei. In Wirklichkeit ist Ella von Verwandten, die in New York wohnten, aufgezogen worden.«[14]

Vieles in Ellas Privatleben ist von Geheimnis umgeben, und sie weigert sich entschieden, näher auf ihre Kindheit einzugehen. Bekannt ist nur, daß sie die High-School abgebrochen hat. In jenen Tagen war es für ein junges Mädchen, das eine Gesangskarriere einschlagen wollte, nicht so wichtig, ob es die Schule beendet hatte. In späteren Jahren allerdings bedauerte Ella ihren Mangel an formaler Bildung zutiefst und wurde äußerst ablehnend, wenn man in ihrer Gegenwart Bemerkungen über Leute machte, die die Schule abgebrochen hatten. »Man weiß nie«, sagte sie dann, »ob nicht ein solches Kind es in sich hatte, aber nicht das Geld oder die Mittel, es zu Ende zu führen.«[15]

Das einzige, was für Ella zu der Zeit, als sie die Schule abbrach, Sinn zu haben schien, war das Singen, vom Publikum all die Liebe einzusaugen, die sie sonst nirgendwo finden konnte. Im Gedenken an die weisen Worte ihrer Mutter ließ sie sich nicht entmutigen.

Sie nützte jede Gelegenheit, in den Harlemer Theatern rumzuhängen. »Ich ging immer in ein Theater auf der 148th Street«, sagt sie. »Das werde ich nie vergessen. Meine Beine waren so dünn, daß ich immer Stiefel trug, damit niemand meine Waden sah. Sie sahen mich immer kommen und sagten dann: ›Oh, da kommt die Kleine mit den Stiefeln!‹ Ob Sommer, Winter, Frühling: ›Oh, hier kommen die Stiefel. Da ist sie wieder.‹«[16]

Ella lachte vergnügt mit ihnen. Wenn sie sich auch kein Paar Schuhe leisten konnte, die Tatsache, daß die Leute wegen ihrer Stiefel lachten, bewies ihr, daß ein reizloses Mädchen nur dann Aufmerksamkeit erregt, wenn es komisch ist. »Ich war sehr gehemmt«, sagte sie mehr als ein halbes Jahrhundert später. »Ich wünschte mir immer, ich wäre hübsch. Meine Cousine Georgia hielt mir immer wieder vor, daß die Leute mich mögen werden, wenn ich nur *lächle*.«[17] Clownerie und mädchenhafter Überschwang schienen ihre Wirkung zu tun, und fast ihr ganzes Leben lang benutzte sie sie, um ihre tiefe Unsicherheit zu verbergen. Sie wußte, daß sie etwas Großes besaß, eine Gottesgabe, und das war ihre Stimme. Das Problem war nur, daraus etwas zu machen.

2. Stomping At The Savoy

Ella ging zurück zum Harlem Opera House, das in einem wilden Konkurrenzkampf mit dem Apollo lag und versuchte, seine Amateurwettbewerbe dadurch vor den anderen hervorzuheben, daß dem Gewinner ein Wochenengagement angeboten wurde. Hier, an der Stelle ihres ersten Triumphes, gewann Ella auch ihr erstes berufliches Engagement mit einer Wochengage von 50 $. Statt einen Erwachsenen zu suchen, der den Vertrag für sie unterschrieb, fügte die sechzehnjährige Ella ihrem Alter einfach zwei Jahre hinzu und legte den Status der Minderjährigen ab – wenigstens was das Alter anging.

Ihr Debüt am Harlem Opera House als bezahlte Bühnenkünstlerin fand an einem Wochentag statt, am 15. Februar 1935. Ella stand mit Tiny Bradshaw und seiner Band auf dem Programm. Weiter standen da neben ihr noch Mae Alix, Eddie Hunter, Billy Higgins, die 3 Sams und George Booker. Wie Ella sagt: »Sie setzten mich ganz ans Ende, als alle schon die Mäntel anhatten und gehen wollten. Tiny sagte: ›Ladies and Gentlemen, hier kommt das junge Mädchen, das alle Wettbewerbe gewonnen hat‹, und dann kamen sie alle zurück, zogen ihre Mäntel wieder aus und setzten sich hin.«[1]

Ella hatte nichts Passendes anzuziehen für ihr Debüt, und so legten Tiny Bradshaw und die Chorusgirls im Harlem Opera House zusammen und kauften ihr ein Abendkleid, wahrscheinlich von einem der Händler, die »heiße Ware« an die Mädchen hinter der Bühne in den zahlreichen Harlemclubs verkauften. Ella war es gleich, wo es herkam. Ihr war viel wichtiger, daß den Leuten genug an ihr lag, um zu wünschen, daß sie anständig aussah. Sie hielt das Kleid in Ehren und würde noch Grund genug haben, dankbar dafür zu sein, wenn sie ihr nächstes professionelles Engagement bekam.

Nicht lange nachdem sie ihr Wochenengagement im Harlem Opera House beendet hatte, bot sich ihr die Möglichkeit, Chick Webb kennenzulernen. Dessen Band löste im Savoy Fess Williams and His Royal Flush Orchestra ab, das jahrelang den ehrenvollen Job als Hausband innegehabt hatte. Der Ellasage nach war es Bardu Ali, der sie im HOH auf der Bühne gesehen hatte und es sich angelegen sein ließ, sie Chick Webb vorzustellen. Ali, der Sänger, war gleichzeitig der »Frontman« der Band, denn Webb hatte nicht die Lust, noch war er körperlich fähig zu diesem Job.

Webb wurde als William Henry Webb 1909 in Baltimore geboren und war ein so winziges Kind, daß man ihn schon früh mit dem Spitznamen »Chick« belegte. Noch als Kind hatte er Rückenmarkstuberkulose bekommen und blieb, nachdem er in seiner Kindheit auch noch eine Treppe hinuntergestürzt war, für immer verkrüppelt. Bucklig und steifbeinig, wie er war, war er zu früh geboren, um Hilfe durch die modernen Rehabilitationmethoden zu bekommen. Einer seiner Ärzte aber merkte, daß er ein ausgeprägtes Gefühl für Rhythmus hatte und empfahl ihm das Schlagzeugspiel als Möglichkeit, seine Schultern, Arme und Hände zu üben und zu kräftigen. Mit der Entschuldigung, daß das Trommeln auf allem, was erreichbar war, eine Therapie sei, hämmerte Chick auf den Haushaltsgegenständen herum und träumte dabei von einem richtigen Schlagzeug. Das Geld für sein erstes Drumset verdiente er sich mit Zeitungsaustragen und rühmte sich später, er habe dreitausend am Tag verkauft.

Mit fünfzehn war er bereits ein Virtuose am Schlagzeug und ging im gleichen Jahr, 1924, nach Norden nach New York City, er, ein buckliger, knapp 1,21m großer Zwerg, der, nach Garvin Bushells Worten (der später in der Webb Band spielte), wahrscheinlich weder lesen noch seinen Namen schreiben konnte.[2] Aber er hatte ein phantastisches Gedächtnis und konnte ein vollständige Arrangement im Kopf behalten, wenn er es nur einmal gehört hatte. Er war entschlossen, einen Job bei einem großen Orchester zu bekommen. Begleitet wurde er von seinem Jugendfreund aus Baltimore, John Trueheart, der Gitarre spielte und die Treue seines Herzens, die sein Name schon anzeigt, dadurch bewies, daß er

Als Ella ihre Karriere als Teilnehmerin bei Amateurwettbewerben in verschiedenen Harlemer Theatern begann, war sie ein unansehnlicher, linkischer Teenager.　　　　　　　　　　　　(Ken Whitten Collection)

Webbs ganzes Leben lang in dessen Band blieb. Keiner von beiden konnte Noten lesen, sie prägten sich einfach die Arrangements ein, die sie hörten.

Duke Ellington beschaffte ihnen ihren ersten Job im Black Bottom Club. Ellington, als Edward Kennedy Ellington 1899 geboren und in Washington D. C. aufgewachsen, war im voraufgegangenen Jahr mit seiner Band nach New York gekommen und hatte seinen Eröffnungsabend am 25. März 1923 im Lafayette Theater. Ellington nahm für sich in Anspruch, Chick Webb nicht nur seinen ersten Job verschafft, sondern ihn auch zum Bandleader gemacht zu haben. Bis 1926 kannte Ellington schon so viele Musiker, daß andere Musiker zu ihm zu kommen pflegten, wenn sie Leute für eine Band brauchten. Damals, als er wieder einmal ein solches Anliegen vorgetragen bekam, leitete er gerade eine kleine Band im Kentucky Club am Broadway, Ecke 49th Street. Er und sein Drummer Sonny Greer gingen rauf nach Harlem und stellten eine Gruppe von fünf oder sechs Musikern zusammen, darunter Chick Webb als Drummer. Ellington erinnerte sich:

> »Also du bist jetzt der Bandleader«, sagte ich zu Chick.
> »Mensch, ich will doch kein Bandleader sein«, antwortete er.
> »Alles, was du zu tun hast, ist Geld einzusammeln und mir meines zu bringen.«
> »Ist das alles, was ich zu machen habe?«
> »Ja.«
> »O. k., dann bin ich Bandleader.«[3]

Der siebzehnjährige Webb nannte seine erste Band die Harlem Stompers, und die waren immerhin gut genug, um einige feste Engagements zu bekommen und 1927 sogar Platten aufzunehmen, wenn die Titel auch nie veröffentlicht worden sind. Als die Band im weiteren Verlauf des Jahres in den Roseland Ballroom ging, änderte Webb den Namen um in Roseland Band.

Leider kam 1928 Benny Carter und nahm ihm die Hälfte

seiner Leute weg, indem er ihnen bessere Jobs und mehr Geld versprach. In diesen ersten Jahren verlor Webb immer wieder Leute an andere Bandleader. Musiker wanderten oft von einer Band zur anderen, und die Zusammensetzung der meisten Bigbands änderte sich ständig, Webbs Band jedoch scheint schwerer und häufiger davon betroffen gewesen zu sein als andere.

Webb war ein feiner Kerl, und es war leicht, für ihn zu arbeiten, weil er so herzlich war und alles gelassen nahm, so daß die Musiker keine Angst hatten, von ihm wegzugehen. Webb lieh seinen Musikern Geld, bezahlte ihre Krankenhausrechnungen und nahm sie auch wieder zurück, wenn sie ihn verlassen hatten. Außerdem war er als Bandleader einer der besten. Dem Musikwissenschaftler Barry Ulanov zufolge »hielt er sich während der Probe einer neuen Nummer immer auf einem Bandstand an der Seite auf und ließ sich kleine Teile der einzelnen Stimmen, Notenfolgen und Soli immer wieder vorspielen, bis er mit jedem Takt des Arrangements vertraut war. Wenn die Musiker oder eine Instrumentengruppe auf der Bühne falsch gespielt hatte, drehte er sich um und summte dem Missetäter oder der Gruppe die richtige Passage haargenau, Note für Note, vor.«[4]

Ende der Zwanziger stellte Webb eine Gruppe zusammen, die er die Jungle Band nannte. Mit ihr spielte er 1929 zwei Titel für Brunswick ein, »Dog Bottom« und »Jungle Mama«, die inzwischen zu Jazzklassikern geworden sind. Die Zusammensetzung der Band änderte sich in den folgenden Jahren häufig, aber Webbs Können als Musiker und als Bandleader entwickelte sich ständig weiter und in den Dreißigern hatte er eine hervorragende Band und einen großen Ruf als Tanz-Schlagzeuger.

Nach Ellingtons Worten sind »manche Musiker geborene Tänzer, und Chick war einer von ihnen. Man kann mit vielem tanzen, nicht nur mit den Füßen ... Chick Webb war ein Tanz-Drummer, der mit seinen Drums Bilder von Tänzen malte.«[5]

Es machte nichts, daß Webb seine eigenen Beine und Füße

praktisch kaum nutzen konnte und daß an der Baßtrommel Spezialpedale angebracht waren, weil er sie sonst gar nicht hätte erreichen können. Sein Sound inspirierte die Leute zum Tanzen. Er brachte sogar seine Musiker in Stimmung. Wie Teddy McRae, der eine Zeitlang in Webbs Band Tenorsaxophon spielte, sagte: »Der kriegte dich zum Spielen, ob dir danach zumute war oder nicht. Man konnte noch so müde zur Arbeit kommen, er brachte einen in Stimmung.«[6]

1933 wurde die Webb-Band sogar noch eindrucksvoller. In jenem Jahr wurde der Komponist Edgar Sampson Webbs Hauptarrangeur und zweites Alt, der Posaunist Sandy Williams und der Trompeter Taft Jordan kamen dazu und an Tuba und Baß stieg John Kirby von der Fletcher-Henderson-Band ein. Diese Leute, zuammen mit Webb und den anderen, bildeten eine Rhythmusgruppe, die der pure Swing war, und es war kein Zufall, daß Moe Gale im selben Jahr das Chick-Webb-Orchester als Hausband des Savoy Ballrooms engagierte und gleichzeitig Manager der Band wurde.

Als Chick Webb auf Dauer ins Savoy ging, hatten viele Swingbands ihrer Band schon einen Sänger beigefügt. Webb war diese Entwicklung höchst willkommen, denn es bedeutete, daß ein Sänger den Part des »Frontman« übernehmen konnte, der die erforderlichen Sprüche losließ, die Nummern ansagte etc. Denn in der Abfolge des Programms vom »Thron« seines speziell angefertigten Schlagzeugs herunter- und wieder hinaufzukraxeln, war die reine Agonie für Webb: Die Band spielte gewöhnlich von 19.30 h bis 21.30 h, machte Pause, während die zweite Band von 21.30 h bis 22.30 h übernahm, und dann spielten sie im Wechsel bis zwei Uhr morgens. Nach vorne und in die Mitte der Bühne zu gehen, um die Nummern anzusagen, ging über seine Kraft. So übernahm diese Aufgabe der Sänger.

Besonders gut war Bardu Ali, der in die Rolle des scheinbaren Bandleaders schlüpfte, während Webb trommelte. Alis Vater war Ägypter, und er selber war mit seinem Bruder in einer akrobatischen Kaskadeurnummer als die Ali Brothers aufgetreten. Nach Bushell konnte Ali nicht wirklich singen, aber er sah gut aus und konnte dirigieren.

Zu der Zeit, als Bardu Ali Ella im Harlem Opera House sah, machte er die Ansage für Webb, und der Sänger der Chick-Webb-Band war Charlie Linton. Er kam von den Linton Brothers, einem Gospelquartett aus Cheraw, South Carolina, der Heimatstadt Dizzy Gillespies, und hatte schließlich allein seinen Weg gemacht. Wie Dizzy Gillespie sagt, hatte er eine hohe Stimme. Er fand seine Heimat in der Chick-Webb-Band und blieb bei Webb bis zu dessen Tod. Obwohl Ali voller Aufregung von dem Mädchen mit einer Stimme wie ein Horn sprach, reichte Charlie Linton nach Webbs Meinung aus. Er sah überhaupt die Notwendigkeit nicht ein, irgendwelche Sänger dabeizuhaben, aber das Publikum wollte sie anscheinend, und der Schlüssel zum Erfolg war, dem Publikum zu gefallen. Er war nicht der einzige unter den Bandleadern, der sich nicht für Sängerinnen begeistern konnte. Wie das Magazin *Swing* schrieb: »Fragen Sie zehn beliebige Bandleader, was ihnen am meisten Kopfzerbrechen macht . . . neun von ihnen werden sagen: ›die Sängerinnen‹ . . . Ja, die Sängerinnen sind ein Übel.«[7]

Sängerinnen, als solche besonders hervorgehoben, weil es in den früheren Zeiten ausschließlich männliche Bigband-Vokalisten gegeben hatte, beanspruchten eigene Umkleideräume, anständigere Ausdrucksweise und brachten für eine Band, die auf Tournee war, alle möglichen Probleme mit sich, darunter auch das der eigenen Zimmer. Auch konnten sie der Anlaß zu Streitigkeiten unter den Jungs werden, wenn sie einen vor den anderen bevorzugten. Darüber hinaus verstanden sie, nach Meinung vieler Bandleader und Musiker, nichts vom Jazz, nahmen die Musik nicht ernst und waren völlig überflüssig. Aber für das Bigband-Entertainment wurden sie immer wichtiger, und Bardu Ali vergaß Ella nicht, auch nicht sein Gefühl, die Band brauche eine Sängerin.

Nicht lange danach ging Webb mit seiner Band für ein Wochenengagement ins Apollo. Gegen Ende der Woche war Ella ebenfalls anwesend und sollte wieder einmal in einer Amateurshow auftreten, in der Hoffnung auf ein Engagement als Profi. Bardu Ali sah sie in den Kulissen stehen, mit

Schuhen, die wie Männerschuhe aussahen, und auf einem Hot dog kauend. Er ging zu ihr hin und sagte ihr, er habe sie singen hören, und lud sie ein, in Chick Webbs Garderobe zu kommen, damit der Bandleader sie hören könne. Man brauchte Ella, die oft im Savoy zu Chick Webbs Musik getanzt hatte, nicht lange zu bitten.

Webb, der sich zwischen den Shows gerade ein bißchen ausruhte, war nicht sehr angetan von der Unterbrechung, war aber zu gutherzig, um nicht zuzuhören, als Ella »The Object of My Affection« sang. »Ich dachte immer, mein Gesang sei zum Heulen, er heulte aber nicht«, witzelte Ella.[8] Webb war klar, daß sie eine großartige Stimme und absolutes Gehör hatte, und irgendwas drängte ihn, auf dieses Mädchen ganz besonders zu achten. George Wein, der Begründer des Newport (jetzt JVC) Jazz Festivals, erzählt: »Er versuchte noch, die Meinung anderer einzuholen. Die meisten Musiker begriffen gar nicht, warum Chick so versessen auf sie war. Aber er hörte da was, und er hatte recht.«[9]

Anfangs wußte Webb nicht so recht, was er mit ihr anfangen sollte. Da fiel ihm aber ein, daß er und sein Orchester am nächsten Abend auf der Party einer Studentenverbindung der Yale University spielen sollten und daß Ella, mit ihrem Stil einer weißen Popsängerin, da wohl gut ankommen würde. Er trug Moe Gale diesen Vorschlag vor. Moe Gale kam zum Apollo, um sich Ella mal anzusehen. Er warf einen Blick auf sie und sagte zu Chick Webb: »Das ist doch wohl nicht dein Ernst.«

Das Mädchen war in der Tat unansehnlich, sogar linkisch. Ihre Kleider sahen aus wie aus der Kleiderspende, und sie trug ein Kleinmädchengehabe zur Schau, das die Herzen mancher Männer wohl hätte erweichen können, nicht aber das von Moe Gale. Gale verkündete, von ihm bekäme sie keinen Pfennig für ein Engagement, gleich welches. So legten denn Bardu Ali und Chick Webb zusammen und bezahlten Ella für den Yale-Gig.

Ella wußte von all diesen Aktivitäten hinter der Bühne nichts. Alles, was sie wußte, war, daß Mr. Ali und Mr. Webb sie mochten und daß sie am nächsten Tag mit der Band nach New Haven gehen sollte.

Im Bandbus auf dem Weg nach New Haven hielt sich die schüchterne Ella ganz für sich. Die meisten Musiker ließen sie links liegen, wie es die Art der Musiker ist, es sei denn, das Mädchen sei sehr hübsch. Diese Haltung änderte sich ein bißchen, nachdem Ella zu singen angefangen hatte. Ihr Stil, der so weiß klang, kam bei den Yale-Studenten und ihren Mädchen gut an, sie scharten sich nach ihrem Set um den Bandstand und verlangten nach mehr. Webb war überzeugt, daß Ella sich für solche Gelegenheiten hervorragend eignete, aber wie sie im Savoy ankommen würde, das wußte er nicht.

Er entschloß sich, es einmal eine Woche lang mit ihr zu versuchen. Moe Gale weigerte sich, ihr etwas zu bezahlen. Er begriff nicht, wie Webb überhaupt nur daran denken konnte, ein Mädchen mit solchem Aussehen auf den Bandstand zu lassen. »Sie sah unmöglich aus«, erinnerte er sich Jahre später, »ihr Haar war ungepflegt, ihre Kleidung scheußlich!« Webb reagierte auf Gales Skepsis mit der Antwort: »Mr. Gale, Sie würden überrascht sein, was ein Schönheitssalon und ein bißchen Make-up und ein paar hübsche Kleider fertigbringen können.«

Wenigstens war Charles Buchanan, der Manager des Savoy, auf Webbs und Ellas Seite. Er erinnert sich an den Abend, als Chick Webb Ella zum ersten Mal in den Ballroom brachte, und beschreibt sie als »jung, schlicht, ein Waisenkind«. »Ich sagte zu Chick: ›Ich leg' zehn Dollar hin, und du legst zehn Dollar hin.‹ Wir legten die zwanzig Dollar zusammen und engagierten Ella. In der zweiten Woche zahlten wir ihr fünfzig Dollar. In der dritten kleideten wir sie ein.«[10]

Nach dieser dritten Woche hatte sich Webb entschieden, Ella zu seiner Bandsängerin zu machen und sie den Vokalpart im Wechsel mit Charlie Linton übernehmen zu lassen. Er wurde auch ihr Beschützer, der erste von mehreren Männern, die diese entscheidende Funktion im Leben einer schüchternen und unsicheren Frau ausübten. Webb besprach das Problem von Ellas Minderjährigkeit mit seiner Frau Sally, und sie beschlossen, die Vormundschaft für sie zu übernehmen.

Sally Webb war weiß. Nach den Worten von Mrs. Irving

Randolph, der Frau eines Mitglieds der Webb-Band in den späten dreißiger Jahren, pflegte sie keinen Kontakt zu den Bandmitgliedern und interessierte sich auch nicht weiter für die Geschäfte der Band. »Sie war keine Gladys Hampton«, sagt Mrs. Randolph. Gladys Hampton hatte jahrelang die Geschäfte der Band ihres Mannes Lionel geleitet. »Gladys Hampton war eine gebildete Frau«, fährt Mrs. Randolph fort, »und natürlich konnte man Sally nicht mit Gladys Hampton vergleichen. Sally war eben weiter nichts als eine Weiße, und Chick hing an ihr, das war alles.«[11]

Sally Webb nahm jedoch Anteil an der jungen, scheuen Ella, und unter ihrer Leitung fing Ella an, Wert auf ihre Erscheinung zu legen. Einen Vorzug besaß sie jedoch – sie hatte eine braune Haut. Selbst die talentiertesten und schönsten Mädchen hatten in jenen Tagen auf der Bühne keine Chance, wenn sie zu dunkelhäutig waren. Sie legte sich einen ordentlichen, kurzen Haarschnitt zu, lernte Make-up aufzutragen und trug weiche, schmeichelnde Kleider. Innerhalb weniger Monate gewöhnte sie sich ausgezupfte Augenbrauen an und trug Blumen im Haar wie Billie Holiday.

Holiday, drei Jahre älter als Ella, erfreute sich zu dieser Zeit schon eines bemerkenswerten Erfolges. 1933 hatte sie ihre ersten Aufnahmen mit Benny Goodman gemacht und 1935 mehrere Titel mit Goodmans Pianisten Teddy Wilson aufgenommen. (Obwohl Teddy Wilson and His Orchestra genannt, war es doch nur eine Gruppe von Musikern aus der Goodman-Band. Wilson stellte erst 1940 seine eigene Band zusammen). Sie (Billie) war im April 1935 eine Woche im Apollo Theater aufgetreten und wurde im August noch einmal für zwei Wochen engagiert. Sie erschien sogar in einer kurzen Szene des East-Coast-Kurzfilms *Rhapsody In Black* mit Duke Ellingtons Orchester. Sie wog zwar so um die 180 Pfund und war viel gewichtiger als Ella mit ihren nur etwa 118 Pfund, aber sie hatte ganz entschieden Stil und trug sich mit damenhafter Würde. In der Tat hatte sie schon damals den Spitznamen »Lady« bekommen.

Billie Holiday freundete sich eng mit vielen der Bandmitglieder an, mit denen sie zusammenarbeitete. Ella und die

»Boys in der Band« lebten nebeneinander her. Wenn auch in manchen Quellen behauptet wird, die Musiker hätten sie unter ihren Schutz genommen und sie »Sis« genannt, können sich die Bandmitglieder aus den frühen Jahren an keinerlei Vertrautheit erinnern. Der Saxophonist Garvin Bushell, der bei Webb war, als Ella zur Band kam, sagt: »Sie war ziemlich einsam, denn keiner von uns kümmerte sich um sie. Sie war groß und bäuerisch. Sie machte auf niemanden besonderen Eindruck.«[12] Der Bassist Beverly Peer: »Wir gingen unsere Wege, sie die ihren.«[13]

Ella war angenehm im Umgang, blieb aber scheu und hielt Distanz. Es war nicht ihre Art, »eine von den Boys« sein zu wollen, wie das Sarah Vaughan und Dinah Washington taten, indem sie eine noch gepfeffertere Sprache führten und noch zotigere Witze erzählten als die Männer. Auch fühlte sie sich in Gegenwart von Männern ganz allgemein zu gehemmt, um mit ihnen zu flirten. Ella hielt sich fern und spielte die Lady, vielleicht auch darin Billie Holiday folgend.

Ella war sogar so damenhaft, daß es sie ziemlich verblüffte, wenn Leute sie mit ihrem Vornamen anredeten: »Es hat mich immer geärgert, wenn Leute, die ich gar nicht kannte, herkamen und mich Ella nannten«, sagt sie. »Mir schien, sie hätten ›Miß Fitzgerald‹ sagen sollen, aber aus irgendeinem Grunde tun sie das nie.«[14]

Chick Webb brauchte eigentlich keine Sängerin, es sei denn zur Dekoration. Sein Stil war der der Instrumentalmusik, und er fuhr fort zu spielen und Platten aufzunehmen, als seien seine Sänger eigentlich überflüssig. In der Tat war für Webb alles außer der Musik überflüssig. George Wein ließ die Chick-Webb-Band für das Newport Jazz Festival 1978 wiederaufleben. »Ich interviewte 1978 alle noch lebenden Mitglieder der Band«, sagt Wein. »Dabei erfuhr ich, daß Chick Webb wahrscheinlich der am tiefsten von der Musik durchdrungene Jazzmusiker war, den es je gegeben hat. Seine Musiker können sich nicht erinnern, daß er jemals gesagt hätte. ›Wer hat heute das Spiel gewonnen?‹ Nie hörten sie ihn vom Wetter reden oder über ein Restaurant oder sonst irgendwas, nur darüber, was die Band am Abend spielen sollte.«[15]

Webb erkannte, daß Ella ein junges, naives Mädchen mit einem ungeformten Talent war, und er hatte kein Interesse daran, sie in eine Solorolle hineinzukatapultieren, mit der sie vielleicht gar nicht fertig würde. Mit Ellas Worten: »Er sagte mir immer: Wünsch dir nie, zu denen zu gehören, die schnell nach oben kommen, denn genauso kommst du auch wieder runter. Und du wirst die gleichen Leute auf dem Abstieg finden, die du bei deinem Aufstieg triffst.«[16]

Er führte sie langsam, ließ sie bei jedem Set ein paar Chorusse singen, immer schnelle Nummern, denn er hatte das Gefühl, für Balladen sei sie noch nicht reif. Sie hatte Schwierigkeiten beim Aushalten der Töne, und Webb stellte fest, daß sie nicht richtig atmete. Einmal dachte er sogar daran, ihr einen Lehrer für Stimmbildung zu engagieren, aber der in Aussicht genommene Lehrer versicherte Webb, daß Ella bereits einen eigenen Stil habe, und den könnte ein akademischer Unterricht ruinieren. Ella erhielt nie eine formale Stimmbildung, ihre Atemtechnik und dadurch auch ihre Stimmführung waren technisch mangelhaft. Aber ihre Stimme besaß eine Klarheit und eine angeborene instrumentale Qualität, die keine noch so gründliche Ausbildung hätte hervorbringen können. Tatsächlich hätte der Unterricht sich im Gegenteil geradezu nachteilig auf diese Eigenschaften auswirken können, wie der Lehrer genau begriffen hatte.

Anfangs machte es Ella nichts aus, daß sie nur so kurze Zeit auf dem Bandstand war. Wenn sie nicht sang, war sie auf der Tanzfläche zu finden, und nach ihrer Ansicht war das die beste aller möglichen Welten, in der man tanzen konnte und noch dafür bezahlt wurde.

Auch wenn sie nur so wenig sang, fiel Ella doch auf. Mary Lou Williams, die große Jazzpianistin, erinnert sich: »Eines Abends, als ich so durch Harlem zog, geriet ich auch ins Savoy. Nach ein paar Tanzrunden hörte ich eine Stimme, die mir Schauer über den Rücken jagte (ich dachte, das könne mir nie passieren). Ich rannte fast zum Bandstand, um herauszufinden, wer zu dieser Stimme gehörte, und sah ein nett aussehendes, braunhäutiges Mädchen, das da bescheiden stand und unvergleichlich sang. Man sagte mir, ihr Name sei Ella Fitzgerald und daß Chick Webb sie auf einer der Amateur Nights des Apollo aufgetan habe.«[17]

Eine Musikerin wie die Williams erkannte sofort die bläserartige Qualität von Ellas Stimme, ebenso ihren erstaunlichen, über zweieinhalb Oktaven reichenden Stimmumfang.

Webb erlaubte Ella ziemlich früh, zwei Titel aufzunehmen, und für Ella war es ein denkwürdiges Erlebnis, am 12. Juni 1935 in die New Yorker Aufnahmestudios des neuen Labels Decca zu gehen (mit dem Webb im Vorjahr einen Vertrag gemacht hatte) und zu sehen, wie Platten gemacht wurden. Es gab keine »Takes«, denn der Sound wurde direkt auf Wachsplatten festgehalten. Wenn man etwas verdarb, war die Platte ruiniert und mußte eingeschmolzen werden. Wenn nicht alle Mitglieder einer Gruppe gleichzeitig anfingen, kam die Platte ebenfalls auf den Müll. Jedes bißchen Hintergrundgeräusch kam mit auf die Platte, also waren die Studios heiß und ohne Lüftung. Lionel Hampton erinnert sich an die Plattensessions 1929: »Da war in der Mitte ein riesiges Mikrophon, und die Musiker gingen entweder nah ran oder weiter weg, je nachdem, welchen Sound sie haben wollten. Das war die 1929er Version des ›Mixens‹. Der Techniker saß drüben in der Ecke und versuchte, den Sound aufs Wachs zu kriegen, und gewöhnlich gab es nicht gleich beim ersten Mal eine gute Aufnahme, also mußte man es immer wieder und wieder versuchen, bis es klappte.«[18]

Bei dieser ersten Plattenaufnahme sang Ella den Titel »Love and Kisses« von dem Komponisten J. C. Johnson und den Textern George Whiting und Nat Schwartz. Inzwischen ist er verschwunden, wie so viele Songs, die schwarze Künstler in jenen Tagen aufgenommen haben, denn die Verleger gaben den schwarzen Sängern nicht ihre besten Songs. Immerhin hatte er ein kurzes Leben in den Jukeboxen der schwarzen Clubs. Ella war fasziniert von dem Gedanken, daß sie tatsächlich eine Platte gemacht hatte, die die Leute hören konnten, wenn sie sie auch selber nicht leicht in den Jukeboxen der Bars zu Gehör bekam, da sie ja minderjährig war. Bald nach Veröffentlichung der Platte war die Band in Philadelphia. Ella wollte ihre Platte so gerne im örtlichen Biergarten hören, aber sie wußte, da kam sie nicht rein. Sie erinnert sich: »Da hab' ich dann einen Burschen, der schon über einundzwanzig war, reingeschickt und ihn fünf Cents einwerfen lassen, und dann stand ich draußen und hörte, wie meine eigene Stimme da rauskam.«[19]

Im Oktober 1935 hatte Ella häufiger Gelegenheit, ihre eigene Stimme zu hören, als sie auf zwei von den fünf Plattenseiten herausgestellt wurde, die die Webb-Gruppe aufnahm: »Rhythm and Romance« und »I'll Chase the Blues Away«.

Wenn die Webb-Band auch Engagements außerhalb bekam, so war ihre eigentliche Heimat doch der Savoy Ballroom, in dem 1935 Webb der unbestrittene »König des Savoy« war. Nichts hielt eine Gruppe von Musikern so fest zusammen wie ein ständiges Engagement, und nun verlor Webb nicht mehr regelmäßig Musiker an andere Bandleader. Eine Gruppe von Musikern, die ständig zusammenarbeitet, kann einen ausgefeilteren Sound kreieren als eine Gruppe, die nicht aneinander gewöhnt ist. Die Popularität der Band aber basierte hauptsächlich auf Webb selber, der sich um 1936 mehr und mehr als Solist erwies.

Im gleichen Jahr jedoch begann die Bedeutung der Sänger für die Bands deren Instrumentation zu überschatten. Das Publikum verlangte nach ihnen, und die Sänger fügten den Auftritten der Bands eine Dimension hinzu, die das breite Publikum brauchte, das nicht hoffen durfte, den reinen Jazz verstehen zu können. Mit den Sängern kamen die Texte, mit denen der Durchschnittshörer mehr anfangen konnte als mit der Instrumentation, gleich wie klug oder lyrisch sie waren.

Außerdem stand der Sänger oder die Sängerin vor der Band, nicht hinter einem Instrument versteckt, und war so dem Publikum zugänglicher. Alle kommerziell erfolgreichen Bands hatten Sänger – Ellington hatte Ivie Anderson, Basie Jimmy Rushing, Goodman Helen Ward. Charlie Linton war immer noch bei Webb, und Ella bekam mehr Zeit auf der Bühne. Wenn sie nicht sang, stand sie gewöhnlich an der Seite neben der Band, und wenn die einzelnen Instrumentengruppen ihre Ensembleparts spielten, sang sie jedesmal mit, wobei sie oft Gesten machte, als leitete sie die Band. Dadurch förderte sie ihre musikalische Erziehung und trainierte die instrumentale Qualität ihrer Stimme.

Ein weiterer Aspekt in Ellas musikalischer Ausbildung kam mit den berühmten »Battles« der Bands im Savoy, bei denen die Webb-Band oft gegen eine andere mit einem bedeutenden Bandleader antrat. Webb, der eine geborene Kämpfernatur war, was ihn zweifellos trotz seiner physischen Handikaps so weit gebracht hatte, hatte schon seit den zwanziger Jahren gegen andere Bands gekämpft, als seine Band noch aus nur acht Mann bestand – unter ihnen Elmer Williams am Tenor, Johnny Hodges am Alt, Bobby Stark an der Trompete, Slats Long an der Posaune und Leon England am Baß. Nach Duke Ellington »war Webb immer kampfverrückt, und diese acht Typen nahmen es mit jeder Band auf, die zum Spielen (ins Savoy) kam. Und meist siegten sie, obwohl die anderen Bands die halbe Zeit doppelt so groß waren. Aber der unvergeßliche und liebenswerte Webb stürzte sich in jeden Wettstreit, und alle in der Band spielten sich jedesmal die Seele aus dem Leib. Sie heckten ein Bündel eigener Nummern aus, und gewöhnlich hatte der Typ auf dem anderen Bandstand keine Chance mehr.«[20]

Ironischerweise erlitt Webb eine seiner wenigen Niederlagen ausgerechnet gegen die Ellington-Band in einer Battle, die zu den berühmtesten in der Geschichte des Savoy gehört. Ellington wollte überhaupt keine Battle und sagte zu Webb: »Menschenskind, wir haben das Haus voll, mehr Geld kriegen wir auch nicht, warum sollen wir uns denn ein Bein ausreißen?«[21] Aber Webb, vielleicht aus dem Ehrgeiz heraus, seinem früheren Mentor zu zeigen, was er in den vergangenen Jahren erreicht hatte, und offenbar entschlossen, die Band zu übertreffen, die von vielen für die beste im ganzen Land angesehen wurde (wenn auch nicht die kommerziell erfolgreichste), bestand darauf. Ellington gab nach und spielte Webb glatt an die Wand.

Bei jedem Set spielten die beiden Bands lauter und schneller, und erst als bei Ellingtons Spiel ein paar Fenster im Club kaputtgingen, gab Webb sich geschlagen. Es war Webb eine Lehre, daß er noch nicht soweit war, die Topband des Landes herausfordern zu können, und für Ella war es eine Lehre, daß man als Musiker noch so gut sein konnte, es gab immer noch ein höheres Niveau.

Aber sie war voller Ungeduld, sich die Erfahrung anzueignen, die ihr, wie sie wußte, noch fehlte. Sie war so erpicht darauf zu singen, daß sie manchmal nicht vom Bandstand wegbleiben konnte. Sie bettelte Webb an, er möge sie mehr singen lassen. Webb arbeitete immer noch daran, seine neue Sängerin in eine Formation einzufügen, die im Grunde immer noch instrumental war, besonders im Savoy. Wenn es sich um eine Ballade handelte, dachte er immer zuerst an Charlie Linton und ließ Linton auch einmal eine Ballade singen, die speziell für Ella arrangiert worden war. Ella brach dem Vernehmen nach in Tränen aus.

Es war eine Zeit der Frustration für sie. Unter den Musikern hatte sie keine Verbündeten. Sie hatte auch keine Angebote von anderen Bandleadern. Selbst wenn ihr ein solches Angebot gemacht worden wäre, hätte sie immer noch nicht im Ernst daran gedacht, Webb zu verlassen. Sie war Webb dankbar dafür, daß er ihr eine Chance gegeben hatte.

Anfang 1936 bekam Webb seine eigene Rundfunksendung, eine wöchentliche Übertragung von dreißig Minuten aus dem Savoy für NBC, genannt »Gems of Color« (farbige Juwelen). In einer solchen Sendeform machte es Sinn, eine Sängerin einzusetzen, und mit Rücksicht auf ein Pop-Publikum stellte er Ella immer wieder heraus, besonders mit Schlagernummern. Die Reaktion des Publikums war so gut, daß Webb anfing, ernsthafter an die kommerziellen Möglichkeiten ihrer Stimme zu denken.

Ihre Auftritte im Radio mögen auch dazu geführt haben, daß Ella gebeten wurde, für Billie Holiday bei einer Session im März 1936 mit Teddy Wilson und seinem Orchester einzuspringen, als Billie bei einigen Engagements mit der Jimmie-Lunceford-Band in Theatern außerhalb der Stadt auftrat. Ellas Versionen von »My Melancholy Baby« und »All of My Life« verkauften sich genauso gut wie Wilsons Aufnahmen mit Billie Holiday, obwohl die britischen Fans der Holiday-Wilson-Aufnahmen dem Vernehmen nach sehr enttäuscht waren.

Im Monat nach Ellas Plattensession mit Wilson entschloß sich Webb, ihr eine weitere Chance zu geben, mit seiner Band aufzunehmen. Bei einer Session am 7. April 1936 in den Decca-Studios war Ella bei vier Titeln die Solistin, und die Songs waren überwiegend Balladen. Ella war überglücklich und glaubte, einen Meilenstein in ihrer beginnenden Karriere erreicht zu haben.

3. »A-Tisket, A-Tasket«

Am 25. April 1936, achtzehn Tage nach der ersten Plattensitzung Chick Webbs, bei der sie die Solistin war, feierte Ella ihren achtzehnten Geburtstag. Nun brauchte sie keinen gesetzlichen Vormund mehr und konnte ihre Verträge selbst unterschreiben, wenn auch ihre berufliche Beziehung zu Webb so formal nicht war. Sie verdiente jetzt bei Webb $ 50 in der Woche, nach dem Standard in Harlem ein solides Einkommen, das ihr erlaubte, sich gut anzuziehen und gut zu leben. Sie zog aus Webbs Wohnung aus in ein eigenes Zimmer.

Sie unterstützte zwar ihre Schwester und ihre Tante, aber ihre Zeit und ihr Geld gehörten ihr allein, und sie konnte damit machen, was sie wollte. Wenn sie nicht bei Webb sang, konnte man sie in verschiedenen Clubs und Theatern im Publikum finden, wo sie sowohl den Instrumentalisten wie auch den Vokalisten, die sie bewunderte, zuhörte. Es war ihr Pech, daß sie Großjährigkeit und finanzielle Unabhängigkeit erst zu einer Zeit erreichte, als die Blütezeit Harlems schon vorbei war.

Damals warf die Depression lange Schatten über Harlem. In der Tat waren 1934, der interrassischen Organisation der National Urban League zufolge, achtzig Prozent der Harlemiten arbeitslos. »Zuletzt eingestellt und zuerst gefeuert«, wie man so sagte, konnten die Einwohner die Preise nicht aufbringen, die von den in weißem Besitz befindlichen Geschäften verlangt wurden. Auch bekamen sie in diesen Geschäften keine Stellung, noch in den Bussen der städtischen Verkehrsbetriebe, die die örtlichen Boulevards befuhren. Der Stolz und die Energie der zwanziger und frühen dreißiger Jahre hatten der Verzweiflung und dem zunehmenden Ressentiment gegen die Weißen Platz gemacht, was sich dann im März 1935 entlud.

Einer der bis dato schlimmsten Rassenkämpfe entzündete

sich an einem Vorfall im Warenhaus Kress auf der 125th Street. Ein sechzehnjähriger schwarzer Puertorikaner mit Namen Lino Rivera wurde von dem weißen Inhaber dabei erwischt, daß er ein Zehn-Cent-Messer stibitzte. Die zwei gerieten außerhalb des Geschäftes in ein Handgemenge und lockten eine Menge Zuschauer an. Binnen weniger Minuten verbreitete sich das Gerücht, ein Weißer verprügele einen schwarzen Jungen. Irgend jemand warf einen Ziegelstein in das Fenster eines Geschäftes, das einem Weißen gehörte, und wie in einer Stichflamme breiteten sich Plündern und Brennen in ganz Harlem aus.

Das war wohl kaum der richtige Weg, Weiße von »Downtown« Manhattan oder von außerhalb nach Harlem zu locken. Die lange Reihe der Suppenküchen war ohnehin schon deprimierend genug. Seit der Aufhebung der Prohibition 1933 hatte das Harlemer Nachtleben ständig an Anziehungskraft verloren. Der Reiz des Neuen und Fremdartigen der Harlem Renaissance war verblaßt. Als der legendäre Cotton Club am 16. Februar 1936 seine Pforten schloß und nach »Downtown« umzog, bedeutete das das Ende einer Ära.

Da sie weder die richtige Hautfarbe hatte noch Geld genug, den Cotton Club zu besuchen, war dieses Ereignis für Ella ohne Bedeutung. Aber sie sah sehr wohl, daß das Nachtleben Harlems verödete, und war sich bewußt, daß die Downtown-Clubs die Zügel in die Hand nahmen. West 52nd Street wurde zum neuen Zentrum für innovative Musik. Billie Holiday eröffnete im September 1936 im Onyx Club. Auch Ella spürte, daß sie bereit zu größeren Auftritten war.

Am 29. Oktober 1936, als die Webb-Band vier weitere Titel für Decca aufnahm, bewies Ella, daß auch sie bereit war. Bei »If You Can't Sing It, You'll Have to Swing It«, besser bekannt als »Mr. Paganini«, sprach Ella den Namen des italienischen Komponisten und Geigers nicht ganz richtig aus und nannte ihn »Mr. Pagganinny«. Sie ging aber auch das musikalische Risiko ein, eine Zeile des Songs zu »scatten«. Es mag wohl das erste Mal gewesen sein – wenigstens auf Platten –, daß sie das tat, ein Vorläufer der vokalen Meisterschaft, die manchen relativ banalen Song in den Status eines Beinahe-Klassikers erheben sollte.

Scatting, von Louis Armstrong schon 1926 aufgebracht, bedeutete das Ersetzen der Songtexte durch Nonsenssilben. Nur Sänger, die ihre Stimme wie ein Instrument beherrschten, konnten mit Erfolg scatten. Ella sollte eine Meisterin dieser Form werden.

Aus diesen und anderen Gründen war Benny Goodman auch immer wieder von Ellas Stimme beeindruckt. Er lud sie ein, in seinem Teil der NBC-Radioshow »Let's Dance« aufzutreten (in der Show traten drei Bands auf – »hot«, »sweet« und »rhythm«. Goodman stellte die Hotband). Er forderte sie auch zu einer Plattensession mit ihm für RCA Victor auf. Webb hatte nichts dagegen, und am 5. November 1936, weniger als eine Woche nach ihrer Plattensitzung mit Webb vom 29. Oktober, sang Ella glückstrahlend drei Titel für Goodman – »Goodnight My Love«, »Take Another Guess« und »Did You Mean It?«.

Leider hatten weder Webb noch Goodman – und Ella schon gar nicht – die geringste Ahnung von den juristischen Konsequenzen dieser harmlosen Sitzung. Die Songs wurden zu Hits, aber da schritt die Decca ein und protestierte, Ella habe durch ihre Aufnahme mit Goodman den Vertrag zwischen Webb und der Decca gebrochen. Auf Drängen der Decca wurde Ellas Name vom Plattenetikett gestrichen. Daher kommt es wohl, daß in einigen Diskographien Helen Ward als Vokalistin bei diesen Titeln angegeben ist.

Wer mit wem einen Vertrag hatte, war für die Musiker im New York der dreißiger Jahre nicht wichtig. Sie wollten miteinander aufnehmen, und das taten sie dann auch. Ein Musiker aus einer Band konnte sich für Plattenaufnahmen als Bandleader bezeichnen, und der wirkliche Bandleader hatte nichts dagegen. Ella konnte nicht begreifen, wieso sie nicht aufnehmen konnte, mit wem sie wollte, sie hatte schließlich bei der Decca keinen Vertrag unterschrieben. Decca hingegen blieb dabei, daß der Vertrag mit Webb auch für alle Bandmitglieder Webbs galt, und jetzt, da Ella immer populärer wurde, beanspruchte die Decca das Exklusivrecht an ihr.

Ella wurde in der Tat immer populärer. Am 18. November 1936 nahm sie zum ersten Mal eine Platte unter ihrem eigenen Namen auf, etwas, das sie immer angestrebt hatte. Unter der Bezeichnung »Ella Fitzgerald and Her Savoy Eight« hatte sie Taft Jordan an der Trompete, Sandy Williams an der Posaune, Pete Clark an der Klarinette, Teddy McRae an Tenor- und Baritonsax, Tommy Fulford am Klavier, John Trueheart an der Gitarre, Beverly Peer am Baß und Webb an den Drums. Sie machte zwei Titel für Decca, »My Last Affair« und »Organ Grinder's Swing«.

Am nächsten Tag wurden noch zwei Titel aufgenommen, »Shine« und »Darktown Strutters' Ball«, die sie auch bei Webbs Rundfunkübertragungen aus dem Savoy gesungen hatte und die nicht zu ihren stolzesten Leistungen gehörten. Beides waren rassistische Schlager von der Art, von der die Decca annahm, sie käme bei den Weißen gut an, wie die »Darkey Souvenirs«, die man bei den Maskenumzügen kaufen konnte. Die Schwarzen fügten sich dieser rassistischen Ausschlachtung – indem sie »Jungle Rhythms« spielten und anzügliche Texte sangen –, weil die Weißen fast das gesamte Feld des Musikgeschäftes beherrschten. Schwarze Bands mußten mit weißen Managern arbeiten, weil es für schwarze Manager keine Möglichkeiten gab. Weiße Plattenfirmen kontrollierten die großen Märkte und daher auch die Art des Materials, das aufgenommen wurde. Das Musikgeschäft war so segregiert, daß die Plattenfirmen häufig mit schwarzen Sängern für das schwarze Publikum die gleichen Titel aufnahmen, die weiße Sänger für ein weißes Publikum einspielten. Unter der Bezeichnung »Covers« verkaufte man diese Platten in den »Race-Music«-Abteilungen der Plattenläden und spielte sie in den »Race-Music«-Sendern. (*Anm. d. Übers.*: »Race« bedeutet »von Schwarzen für Schwarze«.) Covers waren auch eine Spezialität des weißen Plattengeschäftes – wenn ein Sänger einen Hit hatte, nahmen einer oder mehrere andere weiße Sänger »Covers« davon auf. Aber die Gründe waren nicht die gleichen. Zum Glück für Ella erschien sie auf der Bühne des Entertainment, als die krassesten Rassistensongs schon an Beliebtheit zu verlieren begannen.

Ella Fitzgerald and Her Savoy Eight nahmen in den nächsten zwei Jahren etwa zweimal im Jahr auf. Ihre Selbstsicherheit als Sängerin wuchs allmählich, und so versuchte sie sich sogar als Songschreiberin. »You Showed Me the Way«, mit der Musik von Webb, McRae, dem Posaunisten Benny Green und dem Text von Ella, wurde zum ersten Mal am 25. Januar 1937 von Teddy Wilson und seinem Orchester mit Billie Holiday als Vokalistin aufgenommen. Es machte Ella ganz besonders stolz, daß ihr Gesangsidol ihren Song aufnahm.

Billie Holiday hatte gerade ein zweites Engagement im Onyx Club auf der West 52nd Street beendet und war für drei Monate in den Uptown Club, einen Kellerclub an der Seventh Avenue, Ecke 134th Street in Harlem, verschwunden. Ella ging so oft wie möglich da hin, um sie zu hören, hatte aber immer noch nicht den Mut, die Holiday anzusprechen.

Daß die Weißen den Spielplatz Harlem allmählich verließen, war keine gute Neuigkeit für die Betreiber des Savoy Ballrooms, die nun Verluste in ihrem Geschäft befürchten mußten. Um 1937 war der Ballroom dazu übergegangen, sonntags weiße Bands gegenüber der von Webb spielen zu lassen. Die Gastband am 11. Mai 1937 war die von Benny Goodman, das erste Auftreten des »King of Swing« im Savoy. Der Sage nach bekamen an dem Abend zwanzigtausend Leute keinen Einlaß mehr. Das Überfallkommando und die Feuerwehr wurden zur Aufrechterhaltung der Ordnung eingesetzt. Kurz vor Beginn der Show sprach Chick Webb zu Ella und seinen Musikern und sagte: »Das ist der entscheidende Augenblick für die Band. Ihr wißt, was das für mich bedeutet.«

An dem Abend spielten Webb und seine Leute, wie sie noch nie gespielt hatten. Ella sang ihren Part, und es heißt, daß das Publikum von viertausend Leuten sich untergehakt hatte, während sie sang, und mitschwang bei ihren swingenden Tönen. Aber der eigentliche Kick war Webbs ausführliches Drumsolo, das eine donnernde Ovation hervorrief.

Die Barrieren gegen Auftritte integrierter Bands funktionierten immer noch – nur Benny Goodman reiste mit zwei schwarzen Musikern, Teddy Wilson und Lionel Hampton. Sie waren auch Teil des Benny Goodman Quartet, das immer getrennt von der Band spielte, nie mit ihr zusammen zur gleichen Zeit. Jetzt gab es aber mehr Beweglichkeit bei den Plattenaufnahmen. Schwarze und weiße Musiker nahmen wiederholt zusammen auf, und Benny Goodman, wie auch andere, hatte Platten mit schwarzen Sängerinnen wie Billie Holiday und Ella gemacht. June Richmond arbeitete regelmäßig mit Jimmy Dorseys Band, und Billie Holiday würde bald mit Artie Shaw auf Tournee gehen. Ella fragte sich, ob sie nicht auch öfter Gelegenheit zu Aufnahmen mit weißen Bands bekommen könnte.

Immerhin hatte Ella begonnen, ein weißes Publikum zu erreichen. Das 1935 gegründete Musikmagazin *Down Beat*, dessen Leser überwiegend weiß waren, führte jedes Jahr einen »Readers' Poll« durch, um die beliebtesten Musiker und Sänger festzustellen. Der Poll für 1937 wurde in der ersten Ausgabe des neuen Jahres veröffentlicht und nannte als Gewinner unter den Vokalisten Bing Crosby und unter den Vokalistinnen den Teenager Ella Fitzgerald (Mildred Bailey stand an zweiter und Billie Holiday an dritter Stelle). Die gleiche Ehre widerfuhr ihr Ende des Jahres in der britischen Musikzeitschrift *Melody Maker*: Ellas Erfolgsstory war die Geschichte eines Wunders – in nur zwei Jahren vom Waisenkind in Männerschuhen zur Topsängerin –, und alles das dankte sie Chick Webb.

Webb war bekannt dafür, daß er anderen Musikern half. Als Teddy Hills Band 1937 ins Savoy ging, war auch der junge Dizzy Gillespie dabei. Damals spielte Mario Bauza bei Webb erste Trompete, und er interessierte sich für Gillespie. Gillespie erinnerte sich später: »Chick Webb mochte mich auch. Er ließ mich immer für Taft Jordan einsteigen und Soli spielen; ich war der einzige, den er so einfach einsteigen ließ. Natürlich konnte ich zu der Zeit schon sehr gut Noten lesen.«[1]

Aber im Fall Ella Fitzgerald hatte Webb einen Volltreffer gelandet. Sie war es, die das Chick-Webb-Orchester berühmt machte. »Das ist es«, soll Webb gesagt haben, »jetzt hab' ich eine wirkliche Sängerin. Das ist es, was das Publikum will.«[2]

Einige Jazzhistoriker, besonders Gunther Schuller, meinen, Webb habe sich an den Kommerzialismus verkauft, indem er immer mehr Platten mit Ella machte. In einer Fußnote seines Buches *The Swing Era* schreibt Schuller, daß ». . . die Webb Band nur sechzehn Instrumentalnummern aufgenommen hat, nachdem Ellas Popularität erst einmal feststand, gegenüber siebenundfünfzig Gesangsnummern (*nicht* eingerechnet die zwei Dutzend Titel, die unter ihrem Namen mit den Savoy Eight aufgenommen wurden). Die große Mehrheit dieser Vocals waren von Ella, dazu noch von zweifelhaftem Wert. Jüngere Leser, die Ella Fitzgerald nur als Solistin in den Fünfzigern und Sechzigern kennen und als großartige Sängerin von Balladen und Scat, die echtes Jazzmaterial singt, können sich nicht vorstellen, was für idiotische, oft sogar kitschige Songs sie am Anfang ihrer Karriere singen mußte.«[3]

Wenn solche Kritik Ella auch getroffen hätte, wenn sie ihr zu Ohren gekommen wäre, hätte sie sich doch nicht davon abhalten lassen, weiter genau die gleichen Sachen zu singen. Was ihr wichtig war, war das Singen und die Liebe, die ihr nur vom Publikum entgegengebracht wurde.

Ellas wachsende Popularität beim Publikum wirkte Wunder in ihrem sozialen Umfeld, sie machte sie für die männlichen Anhänger attraktiver, diese »Groupies« der dreißiger Jahre, die sich im Lichtschein selbst der trübsten Sterne zu sonnen liebten. Ella hatte eine Menge junger, attraktiver Männer um sich, wie die Bandmitglieder jener Zeit sagen. Sie machten Botengänge für sie, begleiteten sie in die Clubs, lobten und priesen unentwegt ihren Gesang und boten ihre Ratschläge für ihre Karriere an. Aber Ella war mit Recht mißtrauisch gegen ihre Absichten. Sie sah die unsichtbaren Fesseln und die Gefahr der Ausbeutung. Die Anerkennung des Publikums war ehrlich.

Fast so ehrlich war auch die Anerkennung durch andere Bandleader, die Webb beneideten und wünschten, sie hätten eine Sängerin wie Ella. Nachdem sie den *Down-Beat-* und den *Melody-Maker*-Poll gewonnen hatte, bot ihr Jimmie

Lunceford einen Job mit $ 75 die Woche an, mehr als Webb ihr zahlte.

Lunceford war der schwarze Bandleader mit der fundiertesten akademischen Ausbildung und einer derjenigen, die wirkliche Klasse hatten. Er hatte das Baccalaureat in Musik der Fisk University in Nashville, Tennessee, und hatte an der Fisk und am New Yorker City College mit Studenten gearbeitet. Dann wurde er Musiklehrer an der Manassa High School in Memphis und stellte aus den Studenten seiner Klasse seine erste Band zusammen. Als sie den Schulabschluß erreicht hatten und fortgingen zur Fisk, ging Lunceford mit ihnen und nahm eine Stelle als Lehrbeauftragter für Musik an. In den nächsten vier Jahren spielte die Band regelmäßig im Süden, und nach dem Hochschulabschluß der Studenten nahm Lunceford sie mit nach New York. Sie spielten im Frühjahr 1934 im Cotton Club in Harlem und machten ihren Weg als Bigband.

Ella bewunderte Lunceford und wußte sein finanzielles Angebot zu würdigen, ebenso sein Versprechen, sie dürfe auch Balladen singen, was Webb ihr nicht zugestehen wollte. Sie aber empfand Webb gegenüber (den sie immer noch Mr. Webb nannte) eine tiefe Loyalität, denn ohne ihn, glaubte sie, würde sie immer noch im Kreisel der Amateur Nights festhängen. Außerdem gelang es Ella nicht leicht, sich auf Veränderungen einzustellen, sie zog das Bekannte dem Unbekannten vor. Schließlich zog Lunceford sein Angebot zurück, aus Respekt vor Webb, und Webb, dem das alles zeigte, wie gefragt Ella nun war, erhöhte ihre Gage von $ 50 auf $ 125 die Woche.

Um diese Zeit rief er Ella einmal an. »Ich dachte, ich solle für ihn etwas anprobieren, ob es auch die richtige Größe für seine Frau habe«, sagte sie, »aber er sagte, das sei für mich.«[4] Es war, als sei das ein Siegel unter ihren Vertrag, und nie wieder hat Ella daran gedacht, ihn aufzulösen.

Zwischen den Webb-Musikern und ihr bestand kein solches Band. Webb redete ihr zu, mit den Jungs loszuziehen, damit sich beim Jammen die instrumentale Qualität ihrer Stimme weiterentwickelte, sie sollte mitjammen, wenn sie jammten. Auf der Bühne schien es ihr Freude zu machen, mit ihnen zu jammen, an den After Hour Sessions nach der Arbeit nahm sie dagegen nicht teil. Einmal faßte sie den Vorsatz, auch ein Instrument zu lernen, und entschied sich für das Akkordeon. Aber die Kollegen waren nicht besonders erpicht darauf, es für sie herumzutragen, und so gab sie die Idee wieder auf.

Nach dem Bassisten Beverly Peer hat sich seit der Zeit, als Ella in die Webb-Band kam, nicht viel geändert. »Ella blieb immer für sich und hatte mit den Musikern eigentlich wenig zu tun. Wann immer wir mit dem Spielen fertig waren, wußte niemand, wohin sie verschwand. Die meisten Musiker gaben nicht allzuviel um sie als Menschen. Ich glaube nicht, daß sie wirklich bös war, aber sie war unsicher, und das ließ sie böse erscheinen. Keiner wollte sich näher mit ihr einlassen. Wir gingen unsere Wege und sie die ihren.«[5] Ella fühlte sich bei ihrer Familie und bei alten Freunden weitaus wohler und versuchte daher gar nicht erst, neue Freunde zu finden. Sie hielt ihr Privatleben und ihren Beruf strikt auseinander.

Abgesehen vom Persönlichen blieben Webbs Musiker auch unzufrieden damit, daß ihr Bandleader eine Sängerin so sehr herausstellte, was natürlich auf Kosten der musikalischen Qualität ging, die früher so sehr im Vordergrund gestanden hatte. Wenn die Gruppe sich auch nun »Chick Webb and His Band with Ella Fitzgerald« nannte, oder manchmal auch »Ella Fitzgerald with the Chick Webb Band«, so war Ella doch nicht der einzige Grund, warum die Webb-Band auf der Höhe ihrer Popularität war. Die Blechbläser alleine hatten schon einen großen Ruf. Von ihren Kollegen »the Five Horsemen« – die fünf Reiter – genannt, scharte sich bei diesen Musikern – Taft Jordan, Mario Bauza und Bobby Stark an den Trompeten, Nat Story und Sandy Williams an den Posaunen – die Menge im Savoy um den Bandstand, wenn sie den »St. Louis Blues« oder »Stardust« oder »Tiger Rag« spielten.

Der Altsaxophonist und Klarinettist Garvin Bushell hatte schon Anfang der Dreißiger mit der Webb-Band gespielt und ging dann fort zu Cab Calloway, der ihm mehr zahlte. Als er 1937 wieder zu Webb zurückging, begnügte er sich

mit einer geringeren Gage, nur um an der Msuik teilzuha-
ben, die die Webb-Band spielte: »Musikalisch war es bei
Webb viel erfreulicher als bei Cab. Die Arrangements waren
besser und gaben der Band mehr Spielraum. Die Sektionen
hatten eine größere Klangqualität. Und um Webb herauszu-
stellen, mußten wir einige schnelle Balladen spielen.«[6]

Chicks Soli waren besser denn je, und so waren es die Musiker ebenso gut wie Ella, die sich ein durchgehendes Programm (ohne Reklameeinblendungen) im NBC eroberten
(wohl mehr von der Rundfunkstation »durchgehalten« als
von den Sponsoren), zusammen mit den Ink Spots (einer damals sehr populären Gesangsgruppe, *Anm. d. Übers.),* das
unter dem Titel »The Good Time Society« mehrere Monate
lang auf Sendung blieb. Die Webb-Band als Ganzes war es
wohl auch, die nicht nur im Savoy, sondern auch in anderen
Etablissements sehr gefragt war. Die Band spielte wiederholt Gastengagements an anderer Stelle in New York und in
anderen Städten der Ostküste.

Webb aber hielt immer noch Ella für den Schlüssel zum
Erfolg, besonders wenn es darum ging, ein weißes Publikum anzulocken, was für das kommerzielle Wohl der Band
unerläßlich war. Das schwarze Publikum konnte eine große
Formation wie die von Webb nicht tragen. Garvin Bushell
glaubt, der Grund für den Rausschmiß Louis Jordans, der
wie Louis Armstrong sang, sei gewesen, daß Jordan anfing,
Ella in den Schatten zu stellen. »Ellas Problem war, daß sie
auf der Bühne keine große persönliche Ausstrahlung entwickelte. Sie konnte eine Nummer nicht rüberbringen, wie
das Louis Jordan konnte, der schon in der Band war, als ich
einstieg. Louis ging da raus und brachte den Laden zum Kochen, das Haus tobte. Danach konnte nichts mehr kommen.
Louis stellte Ella in den Schatten, und so entschloß sich
Chick, ihn zu feuern.«

Anfang 1938 war die Band im RKO Theater in Boston.
Bushell erzählt: »Chick beschloß, Louis fristlos zu entlassen.
Louis schrie immer rum: ›Wenn dir nicht paßt, was ich mache, dann schmeiß mich doch raus!‹ Ich hab' das unten in
der Halle gehört, nach der Show. Ich weiß noch, wie Chick
sagte: ›Gut, genau das werde ich tun‹ . . . Das war das Beste,

was Louis je passiert ist, denn er bekam einen Job im Speedway in New York – und da startete er seine Tympany Five – das war's dann.«[7]

Zu der Zeit, als er Louis Jordan feuerte, ließ Webb Ella immer häufiger singen. Die Swing-Ära stand in Blüte, und selbst die einfallsreichsten Songschreiber der Tin Pan Alley, der Schlagerindustrie, konnten mit der Nachfrage nach Songs, die im Swingtempo aufgenommen werden sollten, nicht Schritt halten. Webb fing auch an, Ella mehr Balladen singen zu lassen, obwohl er sie immer noch nicht für reif genug dafür hielt. Ella war sich wohl bewußt, daß sie am Stil ihrer Balladen noch arbeiten mußte, und so ging sie, so oft sie konnte, hin und hörte sich Billie Holiday an, die damals mit Artie Shaws Band sang. 1938 besuchte Ella den Roseland Ballroom, um Billie zu hören, und die beiden Sängerinnen kamen zum ersten Mal wirklich miteinander ins Gespräch.

Wenn Fitzgerald und Holiday auch von den Musikexperten oft miteinander verglichen werden, so waren sie doch in Stil und Lebenserfahrung Welten voneinander entfernt. Zwar hatten beide eine schwierige Kindheit gehabt, aber die von Holiday war bei weitem tragischer gewesen als die von Ella, und Holiday kühlte ihre Wunden mit Alkohol und Drogen. Sie stand damals schon in dem Ruf, unzuverlässig zu sein, aber wenn ihr nach Singen zumute war, konnte sie einem das Herz aus dem Leibe reißen. Bei Ella andrerseits konnte man jedes Mal auf eine gute Darbietung rechnen. Aber ihrem Gesang fehlte die Gefühlstiefe. Sie behielt ihre Gefühle für sich, ihr Bedürfnis nach Selbstschutz war stärker als ihr Bedürfnis, sich mitzuteilen. Weit davon entfernt, sich den Zuhörern entgegenzuneigen, erwartete sie, daß die Zuhörer sich ihr zuneigten. Ihr Gesang kam aus den Stimmbändern, sie gestattete ihm nicht, aus der Seele zu kommen.

Zwar fehlte Ellas Gesang die Gefühlstiefe, dafür zeichnete er sich aber durch eine wunderbare Klarheit aus, wie man auf den Aufnahmen hören kann, die sie Anfang 1938 gemacht hat. Im Januar spielte sie zwei Titel ein: »It's Wonderful« und »I Was Doing All Right«. Im Frühjahr waren es sechs Titel: »This Time It's Real«, »What Do You Know About Love?«, »You Can't Be Mine (And Someone Else's

Too)«, »We Can't Go On This Way«, »Saving Myself For You« und »If You Only Knew«. Es waren gute Balladen, und Ella sang sie sehr schön, aber erst ein Schlager machte Ella über Nacht berühmt.

Während eines Engagements im RKO Theater in Boston – möglicherweise beim gleichen Engagement, bei dem Webb Louis Jordan feuerte – mußte Webb mit einem plötzlichen Anfall seiner Tuberkulose ins Krankenhaus gebracht werden. Ella und die Band machten ohne ihn weiter. Eines Tages bei der Probe saß sie am Klavier und suchte nach einem kleinen Song, den sie ihm vorsingen konnte, um ihn aufzumuntern. Sie klimperte mit zwei Fingern herum und begann Worte zu einem Kinderlied zu singen, an das sie sich noch aus der Grundschule erinnerte. Die Kinder sangen es immer, wenn sie »Drop the Handkerchief« (Taschentuch fallen lassen) spielten.

> A-Tisket, A-Tasket
> A brown and yellow basket.
> I wrote a letter to my mummy,
> On the way I dropped it.
> I dropped it, I dropped it.
> Yes, on the way I dropped it.
> A little girlie picked it up
> And put it in her pocket.

> (Ein braun-gelbes Körbchen – ich schrieb meiner Mammi einen Brief, und da hab' ich es unterwegs verloren. Ein kleines Mädchen hat es aufgehoben und in die Tasche gesteckt).

Zufällig war auch Al Feldman da, ein Pianist, der ein paar Jahre für Webb arrangiert hatte und später unter dem Namen Van Alexander seine eigene Band leitete. Angeregt durch das Liedchen, das Ella sang, setzte er sich ans Klavier, spielte ein bißchen mit, und in kurzer Zeit hatten sie einen neuen Schlager kreiert. Als Ella ihn Webb vorsang, war der so begeistert, daß er ihr gestattete, ihn auf der Bühne auszuprobieren. Das tat sie dann auch, als die Webb-

Band noch in Boston war, und das Publikum war hingerissen.

Schlager und volkstümliche Lieder waren immer noch sehr beliebt. Die meisten Topsänger und Gesangsgruppen hatten mindestens eins davon aufgenommen, darunter auch Maxine Sullivans Version von »Loch Lomond«, Larry Clintons »Dipsy Doodle«, Rudy Vallees »The Whiffenpoof Song« und »Bei mir bist du schön« von den Andrews Sisters, von dem Ella gerade eine Coverversion für das schwarze Publikum aufgenommen hatte. »A-Tisket, A-Tasket« paßte genau in diese Sparte.

Zurück in New York, feierte Ella am 25. April ihren zwanzigsten Geburtstag. Etwa eine Woche später ging sie mit der Webb-Band zum zwölften Mal in drei Jahren ins Decca-Studio. Webb wollte »A-Tisket, A-Tasket« aufnehmen, aber Jack Kemp, der A&R-Man (Artists and Repertory), war nicht besonders davon angetan und wandte ein, es sei ja nur ein Kinderlied. Er konnte sich nicht vorstellen, daß das jemand kaufen würde. Webb versicherte ihm, der Song sei beim Publikum sehr gut angekommen. Kemp gab nach, und so wurde der Song einer von vier Titeln, die bei der Session im Mai 1938 aufgenommen wurden.

Die Band spielte ihn ziemlich genau so, wie sie ihn bei Live-Auftritten gespielt hatte, mit einem zündenden Antwortgesang der Band, der folgendermaßen ging:

> Was it green?
> No, no, no, no!
> Was it red?
> No, no, no, no!
> Was it blue?
> No, no, no, no!
> Just a little yellow basket.

> (War es grün? Nein! War es rot? Nein! Nur ein kleines, gelbes Körbchen).

Mit der Rückseite »Liza« wurde die Platte – Ellas siebenundzwanzigste für die Decca – bald darauf herausgebracht und kletterte sofort in die Charts. Die Lucky-Strike-Hitparade gab es nun schon im dritten Jahr. Georgia Gibbs sang den Song in der Show, und bald war er die Nummer eins. Es war der größte Hit des Sommers. Er blieb siebzehn Wochen in den Charts und die Nummer eins der Hitparade. Bis September waren bereits mehr als eine Million davon verkauft, auch damals schon ein Meilenstein, wenn die Plattenindustrie zu der Zeit auch noch keine goldenen Schallplatten vergab.

Warum der Titel so populär wurde, ist ein Rätsel. Genau so könnte man erklären wollen, warum »The Whiffenpoof Song« so ein Hit war oder »The Flat Foot Floogie With the Floy Floy« des Schlagersängers Slim Gaillard (Gaillard war berühmt für seinen »Hep Cat Slang« mit Ausdrücken wie »O-voutie, o-rooney). Das Gewitter, das sich über Europa zusammenbraute, brachte ein Gefühl des Unbehagens mit sich, und Schlager boten eine Flucht vor den Bedrohungen der wirklichen Welt. Ella hatte keine clevere Marktanalyse betrieben, als sie mit diesem Song herauskam, sie hatte nur ein bißchen herumgespielt, um Webb aufzumuntern. Als Songschreiberin konnte Ella sich auch um Aufnahme in die ASCAP (American Society of Composers, Authors, and Publishers) bewerben, was sie auch tat, und so wurde sie das jüngste Mitglied in deren Geschichte. Sie bewies später, daß sie als Schreiberin populärer Songs keine Eintagsfliege war, denn auf »A-Tisket, A-Tasket« folgten »I Found My Yellow Basket«, »Chew, Chew, Chew«, »Oh, But I Do« und anderes mehr.

In diesem Sommer ging die Webb-Band auf Tournee, um die Popularität von »A-Tisket, A-Tasket« auszunutzen. Sie traten mehrere Male in Boston auf, wo der Song zuallererst so gut aufgenommen worden war.

Ein Ehepaar, das schon seit langem zu den Ella-Fans gehört, erinnert sich an sie und das Chick-Webb-Orchester in einem Club im Gardner Hotel in Boston. »Sie saß am Rande der Bühne und schwang ihren ziemlich kräftigen Arm im Takt der Musik«, erinnern sie sich. »Die Nummer, auf die alle warteten, war ›A-Tisket, A-Tasket‹.«[8]

Ein anderer Fan erinnert sich an Ellas Auftritt, gleich

nachdem sie den Titel aufgenommen hatte: »Sie traten im RKO Boston Theater auf, im gleichen Programm mit irgendeinem unbedeutenden Film. Für mich überstrahlten die Band und ihr junger Gesangsstar alles andere. In der Filmpause schlug ein junges Mädchen, das ebenfalls eine begeisterte Anhängerin war und mit dem ich auf dem Gang getanzt hatte, vor, wir sollten versuchen, am Bühneneingang ein Autogramm zu bekommen. Man erlaubte uns, in einem schmalen Korridor zu warten, während die Musiker ein Foto der Band in Postkartengrüße signierten. Da kam Ella und sprach mit einem sehr verbindlichen Herrn, der einen Boston-Terrier-Welpen zu einem bescheidenen Preis anbot. Er hielt das Hündchen hoch, das gewiß reizend war, aber der Gegenstand unseres Interesses war nun einmal Ella. Auch sie war sehr von dem Hündchen angetan, sagte aber nein und führte als Grund das unbeständige Wanderleben der Band an. Wie ich sie so betrachtete, ganz überwältigt von ihrer Nähe, schien sie mir eher winzig zu sein, mit einer Figur, daß zwei große Hände ihre Taille hätten umspannen können. Eine wirklich reizvolle junge Frau mit einer leisen Stimme, die das Angebot sehr liebenswürdig zurückwies. Das Mädchen und ich, wir stolperten raus mit unseren handsignierten Bildern und hatten das Gefühl, vom Widerschein ihres Ruhms eingehüllt zu sein.«[9]

Es ist interessant, wie verschieden die Ansichten über ihre Größe sind bei Leuten, die sie alle etwa zur gleichen Zeit gesehen haben. Für den einen hatte sie einen ziemlich kräftigen Arm, in den Augen eines anderen war sie fast winzig. Fotos aus der Zeit zeigen eine Ella von üppigen Proportionen, aber nicht dick, und mit einer verhältnismäßig schlanken Taille. Ella gehört zu den Frauen, deren Größe vom Betrachter abhängt.

In jenem Sommer unternahm die Webb-Band ihren ersten Abstecher an die Westküste. Für Ella war das eine Vorübung für spätere Trips in den Süden, denn Los Angeles war in jenen Tagen so rassistisch wie eine Stadt in den Südstaaten und eisern segregiert. Die Band spielte meist in weißen Clubs, in denen Schwarze nicht zugelassen waren. Eines der wenigen Engagements, bei denen die Schwarzen sie hören konnten, war das in einer Bowlinghalle Ecke 48th und Central Avenue, im Herzen des schwarzen Viertels, die einzige Bowlinghalle in der Stadt, die für Schwarze geöffnet war. Zu der Zeit hätte Ella sich nicht vorstellen können, dort zu leben.

Zurück an der liberaleren Ostküste begann die Webb-Band, dank Ellas Popularität, mehr und mehr in weißen Clubs zu spielen. Es war dies die erste schwarze Band, die in New Yorks exklusivem Park Central Hotel auftrat. Ella, die auf der Bühne immer sehr nervös war, zitterte besonders bei diesem Engagement vor Angst. Sie trug ein mit Goldplättchen übersätes Kleid mit Chiffonschleiern, das zu ihren Armbändern aus Goldmünzen paßte. Sie hielt das Mikrophon fest umklammert und stand so ihren Set durch. Die nerzbehangene, juwelenbesetzte feine Gesellschaft applaudierte ihr begeistert.

Das Webb-Orchester war auch die Attraktion des Paramount Theater am Broadway, einer weiteren Bastion des weißen Entertainment. Das Publikum im Paramount raste vor Begeisterung für Ella, sprang von den Sitzen, um sie zu berühren, und man riß ihr sogar einmal vor Enthusiasmus die Kleider vom Leibe.

Aber Ella fühlte sich am wohlsten im Savoy, das betrachteten sie und die Band als ihr »Heim«, da fing sie auch allmählich an, sich auf der Bühne lockerer zu geben. Ein langjähriger Fan erinnert sich, daß er mehr als einmal den »A-Train« nach Harlem und ins Savoy genommen hat. Aber ein Abend ist ihm besonders in Erinnerung geblieben: »Ella und Chick Webb waren die reguläre Band, und ich glaube, die Savoy Sultans waren die Zweitband. Ella trug ein weißes Abendkleid aus Satin, weiße Slipper, und auch ihre langen Fingernägel waren weiß lackiert. Ich stand direkt vor dem Bandstand, und als sie einen Titel beendet hatte, sah sie zu mir herunter, winkte und sagte: ›Schön, dich zu sehen.‹ Ob sie nun nur freundlich sein wollte oder ob sie sich an mein Gesicht erinnerte (einen Monat oder so davor hatte ich sie an einem der ›One Nighters‹ der Band gesehen), ich werde es nie erfahren.«[10]

Unterdessen hatte sich Chicks Gesundheitszustand ständig verschlechtert. Mitunter konnte er kaum einen Set durchhalten. Irving Randolph, der damals schon fortgegangen war zu Cab Calloway, der sich Webb aber, so oft er konnte, anhörte, erinnert sich: »Er mußte immer mal wieder eine kleine Pause einlegen, hatte aber jemanden, der dann für ihn einsprang. Der Junge kam, wenn Chick sich nicht wohl fühlte, und spielte eine Zeitlang für ihn. Dann übernahm Chick wieder, und dann machte er wieder eine kleine Pause.«[11] An einigen Abenden fiel Webb nach dem Ende der Show in Ohnmacht. Aber er wischte alle Besorgnis über seine Gesundheit beiseite und sagte: »In ein paar Monaten bin ich wieder ganz auf dem Damm. Außerdem muß ich meine Jungs an der Arbeit halten.«[12]

Moe Gale drängte Webb unentwegt, mit der Band und Ella noch eine Tournee zu machen, um die anhaltende Popularität von »A-Tisket, A-Tasket« und die des Folgesongs auszunutzen. Webb, dessen Verfassung immer schlechter wurde, wollte nicht so recht. Aber schließlich stimmte er einer Fünf-Wochen-Tourne zu, die im Juni 1939 beginnen sollte.

Es war Ellas erste Tournee in den Süden. Die Truppe fuhr mit dem Bus von New York runter nach Washington D. C., um auf einem Riverboat auf dem Potomac zu spielen. Webb war so krank, daß er kaum spielen konnte. Am nächsten Tag wurde er eiligst nach Baltimore ins Johns Hopkins Medical Center gebracht. Tim Gale, der Bruder von Moe und Veranstalter der Tournee, schlug vor, die Band solle ohne Chick weiterfahren, der so bald wie möglich wieder zu ihnen stoßen sollte. Die Band kannte ja die Arrangements, und Bardu Ali sollte weiter als Bandleader fungieren. Gale fand in Bill Beason einen Ersatz am Schlagzeug, und so ging die Band weiter nach Alabama.

»Eine Tournee im Süden mit Chick (Webbs Band) war besser als eine mit Cab«, erinnert sich Garvin Bushell. »Die Schwarzen akzeptierten Ella und Chick eher als Cab Calloway. Die Weißen waren versessen auf Cab. Darum ... gab es für uns auch mehr soziale Kontakte – wir wurden zu Partys und gesellschaftlichen Ereignissen eingeladen. Bei Cab wußten die Schwarzen oft nicht einmal, daß wir am Ort waren.«[13]

Für eine schwarze Band war das Herumreisen im Süden

schwierig, ganz gleich, wie bekannt und beliebt der Leiter war. Eine Gruppe Schwarzer auf dem Highway war eben eine Gruppe Schwarzer, Punktum, und die Feindseligkeit der Weißen war mit Händen zu greifen, um nicht zu sagen gefährlich. Eine weiße Tankstelle verkaufte ihnen wohl Sprit, aber die Toiletten durften sie nicht benutzen. Eine weiße Fernfahrerkneipe mochte ihnen wohl Lebensmittel an der Hintertür verkaufen, aber wehe, sie näherten sich dem Vordereingang. Passende Unterkunft zu finden war jedesmal ein Problem. Es gab keine schwarzen Hotels, außer in einigen größeren Städten, und weiße Hotels waren ihnen verboten. Die schwarzen Gasthäuser, in denen die Eisenbahner einkehrten, waren gewöhnlich heruntergekommen und voller Gefahren. Einige Pensionen der gehobenen Klasse pflegten Musiker abzuweisen, denn bei einigen Teilen der schwarzen Gemeinden hatten Showleute keinen guten Ruf. Oft genug endete es damit, daß eine Band im Bus übernachten mußte. Jeder schwarze Entertainer, der immer wieder den Süden bereiste, lernte es, sich ein Netz von Freunden und Kontaktpersonen zu schaffen, bei denen man sicher sein konnte, Unterkunft für eine Nacht und gelegentlich auch eine hausgemachte warme Mahlzeit zu bekommen.

Ella genoß die Zeit im Süden, trotz aller damit verbundenen Probleme. Zum ersten Mal hatte sie Gelegenheit, aus erster Hand zu erfahren, wie populär ihre Platten in dieser Region waren, sowohl unter Schwarzen wie unter Weißen. Wenn sie auch häufiger für weißes Publikum als für schwarzes spielten, so war die Wärme und Akzeptanz von seiten des schwarzen Publikums doch deutlich spürbar. Aber es sollte nur eine kurze Tournee werden. Ella und die Band spielten gerade im Masonic Tempel in Montgomery, Alabama, als Tim Gale die Bandmitglieder in der Pause zusammenrief und ihnen sagte, Chick Webb sei tot.

Die Ärzte im Johns Hopkins Medical Center hatten festgestellt, daß Webb Lungenentzündung hatte. Zu allem Unglück war er zu schwach, um behandelt zu werden, und so hatten die Ärzte sich entschlossen, ihn zu Hause sterben zu lassen. Er klammerte sich noch fast eine ganze Woche ans Leben. Dann, am 16. Juni, hatt er seine Mutter gebeten, ihm

Trotz seiner Behinderung durch eine Rückenmarkstuberkulose wurde
Chick Webb berühmt als großer Danceband-Drummer.
(Ken Whitten Collection)

Von Chick Webb unter seine Fittiche genommen, entwickelte sich Ella, hier 1935 mit dem Bandsänger Charlie Linton, zu einer attraktiven jungen Frau. (Frank Driggs Collection)

den Kopf hochzuheben, so daß er seine Freunde und Verwandten, die um sein Bett standen, noch einmal sehen konnte. »Es tut mir leid«, hatte er gesagt, «ich muß gehen.« Und dann starb er.[14]

Seine sterbliche Hülle wurde in dem kleinen Haus, in dem er oft bei seinem Onkel gewesen war, aufgebahrt und konnte mehrere Tage besichtigt werden. Andere Freunde, Verwandte und Fans versammelten sich in Baltimore. Der Drummer Gene Krupa, damals bei Benny Goodman, kam, sobald er die Nachricht erhalten hatte. Stundenlang saß er schluchzend am Sarg. Die Beerdigung in der Waters African Methodist Church war riesig, Tausende waren gekommen, um ihn zu betrauern. In der ganzen Stadt wurde der Verkehr für den Trauerzug, der achtzig Wagen zählte, angehalten. Ella stand am Sarg und sang »My Buddy«, eigentlich ein ziemlich dummer, rührseliger Song, dem plötzlich, als Ella ihn sang, mit all der tiefen Liebe und in dem Gefühl des Verlustes, den sie erlitten hatte, eine große Kraft und Eindringlichkeit entströmte. Alle Augen waren feucht geworden, als sie geendet hatte.

»Immer hatte er Schmerzen, aber niemand merkte es«, sagte sie über Webb. »Wenn er die gleiche Zeit, die er dafür aufgebracht hat, anderen zu helfen, für sich verwendet und sich erholt hätte, hätte er mehr als seine neunundzwanzig Jahre leben können. Und in diesem Menschen war so viel Musik.«[15]

Ella hatte ihren Beschützer verloren, und er würde ihr noch arg fehlen. Aber er hatte ihre Karriere auf den Weg gebracht. In drei kurzen Jahren war sie von einem Niemand in Amateurwettbewerben aufgestiegen zu einer Sängerin mit Platten, die an erster Stelle unter den Bestsellern standen.

4. Bandleader

Ella blieb nur wenig Zeit, Chick Webb zu betrauern. Beverly Peer sagt: »Sie setzte nicht ein einziges Mal aus, war am nächsten Tag schon wieder da. Sie dachte an ihre Zukunft. Alle Musiker dachten an ihre Zukunft.«[1]

Moe Gale riet ihnen zusammenzubleiben. Sie mußten ja noch ihre Tournee durch die Südstaaten beenden. Charlie Buchanan wollte, daß sie wieder ins Savoy zurückkamen, und Milt Gabler von der Decca war noch an weiteren Platten interessiert. Es gab noch manches rauszuholen bei der Webb-Band, vom Standpunkt der Geschäftsleute Gale, Buchanan und Gabler aus, jetzt, da Chick Webb nicht mehr da war. Die Leute würden kommen, nur um zu hören, wie die Band ohne ihn wohl klinge, und würden sich ungemein für ihre weitere Entwicklung interessieren.

Über die Neuordnung der Band gab es keinerlei Meinungsverschiedenheiten. Ella war offensichtlich der gegebene nominelle Bandleader, das Mitglied mit dem bekanntesten Namen. Die Band nahm den Namen Ella Fitzgerald and Her Famous Orchestra an. Moe Gale brachte eine Erklärung in die Presse: »Dem Willen Mr. Webbs entsprechend, hat Miß Fitzgerald die Leitung der Band übernommen.«

Webbs Schlagzeug, das immer im Zentrum der Bühne gestanden hatte, wurde weiter nach hinten geschoben. Das Chick-Webb-Logo – eine Krone mit den Initialen CW, das die Baßtrommel und die Pulte der Musiker geschmückt hatte – wurde ersetzt durch ein Körbchen mit den Initialen EF. Mit einundzwanzig Jahren war Ella nunmehr einer der jüngsten Bigbandleader der Welt, ganz zu schweigen davon, daß sie eine der wenigen Frauen unter ihnen war.

Es gibt ein wunderschönes Photo von Ella als Bandleader, das ihre Stellung in der Band nach Webbs Tod deutlich macht. Mit einem verlegenen Lächeln, den Kopf in die

Schultern gezogen, das Dirigentenstöckchen dicht an ihrem Hals geschultert, so erweckt diese Haltung den Eindruck: »Ist das nicht niedlich? Ich spiele Bandleader.« Sie machte keinen Versuch, auf die Band oder das Bandmaterial irgendwelchen Einfluß zu nehmen, das wäre auch töricht gewesen. Als das erst einmal klar war, akzeptierte die Band dieses Arrangement. Es war eine Sache des Marketings, daß man Ella vorne vor die Band stellte, es diente dem Geschäft. Das Ziel aller Beteiligten war, die Band im Geschäft zu halten. »In Wirklichkeit habe ich die Band eigentlich gar nicht geleitet«, sagte Ella später. »Ich war noch nicht alt genug, um Bandleader zu sein. Sie ließen Bardu dirigieren. Mich ließen sie ein oder zwei Nummern singen.«[2]

Der Saxophonist Teddy McRae wurde musikalischer Leiter und engagierte Edgar Sampson als Arrangeur. Die übrigen vierzehn Bandmitglieder waren: Dick Vance und Taft Jordan, Trompeten, George Matthews, Nat Story und Sandy Williams, Posaunen, Garvin Bushell, Klarinette, Hilton Jefferson, Altsax, Wayman Carver, Altsax, Tenorsax und Flöte, Tommy Fulford, Piano, John Trueheart, Gitarre, Beverly Peer, Baß, und Bill Beason, Schlagzeug.

Ende Juni war die Band wieder im Savoy und in den Decca-Aufnahmestudios und machte ein Album von zehn Titeln *in memoriam* Chick Webb, neun davon mit Ella als Solistin. Einer dieser Titel wurde zu ihrem nächsten großen Hit. Edgar Sampson war es, der für Ella »Stairway to the Stars« entdeckte. Mit dem Text von Mitchell Parish, der auch »Stardust« geschrieben hatte, und der Musik von Frank Signorelli und Matt Malneck war es eine schwelgerische, romantische Ballade, und Ella zeigte hier, wie sehr sich ihr Balladenstil entwickelt hatte: Sie sang vollendet.

Ella Fitzgerald and Her Famous Orchestra blieben das ganze Jahr 1939 hindurch Hausband im Savoy Ballroom und nahmen dort im Dezember 1939 auch elf Titel auf, angefangen mit »A-Tisket, A-Tasket« bis zur Schlußnummer »Swing Out«. In einem der Songs, »Tain't What You Do (It's the Way That You Do It)«, scattete sie ein bißchen und beendete eine ihrer Phrasen mit dem Wort »rebop«, daher behaupten einige Musikologen, hier sei dieser Name, der anfangs als Bezeichnung für die innovative Musik diente, die Dizzy Gillespie und Charlie Parker spielten, zum ersten Mal aufgetaucht.

Der beginnende Bebop, wie der Stil später genannt werden sollte, entwickelte sich aus dem Swing zu einer Zeit, als dieser allmählich an Popularität zu verlieren begann. Man spielte ihn (den Bebop) eher in kleinen Gruppen als mit einer Bigband, auch improvisierte man lieber, als daß man orchestrierte. Es war eine Musik für Musiker – ob das Laienpublikum das nun mochte oder nicht, darauf kam es nicht an. Anfangs war er gänzlich unpopulär, erst später, als Sänger wie Ella ihn aufgriffen, begann man ihn zu akzeptieren.

Kurz nachdem die Band diese Titel im Dezember 1939 aufgenommen hatte, verlor sie ihre Vormachtstellung im Savoy. Erskine Hawkins, im Schlepptau seines großen Hits »Tuxedo Junction«, erwies sich beim Savoy-Publikum als beliebter, und so mußte Ella ein neues Engagement suchen.

Es gab 1940 nicht mehr viele Stätten in Harlem, wo man hingehen konnte. Connie's Inn war, wie der Cotton Club, nach Manhattan gezogen. Andere Clubs hatten geschlossen. Selbst das Savoy hatte Schwierigkeiten, sein Stammpublikum bei der Stange zu halten. Schlimmer als die Depression waren die Nachwirkungen der Prohibition. Als Alkohol wieder legal war, machten die Bandenchefs, die die großen Clubs mit ihrer Politik des »Nur für Weiße« leiteten, keinen Profit mehr. Gangster führten einen Kleinkrieg in den Stadtvierteln um die Kontrolle von Prostitution und Kreditwucher, und als die Schießereien zwischen rivalisierenden Mobs Opfer unter Unbeteiligten forderten, konnte sich der Normalbürger in den Straßen von Harlem nicht mehr sicher fühlen. Wer da nicht hingehen mußte, blieb weg.

Zu gleicher Zeit bahnten sich auch Veränderungen im Bigbandgeschäft an. Der Markt war vollgestopft mit Bigbands, von denen nur sehr wenige einen erkennbar eigenen Sound hatten. Wie Paul Eduard Miller in *Down Beat* schrieb: »Das Publikum ist nun überstättigt. Vor 39 haben sich die meisten Swingbands finanziell halten können ... die übrigen, selbst die, die sich schon vor Jahren formiert haben, sind finanziell nur mäßig erfolgreich, um es milde auszudrücken.« Die schwarzen Bands, die ohnehin immer auf schwankenderem Boden standen als die weißen, litten besonders darunter. Wie Miller schrieb: »Es ist in Wahrheit so, daß das Publikum nur eine begrenzte Anzahl schwarzer Bands hinzunehmen bereit ist . . . Ella Fitzgerald und andere sind praktisch von der Bildfläche verschwunden, was das Publikum betrifft.«[3]

Aber die Nachricht, Ella sei als Bandleader abgetreten, war etwas voreilig. Moe Gale war überzeugt, ihr Name sei noch zugkräftig genug, die Band zu tragen. In der Januarausgabe von *Down Beat* 1940 wurde sie zur populärsten Sängerin gekürt, das vierte Mal in Folge, und Gale schloß daraus, daß sie weiter das Publikum anlocken würde.

Im Februar 1940 gingen Ella and Her Famous Orchestra in die Famous Door, West 52nd Street, das neue Zentrum des Jazz in New York. In den schmalen Sandsteinhäusern, in denen einst Flüsterkneipen untergebracht waren, gastierten innerhalb nur weniger Blocks die größten Namen des Jazz. Leider schloß die Famous Door, ohne Ella und ihrer Band zu zahlen, was sie zu bekommen hatten.

In New York bahnte sich ein großer Wandel an. Zu der Fülle der Bigbands kam noch der Andrang schwarzer Musiker im New York jener Tage. Durch Hitlers Invasion in Polen im September 1939 und Frankreichs Kriegserklärung an Deutschland drei Tage später wurde den schwarzen amerikanischen Musikern, die nach dem Ersten Weltkrieg in Paris eine Zuflucht gefunden hatten, klar, daß sie das Land verlassen mußten. Es stand für sie fest, daß sie in die Konzentrationslager verschleppt werden würden, wenn Paris fiel. In der Tat waren 1940 nur noch die Furchtlosesten in Paris.

Der Pianist Roger Ramirez kam aus Europa zurück und trat in Ellas Band ein. Vor seiner Abreise nach Europa hatte er mit Willie Bryants Band im Savoy und im Apollo gespielt. »Ich hatte mit Monty Martin, Kaiser Marshall und John Russel gespielt – wir eröffneten im polnischen Pavillon auf der Pariser Weltausstellung«, erzählte er.

Der Krieg lag immer bedrohlicher in der Luft, und jeder versuchte rauszukommen. Es dauerte eine ganze

Zeit, bis ich aus dem Land raus konnte. Charlie Buchanan schickte mir Geld für die Heimreise. Ich weiß nicht, wie es zugegangen ist, aber nun saß ich in der Band.

Tommy Fulford spielte damals in der Band Klavier. Tommy und ich waren zusamen in der Junior High School gewesen . . . ich vertrat ihn bei ein paar Engagements. Ich erinnere mich noch an eines. Wir sollten auf einem Ball spielen, und die Band hatte den Smoking an und alles, und als wir da ankamen, sahen wir auf der Bühne eine riesengroße Rückwand, die aussah wie aus Plantagenzeiten![4]

Wie aus Ramirez' Erinnerungen hervorgeht, arbeiteten die schwarzen Bands unter besonders harten Bedingungen, wenn sie in weißen Etablissements spielten. Nicht nur mußten sie den Hintereingang und den Lastenaufzug benutzen, man erwartet auch noch, daß sie den immer noch vorhandenen rassischen Klischees entsprachen. Solche Demütigungen wurmten Ella und die Musiker, aber es lag am Territorium. Sich dagegen aufzulehnen hätte bedeutet, daß sie keine Arbeit mehr bekommen hätten.

»Als ich in die Band kam«, fährt Ramirez fort, »war Chick schon tot und Ella übernahm. Der eigentliche Bandleader war aber Taft Jordan, er war der ›Strawboss‹ (der Musiker, der mit der Band arbeitet und die Proben leitet. *Anm. d. Übers.*). Die Band ging nach Baltimore, um dort ein Gedächtniskonzert für Chick zu spielen.«[5]

Der Auftriff in Baltimore war eine spezielle Show zur Unterstützung des Chick Webb Memorial Recreation Center Fund. Mehr als achttausend Leute kamen da zusammen, inklusive des Gouverneurs von Maryland und des früheren Boxchampions Joe Louis. Eine Reihe weiterer Entertainer stellten ebenfalls ihr Können dem guten Zweck zur Verfügung. Peg Leg Bates, der mit einem echten Holzbein, einem »Peg Leg«, tanzte, zeigte seinen Tanz »One-Legged Dancing Fool«, und die Nicholas Brothers, Fayard und Harold, tanzten mit ihren akrobatischen Spagats eine ganze Prunktreppe hinunter. Teddy Hills Band spielte, und die Ink Spots sangen ihre Hits. Aber der Auftritt, der den größten Applaus erhielt, war der von Chick Webbs altem Orchester und seinem früheren Schützling.

Später, als sie mit Webbs Witwe zusammensaß, sagte Ella: »Was Chick für mich und die Jungs getan hat, können wir ihm nie wieder gutmachen. Die Jungs in der Band und ich, wir können nur hoffen, daß unser kleiner Beitrag dazu dienen wird, Chick Webbs Traum wahrzumachen.«[6] Achttausend zahlende Gäste, pro Person $ 1,50, das erbrachte grob gerechnet $ 9200.

Zurück in New York, formierte sich die Band neu. Garvin Bushell sagt. »Sie trennten sich von Bardu und wollten Eddie Barefield anheuern und ihn vor die Band stellen. Sie wollten es der Benny-Goodman-Band gleichtun (Goodman war mit seinen Klarinettensoli der populärste Bandleader seiner Zeit). Als ich hörte, daß Barefield kommen sollte – dann brauchten sie mich als Klarinettisten ja nicht mehr –, kündigte ich und kam ihnen so zuvor.«[7]

Eddie Barefield, in Iowa geboren, hatte seine musikalische Ausbildung am Baß begonnen. »Aber der Baß ging in der Kirche kaputt, und da entschloß ich mich, mal mit der Klarinette und anderen Instrumenten herumzuprobieren«, sagte er. »Es gab da einen Juden, der in der Stadt eine Musikalienhandlung hatte, und der gab mir Unterricht. Ich zog nach St. Louis und ging zu den McKinney's Cotton Pickers und kam schließlich nach New York zum Spielen.«[8] Bevor er zu Ella ging, hatte Barefield auch schon in Benny Motens Band gespielt.

Mit Barefield, einem überragenden Solisten, machte das Orchester eine Fülle von Platten, darunter viele Titel, die sie im Roseland Ballroom gespielt hatten, in dem sie im Februar und März mehrere Wochen aufgetreten waren. Zwischen dem 15. Februar und Ende März machten sie insgesamt achtunddreißig Aufnahmen, mit einer größeren Anzahl Instrumentalnummern als gewöhnlich. Danach gingen sie wieder auf Tournee. In Barefields Erinnerung gab es zwar Unbequemlichkeiten wegen des Herumreisens und ihrer Hautfarbe, aber es gab auch viel Zusammenhalt.

71

Mir fehlt das Reisen jetzt. Junge Musiker wissen nicht mehr, wie das war damals. Die Integration hat den Verfall der schwarzen Clubs mit sich gebracht und der intimen Jazzlokale, in die die Schwarzen gehen konnten und spielen. Selbst das Reisen im Süden fand ich nicht so schlimm, weil es mir Spaß machte, mit den Schwarzen im Süden Kontakt zu haben. Jeder kannte jeden, und die schwarzen Musiker hatten sowieso in den schwarzen Gemeinden eine besondere Stellung. Diese Leute freuten sich darauf, daß wir da runter auf Tournee kamen. Jahr für Jahr. Wir hatten Freunde und Freundinnen dort. Manche Musiker hatten da unten auch Kinder, und diese Tourneen waren die einzige Gelegenheit, bei denen sie sie mal sehen konnten. Jetzt, seit der Integration, spielen wir an riesigen Plätzen wie dem Madison Square Garden und an Stellen weit weg hinten am Flughafen, und nun sehen wir die schwarzen Gemeinden nicht mehr, und die Schwarzen kommen nicht mehr, um uns zu sehen. Die Schwarzen haben heute die Kontrolle über ihre eigene Musik verloren. In den alten Zeiten waren die Aufnahmestudios das einzige, was die Weißen unter Kontrolle hatten, aber sie spielten schwarze Musik.[9]

Barefield blieb nicht lange in Ellas Band. Anfang Mai war er schon wieder fort, um einen Job als Studiomusiker beim Blue Network der ABC anzunehmen. Er war einer der ersten schwarzen Musiker, die regelmäßig im Radio spielten. Später spielte er bei Calloway und Sidney Bechet. Wie die meisten Musiker, die in jenen Jahren mit Ella gespielt haben, lernte er sie nie so recht kennen: »Sie kam pünktlich zur Probe, und nach der Probe ging sie wieder weg. Keiner der Jungs wußte, was sie in der Zwischenzeit machte.«[10]

Für Barefield kam der Klarinettist Pete Clark. Drei weitere Musiker gingen auch noch fort, vielleicht weil Barefield ging, vielleicht aber auch, weil wieder eine ausgedehnte Tournee für die Truppe auf dem Programm stand und die Posaunengruppe nicht mitgehen wollte. George Matthews,

Chauncy Haughton und Sandy Williams wurden durch James Archey, Floyd Brady und John McConnell ersetzt.

Mit der neuen Posaunengruppe gingen Ella und das Orchester Anfang Mai in die Decca-Studios und spielten vier Titel ein, darunter »Gulf Coast Blues«, von Clarence Williams geschrieben und zum ersten Mal vor sieben Jahren von Bessie Smith aufgenommen. Milt Gabler versuchte, der Band einen neuen Sound zu geben. Es war Ellas erster richtiger Ausflug in den Bluesgesang, und das ließ manchen Kritiker aufmerken. Edgar Jackson schrieb im *Melody Maker*: »Diejenigen, die sich an Clarence Williams' melodiösen ›Gulf Coast Blues‹ erinnern, werden nicht die einzigen sein, die an dieser neuesten Ella-Fitzgerald-Aufnahme ihre Freude haben. Diese Version mag nicht das Urwüchsige des Gesangs ›aus dem Bauch heraus‹ (verzeihen Sie den Ausdruck, aber er paßt so genau zur Sache) haben wie auf der alten Schellack von Bessie Smith, aber Ella singt besser, als sie in Jahren gesungen hat, und die Begleitung, die von der immer größer werdenden Musikalität ihrer Band zeugt, ist ihres Gesangs würdig.«[11]

Die Platte, die im Juni veröffentlicht wurde, kletterte schnell an die Spitze der Race Record Charts, und dieser Hit kam genau zur rechten Zeit für eine Sommertournee durch die schwarzen Clubs und Theater.

Moe Gale stellte fest, das Orchester lege sich wie ein Albatros um Ellas Schultern, und er versuchte sie dazu zu bringen, die Band aufzulösen und sich Benny Carter anzuschließen. Gale ging sogar so weit, einige Andeutungen in die Presse zu lancieren, aber Ella weigerte sich, dem Plan zuzustimmen. Die Gale-Agentur veröffentlichte also ein Statement, daß die Band von Ella Fitzgerald und die von Benny Carter »bis auf weiteres« als getrennte Formationen weiterbestünden.

Da die Popularität der Bigbands in New York weiter nachließ, entschloß sich Moe Gale, Ella and Her Famous Orchestra auf Tournee zu schicken. In anderen Landesteilen gab es immer noch ein aufnahmewilliges Publikum, wie Lionel Hampton feststellen konnte, als er im Herbst 1940 von Benny Goodman wegging und mit seiner eigenen Bigband loszog.

Der Trompeter Irving Randolph trat ungefähr um diese Zeit in die Band ein. Er war aus St. Louis und hatte zuerst bei Andy Kirk bespielt: »Der zog so durch die Gegend, es war nicht viel zu tun. Wir versuchten eben, ein bißchen Geld zu machen. Wir waren in Iowa oder irgendwo da herum, und Fletcher Henderson machte da mal Station, und ich jammte irgendwo, und er hörte mich. Er sagte: ›Mann, mir gefällt deine Art zu spielen‹, aber das ging hier rein, da raus, weil ich mir sagte: ›Der Mann kennt jeden in New York und kennt alle Trompeter. Warum sollte der gerade mich wollen?‹ Aber Sie können das glauben oder nicht, er schrieb mir einen Brief, und schon war ich drin.«[12]

Später spielte Randolph bei Cab Calloway. Nicht lange nach seinem Eintritt in Ellas Band gingen sie auf die geplante Tournee, und Randolph drängte sich der Vergleich zwischen den beiden Orchestern in bezug auf den Reisestil geradezu auf: »Bei Cab fuhren wir immer mit dem Zug. Bei Ella nahmen wir den Zug nur, wenn es eine lange Reise war, wie etwa zur Westküste. Bei Ella war auch jeder Musiker selbst für seine Garderobe verantwortlich. Bei Cab mußten wir uns um so was gar nicht kümmern, dafür hatten wir unsere Leute.«[13] Dazu paßt auch der Vergleich zwischen dem Erfolg ihrer Band und der Calloways. Die Tourneen von Ella waren von der billigen Sorte. Sie hatte nur eine Frau als Zofe. Garderobiere und Mädchen für alles, ihre Cousine Georgia (Georgianna). Der Roadmanager mußte auch manchmal den Busfahrer spielen.

Die Tournee in diesem Sommer ging auch durch den Süden. Die Gale-Agentur interessierte sich nur für die Tourneedaten. Es war Ella und den Musikern überlassen, Unterkunft zu finden, entweder in Pensionen oder Privathäusern. Roger Ramirez sagt: »Ich weiß nicht, wo Ella blieb, ich war viel zu beschäfftigt, selber was zu finden. Niemand fuhr voraus, um diese Dinge für uns zu regeln. Wenn man Verbindungen hatte, war alles o. k. Wenn man keine hatte, dann saß man in der Tinte.«[14]

Beverly Peer erinnert sich: »Wir kamen in den Wohnungen von Schwarzen unter, und jeder Musiker mußte seine eigenen Kontakte im Süden haben, denn der Bandleader hatte damit nichts zu tun, und der Agent und der Roadmanager hatten auch nichts damit zu tun. Die meisten Musiker blieben bei Leuten, mit denen sie schon Kontakt hatten, entweder durch andere Musiker oder weil sie mit anderen Bands früher schon mal dagewesen waren. Ella hatte da ihre eigenen Verbindungen. Wenn wir nicht spielten oder im Bus saßen, sahen wir sie nie. Im Bus war sie ›eine von den Jungs‹ – sie sang und scattete und tanzte im Bus. Aber sobald wir ausstiegen, blieb sie für sich.«[15]

Für Ella wie für andere gab es auf der Tournee auch Dinge, die das aufwogen. Wo immer Ella hinkam, wurde sie bestürmt. Im New Rhythm Club in New Orleans wollte sie von der Bühne gehen und wurde von viertausend johlenden Fans umringt, die an ihren Kleidern zerrten und ihr Autogrammbücher vor die Nase hielten. Viele Fans wurden umgerissen, auf einigen herumgetrampelt. Man rief die Polizei, um die Ordnung wiederherzustellen.

Vom Süden ging die Band in den Mittelwesten, und als sie im September in Detroit ankamen, waren sie durch sechsunddreißig Staaten gezogen und hatten ca. zwanzigtausend Meilen zurückgelegt. Ella, die ohnehin keine Elfe war, hatte enorm zugelegt. Sie war nicht nur das Opfer der besonderen Härten geworden, denen schwarze Musiker auf einer Tournee unterworfen waren, sondern verfiel auch noch einer der Musikerkrankeiten: dem Exzeß. Je nach Persönlichkeitsstruktur und Zeitumständen hatte jeder Musiker seine eigene Art, sich nach einer Vorstellung abzureagieren. Einige tranken, einige nahmen Drogen (wenn auch der Drogenkonsum unter Musiker in jenen Tagen selten war), manche aßen. Ella aß und aß und aß.

Einer fiel aus auf dieser Tournee: John Trueheart, Chick Webbs Jugendfreund aus Baltimore. Auch er war ein Opfer der Tuberkulose geworden und würde nie mehr in die Band zurückkehren.

Zurück in New York, spielten die Band und Ella Ende September drei Titel für Decca ein. Einer davon, »Five O'Clock Whistle«, wurde ein kleinerer Hit. Im Monat darauf kehrten sie für ein kurzes Engagement ins Savoy zurück. Im November traten sie im Tropicana Club auf und machten noch drei weitere Titel für Decca. Aber wenn sie auch ziemlich regelmäßig arbeiteten und immer wieder Platten aufnahmen, so war das Orchester doch sichtlich auf dem Abstieg. Das Ergebnis des Readers' Poll in *Down Beat* vom Januar 1941 zählte dreiundzwanzig Bands auf, aber keine Ella Fitzerald and Her Famous Orchestra. Ebensowenig wurde Ella unter den beliebtesten Sängerinnen aufgeführt, trotz der Popularität ihrer Aufnahme des »Gulf Coast Blues«. Die einzige Auszeichnung, die sie 1940 erringen konnte, war die Nummer 1 unter den »Zehn hervorragendsten Aufnahmen von 1940« des *Esquire*-Autors Carlton Smith.

In den ersten Monaten des Jahres 1941 spielten Ella und die Band an der Ostküste und nahmen weitere acht Seiten für Decca auf. Einer der Titel, »Muffin Man«, wurde besonders in England so etwas wie ein Hit. Die Gale-Agentur gab eine Pressenotiz heraus, Ella habe »dem Wunsche nach Platten für die Luftschutzräume in London entsprochen und die ersten hundert Aufnahmen ihres neuesten Hits, ›The Muffin Man‹, an den Bezirk Drury Lane der vom Krieg gebeutelten Stadt geschickt«.

Der Krieg in Europa begann sich auf Ella und ihre Truppe auszuwirken. Ihr wurde die Erlaubnis verweigert, in Europa auf Tournee zu gehen. Im Frieden hätte England sie willkommen geheißen, denn ihre Platten hatten sich dort von Anfang an gut verkauft. Aber sobald Hitler im September 1939 in Polen eingefallen und England zwei Tage später in den Krieg eingetreten war, war es mit allen Möglichkeiten zu einer Tournee in Übersee vorbei. Auch hing über den Häuptern von Ellas jungen Musikern der »Selective Training and Service Act« – Einberufung zu Grundausbildung und Wehrdienst – von 1940.

Im Juni 1941 zog die Band nach Westen. Die Gale-Agentur hatte Ella eine Rolle in einem Abbott-and-Costello-Film in den Universal-Studios verschafft, *Ride 'Em Cowboy*. Darin sollte sie ein singendes Stubenmädchen spielen, das übliche für eine schauspielernde schwarze Sängerin, erst recht für die eigentlichen schwarzen Schauspielerinnen in Hollywood. Kürzlich erst hatte die Schauspielerin Hattie McDaniel als erste Schwarze den Academy Award von 1939 für ihre Darstellung der Mammy in *Vom Winde verweht* bekommen. So wie die schwarzen Musiker vor Plantagenkulissen spielten, ohne sich öffentlich zu beschweren, so übernahmen die Schwarzen in Hollywood Dienerrollen, um arbeiten zu können. Gerade als Ellas Part gefilmt wurde, begann Walter White von der »National Association for the Advancement of Colored People«) NAACP) einen Kreuzzug gegen den »Mammyismus«, aber die Schwarzen in Hollywood schlossen sich dem Angriff auf das Hollywoodsystem noch auf Jahre hinaus nicht an.

In *Ride 'Em Cowboy* sang Ella »A-Tisket, A-Tasket« und »Rockin' and Reelin'« mit einer populären Gesangsgruppe, genannt The Merry Macs. Allen Berichten zufolge machte Ella ihr kurzes Gastspiel als Schauspielerin Spaß, und sie machte ihre Sache gut. Sie bewies ein gewisses Talent zur Komik, das die Universal veranlaßte, die Rolle zu erweitern. Aber nach den ungeschriebenen Gesetzen für schwarze Auftritte in weißen Hollywoodfilmen konnte ihre Rolle nicht wesentlich verbessert werden, denn sie unterlag ja den Schnitten durch die Zensoren im Süden. Solange sie ein bescheidenes Dienstmädchen spielte, würde das Südstaatenpublikum wohl hingehen und sie sich ansehen, wenn aber die Szene, in der sie auftrat, ihr auch nur im geringsten so etwas wie Menschenwürde zubilligte, würde sie sofort herausgeschnitten werden.

Unterdessen hatte Ella mit der Band ein Engagement im Orpheum Theater in Los Angeles. Sie nahmen auch Ende Juli für die Decca in Los Angeles auf. Wenn sie nicht gerade Platten machten oder im Orpheum auftraten, ergriffen einige Bandmitglieder die Chance, für $ 6 pro Abend mit anderen Musikern auf einer der Nachtclubsessions zu jammen, die von dem jungen weißen Jazzenthusiasten Norman Granz organisiert wurden.

Granz, der sich sein Studium an der University of California in Los Angeles mit Schreibarbeiten in einer Maklerfirma verdient hatte, hatte schon im College angefangen, Jazzplatten zu sammeln. Die Zufallsbegegnung mit Nat King Cole hatte ihm geholfen, Zugang zur Welt der Jazzmusiker zu finden, deren Können er so sehr bewunderte, daß er fand, sie könnten eigentlich auch für ihn arbeiten.

»Anfang der Vierziger spielten überall in Los Angeles schwarze Musiker«, sagte Granz 1979, »aber fast nur für weißes Publikum. Das kam daher, daß es nur wenige Lokale gab, in denen Schwarze als Gäste willkommen waren. Mir fiel das besonders auf, denn zusätzlich zu meinem Tagesjob als Filmverleger bei MGM hatte ich noch gelegentliche Jamsessions im Trouville Club in der Beverly-Fairfax-Gegend veranstaltet. Eines Tages kam Billie Holiday zu mir und beschwerte sich, daß Billy Berg, der Eigentümer des Clubs, einige ihrer schwarzen Freunde nicht hereingelassen habe.«[16]

Ein neues Gesetz der Musikergewerkschaft garantierte den regulär beschäftigten Musikern einen freien Abend pro Woche. Das gab Norman Granz die Möglichkeit, an einem Abend in der Woche eine Jamsession zu veranstalten. Er ging mit der Idee zu Billy Berg, die Sonntagabende, an denen der Club für gewöhnlich geschlossen blieb, für Jamsessions zu nutzen. Normalerweise wurde bei Billy Berg getanzt, aber für die Jamsessionsabende wurde der Bandstand vergrößert, und auf die Tanzfläche wurden Tische gestellt. Diese Gigs waren zum ernsthaften Zuhören da, nicht zum Tanzen.

Darüber hinaus wünschte Norman Granz, daß der Club sich einem integrierten Publikum öffnete, und das nicht nur sonntags abends für die Jamsessions, sondern auch während der ganze Woche. Mit wirtschaftlichen Argumenten überredete Granz Berg dazu, seinen Vorschlag zu akzeptieren. Zum ersten Mal gab es nun in Los Angeles einen integrierten Club.

Die Musiker waren begeistert, daß sie für ein ernsthaftes Publikum spielen durften, aber auch von den $ 6, die ihnen Granz pro Abend zahlte. Schon bald waren die Sonntagabende die beliebtesten Abende im Club, und andere Clubchefs traten an Granz um Auftritte in ihren Clubs heran.

Zu der Zeit interessierte sich Granz nur für Musiker und instrumentale Sessions. Er hatte mit Sängern, inklusive Ella

Fitzerald, nichts im Sinn. Ihn interessierte der wirkliche echte Jazz.

Nach der Rückkehr nach New York spielte die Band noch ein paar Engagements, und für kurze Zeit trat ihr ein junger Trompeter aus South Carolina mit Namen Dizzy Gillespie bei, der vor kurzem von Cab Calloway weggegangen war. »Ich spielte ein paar Wochen mit ihnen im Lavarge's (Levaggi's) in Boston und kam dann zurück nach New York«, erinnert sich Gillespie. »Der Gig mit Ella war schon ziemlich drollig, denn zunächst mal war Teddy McRae der Leader, der sich um alles kümmerte. Ella sang nur. Es war Ellas Band, und das Geld ging an die Gale-Agentur, die Ella bezahlte, aber die musikalische Leitung lag in den Händen von Teddy McRae, und der engagierte mich für die zwei Wochen.«[17]

Ohne es zu wissen, wurde Gillespie Zeuge des Untergangs von Ella Fitzgerald and Her Famous Orchestra. Anfang Oktober hatte sich die Gale-Agentur entschlossen, Ella als Solistin auftreten zu lassen, begleitet von einer vierköpfigen Combo. Die Band, unter der Leitung von Eddie Barefield, sollte gesondert gebucht werden. Die Band bestand nur noch ein paar Monate.

Alle Musiker fanden neue Jobs, und die Auflösung der Band war keine Tragödie. Etwa dreißig Jahre später fand sich eine Anzahl der alten Bandmitglieder noch einmal für eine Weile unter der Leitung von Eddie Barefield zusammen. Die, die noch leben, spielen immer noch. Beverly Peer tritt mit Bobby Short im Carlyle Hotel in Manhattan auf, jetzt bei Niederschrift des Buches, »schon bald dreißig Jahre«. Roger Ramirez, Irving Randolph und Teddy McRae sind auch immer noch aktiv. Aber wenige, wenn überhaupt einer, haben seit der Auflösung der alten Band noch einmal mit Ella gearbeitet.

Peer sagt:

> Wenn Ella nach New York kommt, ruft sie keinen der alten Kumpels an. Sie tut so, als wüßte sie nicht einmal, wer wir sind. So um 1980 kam sie mal nach New York zu irgendeiner Veranstaltung bei Lord & Tay-

lor. Irgend jemand fragte sie bei einem Interview nach den alten Kollegen, die mit ihr gespielt hatten und noch immer in New York waren. Ella sagte, sie erinnere sich an keinen, sie sei ja damals »nur ein kleines Mädchen« gewesen. Der Interviewer nannte sogar meinen Namen, aber sie sagte, sie könne sich nicht daran erinnern. Ella wollte nicht, daß man erfuhr, wie alt sie war, auch wollte sie nicht zugeben, daß sie den alten Musikern etwas verdankt, und schon gar nicht wollte sie mit ihnen arbeiten, wenn sie nach New York kam. Sie arbeitet lieber mit neuen Leuten. Das liegt nicht so sehr an ihr wie an Norman Granz, aber es sollte doch niemand vergessen, wo er angefangen hat.[18]

Teddy McRae war in der ersten Combo, mit der Ella im Oktober aufnahm. Die anderen waren Tommy Fulford am Klavier, Ulysses Livingston an der Gitarre, Beverly Peer am Bass und Kenny Clarke an den Drums. Drei Wochen später ersetzten Eddie Barefield am Altsax und Bill Beason am Schlagzeug McRae und Clarke bei fünf weiteren Titeln. Mit der einen oder anderen Kombination spielte Ella in kleinen Clubs in und um New York.

Am 7. Dezember 1941 bombardierten japanische Flugzeuge den amerikanischen Flottenstützpunkt von Pearl Harbour, Hawaii, und so traten die Vereinigten Staaten in den Zweiten Weltkrieg ein. Mehrere Bandmitglieder meldeten sich freiwillig oder wurden eingezogen. Unter denen, die eingezogen wurden, war Tommy Fulford, der später fiel. Wieder trat Roger Ramirez an die Stelle von Fulford. Andere Bands verloren in ähnlicher Weise ihre Mitglieder. Die Musik war durcheinandergeraten, ebenso die Welt der Ella Fitzgerald.

Die Chick-Webb-Band war die Nabelschnur gewesen, die ihre Erinnerung mit Webb und der Sicherheit verband, die sie bei ihm empfunden hatte. Es ist vielleicht kein Zufall, daß sie genau zu der Zeit heiratete, als sie von der Band getrennt wurde.

Viele junge Leute verliebten sich in den Kriegsjahren und heirateten – nicht alle, denn der Junge wurde ja eingezogen und nach Übersee verfrachtet. Es lag ein Gefühl der Verzweiflung in der Luft, darin mag sich auch Ella verfangen haben. Sie hatte ihre eigene Verzweiflung, mit der sie fertig werden mußte. Sie brauchte einen Beschützer.

Ihr Ehemann hieß Benny Kornegay. Nach Beverly Peer »nannte ihn jeder Cigarette. Ich weiß nicht warum – er war eigentlich gar nicht lang und dünn. Er war sehr still, hielt sich ganz für sich.« Manche Quellen geben an, er sei Tänzer gewesen, andere sagen, Werftarbeiter. Musiker, mit denen Ella damals zusammen war, sagen, er sei »aus der Halbwelt« gewesen. »Mit dem haute sie zwischen den Shows ab«, sagt Peer. »Immer war sie mit irgendeinem Mann zusammen. Alle gutaussehenden Kerle hingen um sie herum, weil sie singen konnte und weil sie dachten, sie hätte Geld.«[19]

Anfangs fungierte Kornegay anscheinend als Ellas Beschützer. Irving Randolph erinnert sich: »Er reiste mit uns. Er sammelte die Rechnungen ein.«[20] Aber gegen Ende 1942 reiste sie ohne ihn. Vielleicht gefiel Kornegay das Reisen nicht oder er fühlte sich überflüssig. Der Kolumnist Sidney Fields berichtet, daß Benny Ellas Platten zu Hause spielte, während sie auf Tournee war, dann ging er aus und hörte sich den Gesang seiner Frau noch in einer Jukebox an. »Er begreift, wenn Leute etwas gerne tun«, erzählt Ella Fields, »dann ist es besser, sie nicht daran zu hindern. Aber ich muß kochen lernen. Wir haben uns gerade ein Apartment eingerichtet, und ich möchte mich mit der Küche befassen. Wir haben immer in Restaurants gegessen, und das ist er allmählich leid.«[21]

Da sie häufiger auseinander als zusammen waren, emotional sowohl wie geographisch, hatte sich das Paar nach kurzer Zeit schon wieder getrennt, und die Ehe wurde annulliert. Dem Vernehmen nach hatte der Richter, der die Annullierung aussprach, zu ihr gesagt: »Singen Sie nur weiter ›A-Tisket, A-Tasket‹ und lassen Sie die Finger von den Männern.« Das klingt wie eine flapsige Bemerkung, die Ella erfunden hat, um ihre Zuhörer zum Lachen zu bringen und sie davon abzuhalten, weitere Fragen zu stellen. Später bestand sie darauf, sie habe aus Trotz geheiratet, und weigert sich, noch weiter im einzelnen über ihre Ehe und die Annullierung zu sprechen. Sie gestand sogar, sie habe Schwierigkeiten, sich noch an Kornegays Namen zu erinnern.

5. Auf eigenen Füßen

Ellas Bigband war nicht die einzige, die Anfang 1940 in Schwierigkeiten geriet. Viele weiße Bigbands mußten Veränderungen hinnehmen, als ihre Leader – unter ihnen Bob Crosby, Glenn Miller und Artie Shaw – sich freiwillig zur Armee meldeten. In anderen Bands lichteten sich die Reihen durch die Einberufungen. Die Umwälzungen durch den Krieg zusammen mit der Spritrationierung in Kriegszeiten, die das Reisen mit Bus und Auto einschränkte, trugen zur Veränderung des Publikumsgeschmacks und zur Umstellung der Bigbands auf kleine Combos bei. Die großen schwarzen Bigbands, wie die von Calloway, Ellington, Basie und Lionel Hampton, blieben bestehen, ebenso die von Fletcher Henderson und Earl Hines, aber nach Aussagen einiger Musikhistoriker bekam Ellas Band allmählich einen zu weißen Sound, als daß sie hätte überleben können.

Zunächst versuchte es Ella als Solistin ohne Musiker und verließ sich auf die Hausband an den Orten, für die sie gebucht wurde. Der Wechsel von der Bigbandbegleitung zu der einer kleinen Combo mit Musikern, die sie nicht einmal kannten, wäre für alle jungen Sänger schwer gewesen. Für die schüchterne Ella, die es gewöhnt war, in die vertraute Webb-Band eingebettet zu sein, war das neue Arrangement eine wahre Herausforderung. Ihre Nervosität bei den Auftritten stieg um ein Vielfaches. Der inzwischen verstorbene Mel Lewis, dessen Bigband viele Jahre lang jeden Montagabend im Village Vanguard spielte, erinnerte sich daran, wie schwer es Ella fiel, sich auf die Arbeit mit einer kleinen Combo einzustellen.

Mein Vater, Sam Sokolow, war Bandleader und Hausdrummer in einem Lokal in Buffalo, dem McVan's. Es gehörte einer alten weißen Frau mit Namen Lilian McVan, und deren Spezialität war es,

Leute zu holen, die großartig, aber unbekannt waren. Sie holte Bill Robinson, Coleman Hawkins, Nat King Cole. Das Lokal war immer brechend voll, und sie bekam sie alle billig, weil sie noch nicht bekannt waren. Damals war Buffalo ein gutes Pflaster für Musiker, und die Musiker und alle anderen gingen immer ins McVan's, weil die Leute, die da auftraten, so gut waren.

Ella kam als Solistin nach Buffalo und brachte alle möglichen Arrangements von der Chick-Webb-Band mit. Die Band meines Vaters im McVan's bestand nur aus vier Mann. Natürlich konnte sie mit Arrangements, die für eine vierzehnköpfige Band gemacht waren, nicht viel anfangen. Sie konnten also nur eine Stimme aus jeder Instrumentengruppe spielen. Das hieß, sie konnte auch an Orte kommen, wo nur drei Mann waren. Der Pianist saß damals gewöhnlich allein in einer abgeteilten Ecke (es gab ja nicht überall ein Podium. *Anm. d. Übers.*). Sie waren keine modernen Musiker, aber das war auch Chick Webbs Band nicht. Es war der Stil der Zeit.

Aber sie nervte einen damals damit. Mein Vater kam nach Hause und sagte zu mir: »Sie ist sehr gut, aber eine Nervensäge. Sie begreift nicht, daß wir nur vier Mann sind und nur unser Bestes tun können.« Die Jungs waren die besten Musiker der Stadt, und sie spielten für jeden, inklusive Bill Robinson. Mein Vater sagte immer wieder: »Ich weiß nicht, worüber die Frau sich beschwert, sie ist doch so gut, die hat doch gar keinen Grund dazu.«

Ich ging jeden Abend hin und hörte sie mir an und beobachtete sie, und ich meine, so schlecht klang das gar nicht. Man konnte sehen, daß sie sich einsam fühlte. Da war noch eine ältere Frau bei ihr – ich weiß nicht, wer das war. (Wahrscheinlich war es Ellas Cousine Georgianna Henry). Aber Ella saß zwischen den Shows nur in ihrer Garderobe. Sie saß eigentlich nie bei den Musikern und sprach mit ihnen. Sie bekam wahrscheinlich $ 300–400 pro Woche, aber das war damals nicht gerade furchtbar viel Geld. Jahre später, so um 1959–60, habe ich mit ihr gearbeitet, und da sagte ich zu ihr: »Wissen Sie, ich erinnere mich an Sie aus dem McVan's in Buffalo.« Sie sagte: »McVan's ... McVan's.« Ich glaube, sie wollte sich nicht daran erinnern.[1]

Im März 1942 trat Ella mit einer Gruppe auf, die sich die Four Keys nannte, bestehend aus drei Brüdern – Bill Furness am Klavier, Slim Furness an der Gitarre und Peck Furness am Baß – und Ernie Hatfield, Schlagzeug und Vocals. Sie spielten in kleinen Clubs in und um New York und nahmen im März und April vier Titel für Decca auf, unter ihnen ein Hit, »All I Need Is You«. Dann, als das Murren in der Musikergewerkschaft anfing bedrohlich zu werden, gingen sie am 31. Juli wieder ins Aufnahmestudio und spielten noch drei Seiten für Decca ein, Ellas letzte für mehr als fünfzehn Monate.

James Cesar Petrillo von der American Federation of Musicians wollte, daß die Mitglieder Tantiemen für die Platten bekamen, die sie machten. Die Plattenfirmen weigerten sich strikt und zogen das schon lange existierende Arrangement vor, nach dem nur die Starsolisten und Bandleader Tantiemen bekamen. Petrillo hielt dagegen, daß bei dem blühenden Plattengeschäft die Firmen genug Profit machten, um etwas davon weiterzugeben. Er rief am 1. August 1942 zum Streik auf, und es war gar keine Frage, daß die eingetragenen Mitglieder der AFM seinem Aufruf Folge leisten würden.

Namhafte Sänger und ihre Plattenfirmen rissen sich ein Bein aus, um noch so viele Platten wie möglich vor dem Streik zu machen. Die Tatsache, daß Ella erst in der elften Stunde in die Decca-Studios ging und nur drei Titel aufnahm, zeugt von ihrer nachlassenden Popularität.

Im Verlauf des Streiks kamen die Plattenfirmen auf einfallsreiche Methoden, die Jukeboxen zu beliefern. Die Künstler nahmen *a capella* auf oder benutzten instrumentale Tracks, die in England aufgenommen worden waren. Ella wurde weder aufgefordert, *a capella* noch in irgendeiner anderen Form aufzunehmen, und ohne eine neue Platte, die ihren Namen im Gedächtnis der Öffentlichkeit bewahrte, sah sie sich immer weniger gefragt. Glücklicherweise kam in diesem Jahr der Abbott-and-Costello-Film *Ride 'Em Cowboy* heraus und brachte ihr die dringend nötige Beachtung.

Der Gale-Agentur gelang es immer noch, Engagements für sie zu finden. Sie sang gelegentlich im Savoy Ballroom, und ihre Auftritte weckten sowohl bei Ella wie bei den Oldtimern des Savoy liebe Erinnerungen an die Tage der Chick-Webb-Band. Im September 1942 trat sie zum ersten Mal mit den Four Keys im Aquarium Theater am Times Square auf. Das Verstärkersystem brach zusammen, und sie mußte ohne es singen, aber es gelang ihr, trotzdem die Aufmerksamkeit des Publikums zu fesseln. »Was könnte man Besseres über einen Sänger sagen?« berichtete *Variety*.

Im jährlichen Readers' Poll von *Down Beat*, veröffentlicht im Januar 1943, plazierte sich Ella an dreizehnter Stelle auf der Liste der beliebtesten Sängerinnen, hauptsächlich aufgrund ihrer Aufnahme mit den Four Keys: »All I Need Is You.« Billie Holiday stand an vierter Stelle. Die ersten drei Plätze gingen an Helen Forrest, Helen O'Connel und Anita O'Day, alle drei Weiße mit weißen Bigbands, die viel besser davongekommen waren als schwarze Bands, was Auftritte und Plattenaufnahmen anging.

Ella trat mit einer gewissen Regelmäßigkeit im Apollo-Theater auf, das fast als einziges der Harlemer Clubs und Theater immer noch die Massen anzog. Als ehemalige Gewinnerin der Apollo Amateur Nights war sie der Liebling des Apollo, man begrüßte sie immer als »eine von uns, die es geschafft hat«. In ihrer Garderobe im Apollo, einer von dreizehn auf vier Etagen, servierte sie gerne Brathähnchen, kalte Getränke und aufgeschnittene Wassermelonen.

Anfang 1943, als sie gerade im Apollo auftrat, hörte Ella eine Stimme, die sie aufhorchen ließ. Es war die eines jungen, mageren Mädchens namens Sarah Vaughan, Gewinnerin der Apollo Amateur Night. Sie sah sich selber wieder vor sich in dem jungen Ding, das den Apollo-Wettbewerb ebenfalls auf Drängen einer Freundin mitgemacht hatte, und bot Hilfe an, ebenso wie Billy Eckstine. Bald darauf war Sarah Vaughan neben Eckstine Vokalistin der Earl-Hines-Band.

Ella trat im Juni wieder im Apollo auf und eröffnete im folgenden Monat in einem neuen Club am Broadway, dem Club Zanzibar. Sie war nicht die Zugnummer, diese Auszeichnung ging an Peg Leg Bates, der schon 1938 die Attraktion des Cotton Club »downtown« gewesen war und der zur Zeit seines Auftretens im Club Zanzibar dreizehn verschiedene Holzbeine hatte, »zu jedem Anzug, zu jeder Farbe ein passendes«. Das Lokal hatte Aufstieg und Untergang einer Vielzahl von Nachtclubs gesehen, und Ella befürchtete, daß sich ihre Erfahrung mit der Famous Door auf der West 52nd Street wiederholen könnte. Aber der Club Zanzibar blieb offen, und sie wurde so gut aufgenommen, daß man sie mehr als fünfzehn Wochen dabehielt.

Die Four Keys waren eingezogen worden, und so versuchte die Gale-Agentur im Verlauf des Jahres, Ella mit den Ink Spots zusammenzubringen, einer Gruppe von fünf jungen Männern, deren Spezialität der mehrstimmige Gesang war und die schon Hits gehabt hatten mit »It's a Sin To Tell a Lie« und »Whispering Grass«. Ella machte es Spaß, mit der Gruppe zu arbeiten. Zu der Zeit war der Pianist Bill Doggett Begleiter der Ink Spots. »Das waren noch die originalen Ink Spots – Ivory Watson, Happy Jones, Charles Fuqua und Bill Kenny«, sagt Doggett. »Sie sind jetzt alle tot.«

Doggett, der heute seine eigene Band hat, kommt aus Philadelphia und glaubt, daß daher sein Interesse an der Musik ganz natürlich ist. »Philadelphia war eine billige Stadt, und wenn Bands aus dem Süden kamen, dann war das einer der ersten Orte, an denen sie Station machten. Da gab es den Strand Ballroom, den ein Typ namens Rich Dupree leitete. Da konnten die Bands gewöhnlich zweimal die Woche spielen – wir hatten da dienstags und samstags Tanzabende – und konnten da Zimmer mit Verpflegung für vielleicht $ 5–6 die Woche bekommen. Philadelphia hatte so große Häuser, da ging eine ganze Band rein. In der Tat wohnten viele von ihnen immer direkt in meinem Wohnblock auf der Vantoff Street.«

Nach Doggett konnte man mit Ella sehr gut arbeiten: »Mit Ella zu spielen war wunderbar. Sie war nicht im mindesten schwierig. Ich kann mich nicht erinnern, daß sie jemals schwierig war.«[2]

Obwohl sie jahrelang keinen Hit gehabt hatte und ungeachtet des Plattenboykotts scheint diese Periode für Ella relativ glücklich gewesen zu sein. Sie war seit der Zeit, als die Webb-Band auseinanderbrach, sehr gereift. Da sie gezwungen war, sich auf neue Musiker und neue Arrangements einzustellen, hatte sie gelernt, mit Herausforderungen fertig zu werden. Ernüchtert durch die Erfahrung, nicht mehr mit Plattenhits im Rampenlicht zu stehen, hatte sie gelernt, die Gelegenheit zu Live-Auftritten vor Publikum, die sich ihr boten, besser zu würdigen.

Mit den Ink Spots kehrte Ella im November 1943 in die Decca-Studios zurück, kurz nachdem James C. Petrillo den Plattenboykott aufgehoben hatte. Die Plattenfirmen hatten schließlich vor seinen Forderungen nach Tantiemen für die Musiker kapituliert, wenn sie auch bald darauf vor Gericht gingen und eine Entscheidung zu ihren Gunsten erreichten. Es sollte einem weiteren Streik der Musikergewerkschaft einige Jahre später vorbehalten bleiben, dauerhafte Rechte für die Sidemen durchzusetzen.

Bei dieser ersten Plattensession, bei der Ella und die Ink Spots von John McGee, Trompete, Bill Doggett, Klavier, Bernie McKay, Gitarre, Bob Haggart, Baß, und Johnny Blowers, Schlagzeug, begleitet wurden, machte Ella nur eine Aufnahme, »Cow Cow Boogie«. Die Anforderungen des Krieges schlossen eine größere Anzahl Aufnahmen aus, denn durch die kriegsbedingte Verknappung des Schellacks wurde die Plattenproduktion drastisch herabgesetzt (einige größere Plattenfirmen kauften ältere Platten auf und ließen sie zermahlen, um daraus neue Platten herzustellen).

Im März nahm sie zwei weitere Titel auf mit einem nicht mehr identifizerbaren Orchester und ohne die Ink Spots: »Once Too Often« und »Time Alone Will Tell«. Keine dieser Aufnahmen ist besonders bemerkenswert, und keine wurde ein Hit.

Das Team Ella – Ink Spots erwies sich jedoch als beliebt in Theatern und Clubs. Gene Ramey, der Bassist, erinnert sich, daß er dreimal mit Ella und den Ink Spots im Apollo gespielt hat. Die Gale-Agentur buchte eine weitere ausgedehnte Tournee, diesmal in einem Package mit Cootie Williams' Band, geleitet von dem früheren Leadtrompeter der Ellington Band.

»Wir machten eine Tournee mit Ella und spielten in Theatern überall im Land«, sagt Doggett. »Da waren die Ink Spots und Ella, Cootie Williams' Band, ein Steptänzer namens Ralph Brown und noch ein Akt namens Red and Curly. Die Ink Spots beendeten immer die Show.

Wir reisten durch den Süden mit der Show. Wir fuhren mit dem Zug und mit einem gemieteten Bus. Der Busfahrer wußte genau, wo es zum schwarzen Viertel ging. Auch wenn Spitzenshows in die Stadt kamen, wußte man nicht einmal, daß sie da waren. Es war Krieg, und wir machten einige Shows in den Armycamps.«[3]

In jenen Jahren arbeitete Ella häufig für die Armee. Sie sang für die Soldatensender, machte mit bei der Truppenbetreuung und tat, was sie konnte, um die Moral der amerikanischen Soldaten zu stärken. Die Gale-Agentur war froh, daß sie solche patriotischen Auftritte für sie arrangieren konnte, und war sich klar darüber, daß sie zwar keinen großen Profit abwerfen würden, aber dazu dienen konnten, Ellas Namen beim Publikum lebendig zu halten.

Der Krieg hatte einige Aspekte des Tourneebetriebs verändert – die Spritrationierung machte lange Bus- oder Autoreisen unmöglich oder erschwerte sie zumindest –, aber er änderte nicht den Geist des Südens. Eher hatte sich die Haltung der weißen Südstaatler noch verhärtet, vornehmlich weil sie fürchteten, die heimkehrenden schwarzen Soldaten könnten renitent werden. Diese Tournee war besonders hart für Ella, die sich in New Orleans, wo die Tour gerade aus Atlanta angelangt war, mit John Hammond traf. Hammond war damals in der Armee und diente als Talentsucher für die Truppenbetreuung. In seiner Autobiographie erinnert er sich, daß Ellas Truppe »müde war und unglücklich über die schlechte Unterbringung in New Orleans. Ich aß mit Ella in einem erbärmlichen schwarzen Hotel, und sie erzählte mir von ihren Sorgen.«[4]

Wenn schon New Orleans mit seiner vielköpfigen schwarzen Bevölkerung so wenige passende Unterbringungsmöglichkeiten für Ella und die anderen hatte, kann man sich vorstellen, wie die Einrichtungen ausgesehen haben, die Ella und ihre Truppe in kleineren Städten und Orten der Südstaaten um 1940 zur Verfügung standen.

Später führte die Tournee nach Westen, wo sie im Billy Berg's engagiert waren, einem Club in Los Angeles mit Gangsterverbindungen, in dem Norman Granz mit der Veranstaltung seiner Jamsessions begonnen hatte. Mitten in Ellas Vortrag torkelte ein Mann zur Bühne hin, dem ein Messer in der Brust stak. Ella beendete ihren Song, ohne groß auszusetzen.

Trotz ihrer scheinbaren Nervosität auf der Bühne konnte Ella bemerkenswert gut mit Ablenkungen fertig werden. Viele haben jeweils ihre Lieblingsstory darüber, wie Ella irgend ein Großmaul zum Schweigen bringen konnte, ohne auch nur eine Note zu verpassen. Ein Paar erinnert sich an einen Auftritt Ellas im Crane Estate in Ipswich, Masachusetts, einem »eleganten, herrschaftlichen Anwesen mit architektonisch gestalteten Gärten, in denen berühmte Bands und Sänger in Konzerten unter freiem Himmel auftraten. Unseligerweise hatten Käfer und Mücken überhaupt keinen Respekt vor Ellas Prominenz, und eines Abends schwirrte eins der Insekten, angezogen vom Rampenlicht, um ihr Gesicht herum, mitten in einer ihrer Scatnummern. Vollkommen selbstsicher und cool wie gewöhnlich, scheuchte sie es immer wieder weg, aber es griff immer wieder an. Da baute sie in ihren Gesang die Worte ein: ›These bugs are bugging me'– diese Insekten gehen mir auf die Nerven –, und das Publikum raste.«[5]

Zurück in New York, nahmen Ella und die Ink Spots am 30. August 1944 noch zwei weitere Titel auf: »Into Each Life Lome Rain Must Fall« und »I'm Making Believe«. Bill Doggett sagt: »›Into Each Life Some Rain Must Fall‹ hat sich, glaube ich, über eine Million Mal verkauft. Ich war auch dabei.«[6]

Ella war entzückt, daß sie wieder auf der Hitliste war, wenn ihr auch bewußt war, daß der Hauptgrund für den Erfolg der Platte die Popularität der Ink Spots war. Es war ein geschickter Schachzug von Moe Gale gewesen, sie mit dieser Gruppe zusammenzubringen.

»Um diese Zeit machten wir auch einige Rundfunkübertragungen für NBC-Radio«, sagt Bill Doggett. »Für diese Übertragungen nahmen wir immer Studiomusik.«[7] Es war sehr wichtig für Ellas Karriere, daß sie zweimal in der Woche im NCB-Radio auftrat. Jeden Montag- und Mittwochabend sang Ella fünfzehn Minuten lang, begleitet von Studiomusikern, alte Hits und neue Songs. Die Show ging über einige Monate, so etwa das Übliche für »Sustainers«, Shows ohne Sponsor, von der Rundfunkstation finanziert. Die Radiosponsoren finanzierten keine schwarzen Shows und gaben als Erklärung an, die Käufer ihrer Produkte in den Südstaaten könnten Anstoß nehmen.

Der Krieg hatte den musikalischen Geschmack der Amerikaner verändert. Ihre Lieben waren weit fort, und so wollten die Amerikaner Balladen hören, und Balladen, das bedeutete Sänger und Sängerinnen. Seit den frühen Vierzigern hatten Sänger und Sängerinnen so sehr an Bedeutung gewonnen, daß auch sie auf ihre Weise dazu beitrugen, die Popularität der Bigbands abzubauen. Ella, die von Chick Webb einst daran gehindert worden war, Balladen zu singen, sang sie nun fast ausschließlich. 1945, das Jahr, das auf ihren Hit mit den Ink Spots, »Into Each Life Some Rain Must Fall«, folgte, brachte ihr wieder einen größeren Hit mit den Ink Spots ein, »I'm Beginning to See the Light«. Diese Session im Februar 1945 war die letzte, die sie mit dieser Gruppe machte.

Decca probierte sie mit verschiedenen vokalen und instrumentalen Begleitungen aus. Im März 1945 machte sie Aufnahmen mit den Delta Rhythm Boys, Vocals, Renee de Knight, Klavier, Hy White, Gitarre, Haig Stephens, Bass, und George Wettling, Drums, im Augsut 1945 mit Randy Brooks and His Orchestra. Fast alle diese Aufnahmen waren Balladen. Im Oktober schließlich wandte sie sich vom Standardschema der Balladen ab. Am vierten des Monats spielte sie, begleitet von Vic Schoen und seinem Orchester, eine Komposition von Lionel Hampton ein, die bereits zu seinem Themesong geworden war. »Fyling Home« war eine Instrumentalnummer, und Ella sang Scat.

Damals auch als Bopsinging bekannt, war Scatting eine Gesangsform, die Louis Armstrong schon 1926 aufgebracht hatte, als er bei einer Plattenaufnahme aus Versehen die Noten fallen ließ und den Text lieber scattete als die Session zu unterbrechen. Von da an hatte Armstrong gelegentlich Scat gesungen, wie das auch andere Sänger taten, besonders singende Instrumentalisten. Ella hatte bei Jamsessions Scat gesungen, seit Chick Webb ihr vorgeschlagen hatte, daß sie mit ihrer Stimme improvisieren solle, so wie die Musiker mit ihren Instrumenten. Mitte der vierziger Jahre, als Dizzy Gillespie und Charlie Parker den Bebop aufbrachten, nahm der Scatgesang als eine Möglichkeit, Jazz zu singen, an Beliebtheit immer mehr zu. Ella versuchte es mit Erfolg in »Flying Home« und hatte ihre Freude an dieser neuen musikalischen Ausdrucksform.

Am 8. Oktober bekam Ella eine neue Chance, ihre Möglichkeiten zu erweitern, als sie mit Louis Jordan and His Tympany Five aufnahm. Jordan hatte ungefähr ein Jahr, 1937–38, bei Webb gespielt und hatte sie bei »A-Tisket, A-Tasket« begleitet. Ella war sich sicher, Jordan könne die passende Begleitung für einen Schlager spielen, der auf einem westindischen Folksong basierte. »Ich war es leid, immer nur von verlorener Liebe zu singen«, erklärte Ella, »da hab' ich eben, als mir der Song ›Stone Cold Dead in De Market‹ unterkam, gefragt ... ob ich ihn nicht aufnehmen könne.«[8]

Damals war die Calypso-Welle noch nicht angekommen – ihre große Zeit war von etwa 1949 bis Anfang 1950 –, aber Ella war bereit, es mit der Aufnahme eines Calypso zu versuchen, so sicher war sie sich, daß der Sinn für Komik beim Publikum von dem Text über eine Frau, die ihren nichtsnutzigen Ehemann mit einer Bratpfanne flachlegt, angesprochen würde. Jordan vergrößerte seine normalerweise kleine Combo – Aaron Izenhall, Trompete, Josh Jackson, Tenorsax, Bill Davies, Piano, Carl Hogan, Gitarre, Jesse Simpkins, Baß, und Eddie Byrd, Brums – um einige lateinamerikanische Elemente: Harry Dial, Maraccas, und Vic Lourie, Claves (Holzstäbchen, die gegeneinander geschlagen werden, *Anm. d. Übers.*). Die Rückseite von »Stone Cold Dead in De Market« war eine weitere Neuheit: »Petootie Pie«.

Ella wollte wieder einmal einen Hit für sich alleine haben, und so wandte sie sich der Musikform zu, mit der sie ganz zu Anfang Erfolg gehabt hatte. Sie hoffte, der witzige Text würde die Abneigung des Publikums gegen fremdländisch klingende Musik überwinden. Erfreulicherweise verkaufte sich »Stone Cold Dead in De Market« über sieben Millionen Mal, und wo immer Ella auftrat, wollte das Publikum es hören. Im schwarzen Earle Theater in Philadelphia verlangte eine johlende Menge dreimal, sie solle »Stone Cold Dead in De Market« singen, ehe sie in ihrem Programm fortfahren konnte.

Um diese Zeit arbeitete John Hammond, gerade aus der Armee entlassen, als Aufnahmeleiter für das neue Label Keynote der Majestic Radio and Phonograph Company. Eine der ersten Künstlerinnen, die er unter Vertrag nehmen wollte, war Ella Fitzgerald. Ella war, seit sie vor einem Jahrzehnt »A-Tisket, A-Tasket« aufgenommen hatte, bei der Decca unter Vertrag. Hammond hatte das Gefühl, wie er in seiner Autobiographie schrieb, daß »sie von der Decca nicht so behandelt wurde, wie sie es meiner Ansicht nach verdiente. Ich tat mein Möglichstes, Ellas Manager Moe Gale und Gene Treacy (der die Plattenabteilung der Majestic leitete) dazu zu bringen, daß sie Ella zur Majestic gehen ließen. Gale verlangte eine Jahresgarantie von $ 40 000 für Ella, mehr als dreimal so viel, wie sie bei der Decca bekam. Ich meinte, sie sei das wert, das meinte auch Treacy, trotzdem endete es damit, was ich nie verstanden habe, daß Gale wieder bei der Decca Vertrag machte für dieselben $ 15 000 Garantie, die sie schon immer bekommen hatte. Das war ein harter Schlag.«[9]

Es war klar, daß Gale nicht etwa Ellas Interessen aufs beste wahrnahm, sondern seine eigenen, denn er erfreute sich einer lukrativen Beziehung zur Decca. Aber Ella dachte auch nicht daran, die Gale-Agentur zu verlassen. Wenn man es genau betrachtet, hätte sie sich bei irgendeiner der anderen weißen Agenturen auch nicht besser gestanden, die ja alle ihre schwarzen Stars ausbeuteten. Nennenswerte schwarze Agenturen gab es nicht. Selbst Lionel Hampton und seine Frau Gladys, die sonst jede Anstrengung machten, unabhängig zu sein, waren bei Joe Glasers Booking Corporation unter Vertrag, denn den meisten weißen Theaterinhabern wäre es im Traum nicht eingefallen, einen Vertrag mit einem Schwarzen zu machen, ungeachtet der Hautfarbe seines Publikums.

1947 unternahm Ella ein anderes Experiment – Scatgesang zu Bebop, wozu sie Dizzy Gillespie, einer der Bebop-Initiatoren, gedrängt hatte. Er hatte seine eigene Band und war damit beschäftigt, Musikgeschichte zu schreiben mit einem Stil, in dem das Solo im Vordergrund stand und der Jazz um seiner selbst willen da war. Als Reaktion auf den Stil des Bigband-Swing, in dem die Instrumentalsoli fast völlig von den Ensemblepassagen überlagert wurden, wurde die neue Musik von einer kleinen, kreativen Gruppe von Musikern auf den Weg gebracht, dem Gitarristen Charlie Christian, dem Saxophonisten Charlie Parker, dem Pianisten Thelonious Monk und dem Trompeter Dizzy Gillespie. Sie nahm zuerst in Harlem Gestalt an, wanderte dann runter zur West 52nd Street, wo sie eine Zeitlang »Fifty-second Street Jazz« genannt wurde, weil niemand wußte, wie man sie beschreiben sollte.

Bopmelodien und -harmonien waren komplexer, und das Tempo war schneller als im klassischen Jazz. Die Betonung lag weniger auf den Arrangements als auf der Improvisation. Die Solisten regierten uneingeschränkt, und ihre Improvisationen waren aggressiv und zupackend, mit vielen unterschiedlichen Themen und Modulationen. Vielen Musikern erschien diese Musik als Nonsens, und so war der Name, mit dem sie dann später bezeichnet wurde, ein Nonsens-Name, Bebop.

Heute als der erste moderne Jazzstil angesehen, brauchte der Bebop eine ganze Zeit, bis er sich durchgesetzt hatte. Viele klassische Musiker, Kritiker und kenntnisreiche

Jazzfans reagierten feindselig darauf und grenzten ihn ab von dem, was sie den »wahren Jazz« nannten. Das breite Publikum verstand ihn überhaupt nicht und wurde davon abgestoßen, daß man so gar nicht danach tanzen konnte. Trotzdem war Gillespie entschlossen, ihn mit einer Bigband dem breiten Publikum nahezubringen.

In der Nachkriegszeit eine Bigband zu organisieren war ein Vabanquespiel, besonders wenn man bedachte, daß Gillespie sogar zu arm war, Arrangements zu kaufen. Aber Billy Eckstine, dessen Band sich im selben Jahr aufgelöst hatte, überließ Gillespie was immer dieser an Material brauchen konnte, und so hielt Dizzy sich für startklar.

Gillespie und eine kleine Gruppe – Milt Jackson, Ray Brown, Sonny Stitt, Stan Levey und Al Haig – hatten ihren ersten Auftritt 1946 im Spotlight auf der West 52nd Street, der einem Schwarzen namens Clark Monroe gehörte. Monroe schlug vor, daß Gillespie erst einmal acht Wochen lang mit einer kleinen Gruppe auftreten, diese dann allmählich zu einer Bigband erweitern und weitere acht Wochen mit der größeren Gruppe spielen sollte, was er dann auch tat.

In der größeren Gruppe saß ein einundzwanzigjähriger Saxophonist namens James Moody, frisch von der Air Force, wo er in seiner ersten Band gespielt hatte. »Damals war die Air Force noch segregiert« sagte Moody, der in Georgia geboren und in Reading, Pennsylvania, und Newark, New Jersey, aufgewachsen ist.

Wir gehörten zu einer schwarzen Einheit, und unsere Band war keine offizielle Air Force Band. Ich besaß ein Saxophon und kannte nur gerade ein paar Griffe darauf. Ich konnte nicht spielen. Das war der Anfang meiner Musikerkarriere, ich wollte nämlich Musiker werden, hatte aber nie studiert. Sie ließen eine weiße Air Force Band rüberkommen, die uns Unterricht geben sollte, und da hab' ich noch ein bißchen mehr vom Notenlesen gelernt.

Linton Garner, Erroll Garners Bruder, war auch in der Band. Er sagte mir, ich solle Tonleitern spielen, und ich spielte ihm die C-Tonleiter vor. Er sah mich an und fragte: »Ist das alles?« Ich sagte: »Yeah.« Er sagte: »Junge, das gibt ein böses Erwachen.«[10]

Dizzy Gillespie besuchte den Stützpunkt mit seiner ersten Bigband, hörte Moodys Gruppe und sagte ihnen, sie sollten sich mit ihm in Verbindung setzen, sobald sie aus der Air Force entlassen seien. Nach ihrer Entlassung gingen Moody, der Tenorsaxophonist Joe Gayles und der Trompeter Dave Burns zu Gillespie ins Spotlight. Nach einem zweiten Engagement von acht Wochen machte Gillespie mit seiner Bigband eine Tournee.

Als Gillespie soweit war, noch einmal den Versuch zu wagen, mit einer Bigband auf Tournee zu gehen, wollte die Gale-Agentur, die ihn vertrat, ihm Ella als Starattraktion beigeben. Ella war im Süden, wo die Truppe die meisten Engagements hatte, bei Schwarzen und Weißen gleichermaßen beliebt, und die Agentur meinte, sie könne Dizzy beim Publikum des Südens eine Hilfe sein. Ella war sehr bekannt, die Leute im Süden würden kommen, nur um sie ihre größten Hits singen zu hören. Wenn sie erst einmal da waren, hätten sie keine andere Wahl, als sich Gillespies Bebop anzuhören. Gillespie war einverstanden, und diese Entscheidung erwies sich als sehr weise. James Moody erinnert sich: »Es war komisch, die Reaktion der Leute auf die Band zu beobachten. Da unten war das ja alles ein bißchen anders, die Leute hatten den Bebop noch gar nicht so richtig mitgekriegt, und sie wußten damals auch nicht, wie sie nach der Musik hätten tanzen sollen. So standen sie also da und sahen zur Band rauf, als wenn wir ein Haufen Irrer gewesen wären. Einmal, im Süden, steht da so 'n Typ, sieht rauf zu der Band und sagt: ›Wo ist denn Ella Fitzgerald?‹ Er war sauer, weil er Ella noch nicht gesehen hatte, wissen Sie.«[11]

Nur von ihrem Pianisten Ray McTooney und ihrer Cousine Georgianna begleitet, ging Ella mit der Band nach Indianapolis, wo die Tournee in einem großen schwarzen Theater ihren Anfang nahm. Moody erinnert sich, daß er und seine beiden Freunde Joe Gayles und Dave Burns nach dem Engagement Ella ihre Gage gaben, damit sie sie ihnen aufbewahren sollte. Unglücklicherweise wurde ihre Briefta-

Das Chick Webb Orchestra 1937. Hintere Reihe von links:
Wayman Carver, John Trueheart, Tommy Fulford, Taft Jordan, Nat
Story, Sandy Williams, Charlie Linton, Teddy McRae, Chauncey
Haughton. Vordere Reihe: Mario Bauza, Beverly Peer, Chick Webb,
Louis Jordan, Bardu Ali.   (Ken Whitten Collection)

1939 stand Ella bereits auf der Liste der berühmtesten Jazzsängerinnen. Hier sieht man sie lachend im Savoy Ballroom mit Mildred Bailey, Helen Humes und Bigbandleader Count Basie.

(Frank Driggs Collection)

sche gestohlen. »Man fand sie später in der Kommode, aber das Geld war weg. Ella ersetzte es uns. Das hätte sie nicht zu tun brauchen.«[12]

Tourneen waren gespickt mit unvorhergesehenen Ereignissen, wenn auch der Diebstahl von Brieftaschen selten vorkam. Nach diesem Vorfall lernte Ella vorsichtiger zu sein.

Als nächstes gingen Ella und die Gillespie-Bigband nach Süden, was für reisende schwarze Entertainer so schwierig war wie eh und je. Moody erinnert sich, daß sie vorwiegend in Fremdenheimen unterkamen. »Die nahmen $ 2 für das Zimmer, aber wenn wir ankamen, stieg der Preis auf $ 4. Georgie war eine großartige Köchin, sie kochte uns Greens, Cornbread, alle möglichen herrlichen Sachen, und sie lud alle zum Essen ein. Sie muß wohl eine Kochplatte oder so was gehabt haben, denn sie kochte in den Pensionen, hinter der Bühne, überall.«[13]

Fast alle ihre Auftritte fanden in großen Auditorien oder Tanztheatern statt. Die meisten Nachtclubs konnten den Auftritt einer Bigband nicht bezahlen. »Wir spielten an getrennten Tanzabenden«, sagt Moody. »Einen Abend spielten wir auf einem weißen Ball, und am nächsten Abend war es ein schwarzer. Das Komische daran war, daß bei einem schwaren Ball die Weißen oben saßen und zuguckten, aber bei einem weißen Ball gab es keine Zuschauer.«

Moody erinnert sich an einen unerfreulichen Vorfall, der eigentlich ein Kompliment für Ella war, wenn auch ein etwas sonderbares. »Wir kamen einmal spät am Abend in eine Stadt, und da warteten der Sheriff und seine Frau auf uns. Die Frau sagte: ›Weißt du, Ella, ich mag deinen Gesang zu gerne‹, und der Sheriff sagte: ›Yeah, meine Frau mag deinen Gesang so gerne. Willst du nicht was für uns singen?‹ Ella saß noch im Bus! Ella sagte nur: ›Ich bin müde. Meine Stimme ist überanstrengt. Ich kann nicht.‹ Schließlich ließen sie uns in Ruhe, aber sie waren ziemlich hartnäckig.«[14]

Ella mußte ziemlich viel Mut haben, um einem weißen Sheriff im Süden die Bitte um einen Song abzuschlagen, mag es auch durchaus ihr Recht gewesen sein. Ein anderer weißer Sheriff hätte vielleicht ihr Singen zur Bedingung gemacht, daß man sie überhaupt in die Stadt ließ.

Was die Musiker angeht, gehört diese sechswöchige Tournee zu den glücklichsten Zeiten in Ellas Leben. Bebop war eine Offenbarung für sie, und sie fühlte sich herausgefordert, wie sie es seit ihrem Ausflug in den Calypso nicht mehr gewesen war. »Ich hörte ihnen immer mit Begeisterung zu, wenn er (Gillespie) seinen Bebop spielte«, sagte sie Jahre später. »Auf diese Weise habe ich, glaube ich, gelernt, was das eigentlich ist, was man Bebop nennt. Es war ein Erlebnis, und er sagte mir immer: ›Komm rauf und mach mit bei den Jungs...‹ Das war mein Unterricht, da habe ich gelernt, richtig Bebop zu singen.«[15]

Während Ellas eigentliches Material ihre großen Hits waren, hatte sie doch Freude an der Möglichkeit, neue Formen auszuprobieren. Milt Jackson, der Vibraphonist in Gillespies achtzehn Mann starker Band auf dieser Tournee, erinnert sich, daß Ella jegliches Material sang: »Meistens Balladen. Scatsinging machten wir alle, das gehört einfach dazu bei unserer Musik. Sie war der Star, sie bildete den Schlußpunkt der Show. Sie sang fünf, sechs, sieben Nummern, es hing von den Zugaben ab. Sie arbeitete sehr hart in dieser Hinsicht – solange sie Beifall von den Leuten bekam, sang sie für sie.«[16]

Auch im Persönlichen war diese Tournee mit Gillespies Band befriedigend. Es gab eine großartige Kameradschaft in der Gillespie-Truppe. Ella erinnerte sich, daß Dizzy von seiner Frau immer verlangte, sie solle ihm Eier kochen: »In vielen Theatern, in denen wir spielten, kochten meine Cousine (Georgianna Henry) und seine Frau für alle hinter der Bühne, und im Publikum standen sie alle auf, weil der Duft der Speisen von den Kulissen runterkam.«[17]

Auf dieser Tournee hat sie auch Ray Brown, Gillespies Bassisten, kennengelernt. Brown, der als einer der besten Bassisten aus der Jimmy-Blanton-Schule galt, wurde am 13. Oktober 1926 in Pittsburgh geboren. Er hatte auf der High-School angefangen, Klavier und Baß zu studieren und spielte acht Monate bei Jimmy Hinsley und Snookum Russell, bevor er, erst achtzehn Jahre alt, nach New York ging. Noch am Tage seiner Ankunft traf er Dizzy Gillespie und schloß sich dessen kleiner Gruppe an. Im darauffolgenden

Jahr ging er mit Ella auf Tournee. Er war acht Jahre jünger als sie und war zunächst verliebt in Ella, den Star. Sie sah in ihm anfangs den gutaussenden jungen Mann, dessen Aufmerksamkeiten ihr schmeichelten, aber bald wurde es mehr. Als Ella anfing, eifersüchtig auf die Groupies zu werden, die sich an ihn hängten, da gab es keinen Zweifel mehr, ihr war es ernst. Photos aus der Zeit zeigen, daß sie sehr abgenommen hatte und eine attraktive Frau war. Nach der Tournee war es für Ella und Ray nicht einfach, sich zu sehen, und sie richteten es so ein, daß sie sich treffen konnten, wann immer ihr Zeitplan es erlaubte.

Die Reisen und Auftritte mit Dizzy Gillespie bedeuteten in mehr als einer Hinsicht einen Wendepunkt in Ellas Karriere. Sie sang liebend gerne Bebop und nahm fast sofort ihren ersten Titel in diesem Stil auf. Es war »Lady Be Good« von George und Ira Gershwin. Zunächst sang sie ihn mit Gillespie in der WNEW-Radio-Show »Make Believe Ballroom«, in der sie beide auftraten, nachdem die Tournee in New York zu Ende gegangen war. Es war eine Radio-Jam-session, und sie trällerten so herum, aber Ella gefiel der Song. Der Programmchef der Decca mochte ihn auch, und so gehörte er zu den drei Titeln, die Ella am 19. März 1947 mit Bob Haggart and His Orchestra aufnahm (die beiden anderen waren »A Sunday Kind of Love« und »That's My Desire«). Er wurde sofort zum Hit. Dave Garroway, Moderator einer populären Rundfunksendung in Chicago, spielte ihn, und bald darauf wurde Ella zu Auftritten im State-Lake, im Orpheum und in Chicagoer Theatern eingeladen.

Ella machte den Bebop dadurch zugänglich, daß sie ihn sang und ihn so an ein Publikum heranbrachte, das ihn sonst nie gehört hätte. Vom 29. September 1947 an, als Ella und das Gillespie-Orchester ein Konzert in der ehrwürdigen Carnegie Hall gaben, war der Bebop voll akzeptiert. Ella sang »Stairway to the Stars« und »How High the Moon«.

So wie Ella viel für den Bebop getan hat, hat der Bebop auch viel für Ella getan. Zu dieser Zeit wurde sie zur »First Lady of Song« ernannt, ein Beiname, der ihr von da an blieb.

Ella war bestrebt, noch mehr Bebopsongs aufzunehmen, aber die Decca mag wohl beschlossen haben, erst einmal

»Lady Be Good« eine Weile so erfolgreich laufen zu lassen, bevor man einen neuen Song in Konkurrenz dazu veröffentlichte. Erst am 20. Dezember 1947 machte Ella eine weitere Aufnahme – sie hatte immerhin seit dem 11. Juli nichts mehr aufgenommen. Der Hauptgrund für diese Aufnahmesitzung Ende Dezember war wohl, daß ein weiterer Musikerstreik drohte. Dieses Mal war James Petrillo besorgt wegen der übermäßigen Verbreitung von Musikshows im Radio, durch die, so sein Vorwurf, den Musikern die Arbeitsmöglichkeiten genommen wurden. Er rief am 1. Januar 1948 zum Streik auf und bestand darauf, daß es »nie, nie, niemals« wieder Plattenaufnahmen, gleich welcher Art, geben dürfe.

Als nun die Plattenfirmen sich überschlugen, um so viel neues Material wie möglich aufzunehmen, konzentrierten sie sich erst mal auf ihre weißen Sänger und Musiker, denn »Race Records« bildeten einen untergeordneten Markt. Als Schwarze zählte man Ella mit ihren Aufnahmen immer noch zunächst mal zu diesem Markt. Unter den weißen Sängern und Sängerinnen gab es bemerkenswert viel Geheimniskrämerei und Intrige, um neue Titel auf Schellack zu bannen, ohne daß die anderen Sänger dahinterkamen. Peggy Lee hatte »Mañana« geschrieben und glaubte, sie habe die einzige Version mit Orchesterbegleitung, mußte dann aber feststellen, daß schon vor dem 1. Januar eine Aufnahme des Titels mit Instrumentalbegleitung gemacht worden war.

Dennoch war Ella als Star bedeutend genug, daß es gerechtfertigt war, ihr einige Aufmerksamkeit zu widmen, bevor der Streik begann. Bei der Aufnahmesitzung am 20. Dezember wurde Ella von einer Studiogruppe mit Ray Brown am Baß und Leonard Graham an der Trompete begleitet. Sie machten drei Titel – »My Baby Likes to Re-Bop«, »No Sense« und »How High the Moon«. Drei Tage später ging Ella wieder in die Decca-Studios mit Illinois Jacquet am Tenorsax, Sir Charles Thompson (dem Lester Young den Spitznamen »Sir Charles« gegeben hatte) an der Orgel, Hank Jones am Klavier, Hy White an der Gitarre, John Simmons am Baß und J. C. Heard am Schlagzeug. Bei dieser

Sitzung wurden vier Titel aufgenommen, »I've Got a Feeling I'm Falling«, »You Turned the Tables on Me«, »I Cried and Cried and Cried« und »Robbin's Nest«.

Sie schrieb auch den Text zu ihrer Version von »Robbin's Nest«, die, Sir Charles Thompson zufolge, zunächst die Begleitung im Hintergund zu einem Arrangement bildete und dann, bei einer Plattensitzung mit Jacquet, im Mai 1947 zur eigenständigen Instrumentalnummer erhoben wurde. Fred Robbins war ein damals populärer Diskjockey, und darum wurde sie nach ihm benannt. »Später«, so Thompson, »nachdem Ella Fitzgerald ihre Platte damit gemacht hatte, holten sie noch jemand anderen, der einen Text dazu schreiben sollte, und so gibt es jetzt drei Namen für diesen Titel, und er heißt nun nicht mehr ›Robbin's Nest‹, sondern ›Why Have a Falling Out Just When We're Falling In Love?‹«[18]

Als der Streik immer weiter andauerte, fingen die populären Sänger und Sängerinnen an, Aufnahmen ohne Instrumentalbegleitung zu machen, wie schon bei dem vorhergehenden Streik. Dieses Mal war Ella dabei. Ende April 1948 spielte sie zwei Titel ein, begleitet nur von einer Vokalgruppe, genannt The Song Spinners. Sie war nicht besonders davon angetan, aber Milt Gabler von der Decca und Tim Gale bestanden darauf, und Ella pflegte *alles* zu singen, wenn ihre Berater es verlangten.

Auch war sie nicht besonders glücklich über den einen der Songs, »My Happiness«. Nach Tim Gale »nahm sie ihn nur unter Protest auf. Ich brachte ihr den Probeschnitt hinter die Bühne im Paramount, und sie sagte: ›Es ist eine Schande. Eine zickige Darbietung eines zickigen Songs.‹ Es wurde einer ihrer größten Verkaufsschlager.«[19]

Dieser Song war in England sogar noch beliebter als in den Vereinigten Staaten, wie Ella einige Monate später bei ihrer ersten Auslandstournee zu ihrer Überraschung feststellen sollte.

6. Auf dem Weg zum Ruhm

Ella und Ray Brown sahen sich auch weiterhin, wann immer ihr Zeitplan es erlaubte. Marian Logan, die damals unter dem Namen Marian Bruce sang, erinnert sich, daß Ella und Brown, als sie sie kennenlernte, miteinander »gingen«. Etwa Ende 1947 – Anfang 1948 hatte sich Brown entschlossen, die erste Europatournee von Dizzys Band nicht mitzumachen. »Ich war damals ein bißchen hin- und hergerissen, weil sie wollte, daß ich auch mit ihr reisen sollte«, erinnert sich Brown. »Sie wollte, daß ich mit dem Trio reiste. Sie hatte Hank Jones als Pianisten. Da hab ich mich schließlich entschlossen, in New York zu bleiben.«[1]

Schon bald zog Ray aus der Harlemer YMCA aus, und sie lebten von da an zusammen. Es war eine gute Beziehung, sowohl persönlich als auch beruflich. Trotz des Altersunterschiedes von acht Jahren hatten sie vieles gemeinsam. Jeder wußte die Kunst des anderen zu würdigen und kannte die Leiden und Freuden des Entertainment. Bei den Aufnahmesitzungen hielten sie Händchen zwischen den einzelnen Sets, und bei Live-Auftritten hatte Ella die Freude, von Rays Trio begleitet zu werden. Das schien eine ideale Situaton zu sein.

Das Trio, das jetzt Ray Brown's Rhythm Group hieß, bestand aus Harry Smith am Schlagzeug, Ray Brown und Hank Jones. Jones war ein außerordentlich begabter Musiker, und er spielt gelegentlich immer noch. Er tritt gewöhnlich im Indigo Blues in Manhattan mit seinem Trio auf oder nur mit einem Bassisten im Fat Tuesday's, ebenfalls in Manhattan. »Er ist ein Star«, sagte der verstorbene Mel Lewis 1989. »Er verlangt so und soviel Kohle für einen Gig – und wenn er die bekommt, dann spielt er. Wenn nicht, bleibt er auf seiner Farm. Er ist ein Gentleman-Farmer – trägt Overalls und steigt auf seinen Traktor. Hier und da spiele ich immer noch mit ihm.«[2]

1918 (im gleichen Jahr wie Ella) in Detroit geboren, hatte Jones, als er 1944 in New York ankam, schon die Stile der wichtigsten Pianisten der Dreißiger, wie Art Tatum, Teddy Wilson und Fats Waller, in sich aufgenommen. In New York kam er dann unter den Einfluß von Bud Powell und Al Haig.

Ray Brown und er trafen sich zum ersten Mal in Buffalo, wo sie spielten. Später wohnten beide in der Harlemer YMCA. »Unten im Gesellschaftsraum stand ein Klavier«, erinnert sich Jones, »und da gingen wir fast jeden Tag runter und spielten, er mit seinem Baß und ich am Klavier. Er machte mich mit Ella bekannt, die damals gerade einen Pianisten brauchte. Ich glaube, der, den sie vorher hatte, hatte ein Alkoholproblem. Ich war vier Jahre bei ihr.«

Jones genoß die Zeit, die er mit Ella arbeitete. Es gab wenig Schwierigkeiten, außer den auf Tourneen üblichen. Zu der Zeit buchte Moe Gale Ella in hochnoble Etablissements, und die Gruppe hatte vor allem Gelegenheit, in den großen Städten der Nordstaaten aufzutreten. In Jones' Erinnerung waren die Hotels, in denen sie wohnten, erstklassig. Auch erinnert er sich nicht an einen einzigen rassistischen Zwischenfall.

Die Gruppe hatte einen engen persönlichen und professionellen Zusammenhalt. »Wenn sie nur im Trio begleitet wurde, spielten wir unsere eigenen Arrangements«, sagte er. »Wir nannten sie ›Head Arrangements‹ (die nicht niedergeschrieben wurden). Wir machten das alle zusammen. Ray Brown war ein exzellenter Arrangeur, was seine musikalischen Vorstellungen anging. Einiges machte ich, einiges machte er. Und Ella hatte auch ein Köpfchen für Musik, und zu allem, was auf der Bühne passierte, steuerte sie eine Menge bei. Natürlich entstanden viele der Improvisationen direkt auf der Bühne, wenn sie spielte – sang. Ich sage ›spielte‹, weil Ella instrumental dachte. Ihre Stimme war ihr Instrument, und sie konnte in der Tat wie ein Bläser improvisieren, wie Lester Young etwa oder wie Slam Stewart auf dem Baß. Tatsächlich gab es da in ›Lady Be Good‹ eine Partie, in der sie immer so sang, wie Slam gespielt hätte, und sie kriegte auch den gleichen Sound hin wie er. Die Arrangements selbst waren nicht improvisiert, sie waren festgelegt.

Nur die Variationen über die Melodie wurden improvisiert. Darum geht's ja im Jazz.«[3]

Als Stilist eigener Prägung war Jones ein großer Gewinn für das Ray-Brown-Trio, das zwar häufig spielte, aber wegen des Aufnahmeboykotts keine Platten machte. Gelegentlich verließen Brown und Jones die Gruppe und gingen mit Norman Granz' Jazz at the Philharmonic auf Tournee. Granz war weit gekommen seit seinen Konzerten mit wahllos zusammengestellten Besetzungen 1940 im Billy Berg's in Los Angeles. Er war 1941 in die Armee eingetreten, tat Dienst bei der Truppenbetreuung und wurde 1943 aus gesundheitlichen Gründen entlassen. Während der ganzen Zeit hatte er seine Verbindungen zu Jazzmusikern aufrechterhalten und auch weiter Jam Sessions organisiert.

1944 wurden einundzwanzig Chicanos (Amerikaner mexikanischer Herkunft, *Anm. d. Übers.*) während eines Aufstandes in Los Angeles festgenommen und anschließend wegen Mordes verurteilt. Man nannte sie die »Zoot Suiters« (in Anlehnung an Cab Calloways Bühnenanzug, den berühmten »Zoot Suit«, *Anm. d. Übers.*), und ihre Verteidigung wurde zu einem *cause célèbre* für die Liberalen der West Coast. Zu ihnen gehörte auch Norman Granz. Er entschloß sich, zugunsten der Chicanos ein Jazzkonzert zu arrangieren und mietete das zu der Zeit größte Auditorium in L.A. Zunächst wurde das Konzert »Jazz Concert at the Philharmonic« genannt. Da aber die Schriftgröße, die Granz gewählt hatte, so viele Buchstaben nicht zuließ, ließ er das Wort »Concert« fallen, und so war Jazz at the Philharmonic geboren. Das Konzert war so erfolgreich, daß Granz sich entschloß, eine solche Veranstaltung jeden Monat durchzuführen.

Zwei Tage nach dem ersten Konzert hörte Granz einen Mitschnitt davon ab, und ihm wurde klar, daß ein Live-Mitschnitt ein Maß an Spontaneität und Improvisation einfangen konnte, wie es in einer Studio-Aufnahme nicht möglich war. Er erkannte auch das Potential der neuen LPs, lange Jazzdarbietungen aufzunehmen. Dennoch gelang es ihm nicht, die Plattenfirmen davon zu überzeugen. Mannie Sachs und RCA hörten sich das Demoband an und kommentierten, alles was sie hören könnten, sei »dumpf hämmerndes Getöne und der Lärm einer Menschenmenge«. Die gleiche Antwort bekam Granz von der Columbia und der Decca. Er ließ sich aber nicht von seiner Idee abbringen. Endlich fand er bei Mercury offene Ohren. Die Firma erklärte sich bereit, die Platten auf Granz' eigenem neuen Label Clef zu vertreiben. Anfang 1945 kam »Jazz at the Philharmonic« heraus. »How High the Moon« war die erste Live-Aufnahme, die auf den Markt geworfen wurde. »Das ist es«, verkündete Granz in seinem Programmtext. »Mit diesem Album haben wir es geschafft.«

Ein Jahr später begann Granz die JATP-Tourneen. Der Aufbau der Konzerte war gewöhnlich immer der gleiche. Es gab keinen Star. Jeder Musiker wurde mit fünf Chorussen präsentiert. Granz arbeitete mit einem festen Kern von Musikern und erweiterte die Gruppe mit den jeweiligen Talenten der Städte, in denen sie auftraten. Er hatte dem Publikumsgeschmack ein Zugeständnis gemacht und Helen Humes als Sängerin in die Gruppe genommen. Die erste Tournee, die Westküste hinauf und nach Kanada hinein, war kein Erfolg, also kehrte Granz nach L.A. und zu seinen allmonatlichen Konzerten zurück, die immer noch die Massen anzog. Granz nahm diese Konzerte auf und gab sie auf Clef bei Mercury heraus. Die Platten verkauften sich gut und brachten JATP ein landesweites Publikum, das, als es erst einmal gewonnen war, die Basis für Granz' nächsten Versuch bildete, eine Tournee quer durchs Land zu machen.

Mit den Worten von John McDonough im *Wall Street Journal*:

> Ihm war noch nicht bewußt, daß ihm damit auch die Schlüssel zu einem Jazz-Imperium in die Hände gefallen waren. Mit Jazz at the Philharmonic (JATP) kam schlagartig eine Wechselwirkung zwischen Konzertklasse und Plattenverkauf zustande in einem Ausmaß, wie es niemand für möglich gehalten hätte. Die Plattenalben bewirkten einen Aufschwung der Konzerte. Die Konzerte führten zu weiteren Live-Aufnahmen. Innerhalb einiger Jahre war JATP ein na-

tionales Phänomen ... so um die frühen fünfziger Jahre hatte Mr. Granz buchstäblich den gesamten Markt (und die meisten Talente) für den amerikanischen Mainstream-Jazz vereinnahmt. Einige nannten ihn einen Monopolisten. Wahrscheinlich war er das auch. Er managte talentierte Leute, produzierte Platten und stellte Konzertgruppen zusammen. Dadurch, daß er die Kontrolle über sein Produkt, vom Rohmaterial bis zum Vertrieb, in der Hand hatte, kam er dem Aufbau eines in allen Stücken miteinander verflochtenen Jazzkonglomerats so nah, wie Amerika es nur je erleben sollte.[4]

Wenn man ihn fragte, erklärte Granz schlicht, er habe einen Bedarf erkannt. Keiner habe die großen Musiker zusammengebracht. Für Granz bedeutete die Bezeichnung »großer Musiker« häufig »schwarzer Musiker«, und von Anfang an machte er klar, daß sie erster Klasse reisen und erstklassige Behandlung erhalten würden. Als Spencer's Department Store in Dayton, Ohio, Granz 1947 zu einer Autogrammstunde seiner Platten einlud, kam er mit einigen seiner Musiker, aber die wollten sie nicht in ihrem Geschäft haben. Granz konterte damit, daß er Auftrag gab, jedes seiner Alben aus den Regalen des Geschäftes zu entfernen und den gesamten Bestand rauszufeuern. Auch wies er seine Vertriebsfirma Mercury an, diesem Geschäft keine seiner Platten mehr zu verkaufen.

Im selben Jahr betraten er und seine Truppe zum Lunch ein Restaurant in Jackson, Michigan, wo sie aber offen ignoriert wurden. Daraufhin veranstalteten sie einen der ersten »lunch-counter sit-ins«, in dem sie jeden Platz, der frei wurde, besetzten. Sie wurden nicht bedient und kamen dreißig Minuten zu spät zum Konzert, aber sie hatten genug Wirbel gemacht, um ihren Standpunkt zu verdeutlichen.

Ray Brown sagte einmal, Granz sei davon besessen gewesen, ehedem segregierte Einrichtungen zu integrieren: »Das war ihm genauso wichtig wie das Konzert. Wir planten unsere Strategie immer im Flugzeug. Er rief dann immer all die großen Hotels an und schickte zwei oder drei von uns los in jedes einzelne davon.«[5]

Granz bestand darauf, daß alle JATP-Shows einem Publikum aller Hautfarben offenstanden, und achtete darauf, daß in all seinen Verträgen eine Klausel enthalten war, die die Diskriminierung beim Kartenverkauf und auf den Sitzplätzen verbot. Weiter enthielten die Programmzettel der Shows diese Erklärung: »Jazz ist Amerikas Eigenstes ... er bezieht vieles an Inspiration und Kreativität von den Schwarzen. Jazz macht keine äußerlichen Einschränkungen ... Wie es in einer echten Demokratie sein soll, zählt nur die Leistung ... Er ist das ideale Medium, ein größeres Verständnis unter allen Menschen zu erreichen.«[6]

Natürlich kamen die JATP-Tourneen nicht einmal in die Nähe des Südens, und auch im Norden und Westen gab es Theaterbesitzer, die Norman Granz' Bedingungen nicht akzeptierten und somit die Granz-Show nicht bekamen. Aber die Tourneen waren erfolgreich, und in den nächsten zehn Jahren machte JATP jedes Jahr zweimal eine zehnwöchige Tournee. »Ich habe den Leuten in Des Moines und El Paso die Art von Jazz gebracht, die sie sonst nie zu hören und zu sehen bekommen hätten«, sagte Granz 1953 und fügte noch hinzu, er habe eine Menge gelernt darüber, wie man ein Haus einschätzen oder wieviel Plätze zu welchem Preis man berechnen muß. »Man kann da nicht kleinkariert sein«, erklärte er, »aber man darf andererseits auch nicht zu großzügig sein. Ich habe dafür so eine Art sechsten Sinn bekommen.«[7]

Zur Stammbesetzung der frühen Tourneen gehörten Coleman Hawkins, Lester Young und Ray Brown. Ella ließ es sich angelegen sein, so viele JATP-Konzerte mitzubekommen, wie es ihr zeitlich möglich war.

Ella kam zu einem JATP-Konzert, aber auch um Ray Brown zu sehen, nach Akron, Ohio, und wurde da vom Publikum erkannt. Sie riefen, sie solle singen, und Granz, der durchaus zufrieden war mit Helen Humes, die schon auf der Bühne stand, gab widerwillig nach. Ella sang eine Nummer, und ihr Auftritt brachte das Haus zum Toben, worauf Granz sein Vorurteil gegen Ella noch einmal überdachte. Ellas Spezialität waren Balladen, nicht der Jazz, und der Jazz war Granz' Hauptanliegen. Aber ihm war klar, wie populär sie beim Publikum war. Wenn man dann noch ihre Beziehung zu Ray Brown in Betracht zog, dann war es eingentlich sinnvoll, wenn sie in der Truppe mitarbeitete. Er bot ihr einen Vertag bei JATP an, und sie akzeptierte sofort.

So begann eine persönliche und professionelle Beziehung, die bis auf den heutigen Tag andauert und die großen Anteil daran hat, daß Ellas Karriere so lebenskräftig geblieben ist. Die persönliche Beziehung zu Granz sollte sich erst später entwickeln. Die professionelle Spritze, die sie durch die Gelegenheit bekam, mit den besten Jazzmusikern aufzutreten, wirkte sich sofort aus. Die angeborene instrumentale Qualität ihrer Stimme und ihre mimischen Fähigkeiten hätten sich keine bessere Umgebung wünschen können, um sich zu entfalten und aufzublühen.

Mit Ella hatte sich Granz auch eine beachtliche Bürde aufgeladen, denn sie war ja immmer noch bei der Decca unter Vertrag und konnte daher bei ihm keine Platten machen. Bei jedem Live-Mitschnitt eines Konzertes mußte Ella ausgelassen werden. Das machte ihn wütend, also beschloß er, etwas dagegen zu unternehmen. Aber solange Ellas Vertrag mit der Decca noch gültig war, war nichts zu machen.

Wenn sie nicht mit Granz unterwegs waren, nahmen Ella und Ray ihre eigenen Engagements an, darunter im Juli eines auf der World Fair of Music im Grand Central Palace. Ein Kritiker schrieb: »Miß Fitzgeralds unnachahmlicher Stil ist zu bekannt, als daß man ihn hier noch im einzelnen beschreiben müßte. Ihre Tricks – eine Note zu hören und sich sanft an die genaue Tonhöhe heranzuschleichen, durch eine Melodie hindurch zu summen und zu springen – haben nichts an Wirkung verloren, seit sie zuerst bei Chick Webb auftrat, dem Drummer, der Miß Fitzgerald der Musikwelt vorgestellt hat. Ihre Art, einen Chorus zu verzerren, ihren Spaß mit ihm zu treiben und in sinnlosen Silben um ihn herum zu singen, hat immer noch die starke Würze der Originalität.« Wie sie es gewohnt war, sang Ella die alten Lieblingsnummern wie »A-Tisket, A-Tasket«, »Cow Cow Boogie« und »Lady Be Good«. Sie fügte auch ein paar gängige Hits hinzu, darunter die Schlager »Woody Woodpecker Song« und »Nature Boy«, die Platte Nummer eins im Land.

»Nature Boy« zeichnete sich von den früheren Spitzenplatten dadurch aus, daß sie von einem schwarzen Sänger, Nat King Cole, aufgenommen worden war und es das erste Mal geschah, daß die Platte eines schwarzen Künstlers es beim weißen Publikum schaffte, das erste Crossover also. Die Zeit war reif für ein solches Crossover, denn die Wanderung der Schwarzen in den Norden während und nach dem Zweiten Weltkrieg spiegelte sich in der Zunahme des »Race Programming«, der Programme für Schwarze im lokalen Rundfunk. Die Stationen, die diese Art von Musik spielten, waren meist die mit niedrigen Frequenzen am äußersten Ende der Skala, aber ein entschlossener Hörer konnte sie wohl finden. Dazu gehörte eine wachsende Anzahl weißer, meistens junge Leute, die offenere Ohren für die realistischen, saftigen Texte der schwarzen Songs hatten als ihre Eltern. Dennoch sollte es noch einige Jahre dauern, bis die schwarze Musik das breite Publikum erreichte. »Nature Boy« war in allem ein weißer Titel, nur die Hautfarbe desjenigen, der ihn sang, war es nicht. Außerdem wurde er zu einer Zeit herausgebracht, die arm an guten neuen Aufnahmen war.

»Nature Boy« war gerade noch vor Petrillos Plattenboykott bei der Capitol aufgenommen worden. Geschrieben von einem in Brooklyn geborenen, bärtigen, langhaarigen, selbsternannten »Yogi« namens Eden Ahbez, sprach der Song die »universale Wahrheit« aus, daß man nichts Größeres erfahren könne, als zu lieben und geliebt zu werden. Wäre der Text des Songs vor dem 1. Januar durchgesickert, hätten ihn wohl auch andere Sänger aufgenommen, aber irgendwie war es Cole und Capitol gelungen, ihn geheimzuhalten. Innerhalb einer Woche nach seiner Erstsendung am 22. März in der »Music Hall«-Show im Sender WNEW war er der Song Nummer eins überall im Land. Binnen kürzester Frist nahmen andere Sänger, Schwarze und Weiße, Cover-Versionen davon auf, Boykott oder nicht. Frank Sinatra nahm ihn *a capella* für Columbia auf, Sarah Vaughan für Musicraft und Dick Haymes für Decca. Aber Cole führte den Markt an. Er galt, mit Ausnahme von Billy Eckstine, weiterhin als er einzige schwarze Sänger, dem ein fast vollständiges Crossover auf den weißen Markt gelungen war, bis etwa 1954 das Aufkommen des Rock 'n' Roll, der ja unzweifelhaft von den Schwarzen beeinflußt war, die Musikwelt durchlässiger für Schwarze und Weiße machte.

1948 erlebte die Musikwelt auch einen größeren Austausch zwischen Amerika und Europa. Nach dem Ersten Weltkrieg hatten die Europäer begonnen, den Jazz mit Freiheit gleichzusetzen, und jetzt, da auch dieser Krieg vorbei war, waren sie wieder versessen darauf, amerkanischen *Jazz in natura* zu hören, was ja beinahe ein Jahrzent lang nicht möglich gewesen war. Nun überquerte eine Parade von Jazzmusikern den Atlantik, um den so lange entbehrten Stoff zu liefern.

Die Gale-Agentur, die sich zu der Zeit schon mit Joe Glasers Associated Booking Corporation zusammengetan hatte, buchte Ella für eine Europatournee im Herbst, eine Tournee, die der *Melody Maker* im Juli mit einem überschwenglichen Artikel ankündigte:

> Swingenthusiasten werden begeistert sein, wenn sie hören, daß Ella Fitzgerald – Amerikas »First Lady of Song« – neuerdings der US-Starparade hinzugefügt worden ist, die Britannien dieses Jahr besuchen wird ... Wenn Ella sich auch schon lange auf dem Felde des Swinggesangs hervorgetan hat, so steht sie doch zweifellos jetzt im Zenit ihrer Kariere. Heute ist sie allgemein, von Musikern und Fans gleichermaßen, als eine der hervorragendsten Jazzsängerinnen anerkannt.[8]

Im Spätsommer 1948, mitten in den Vorbereitungen zu ihrer ersten Auslandstournee, heiraten Ella Fitzgerald und Ray Brown. Einige Autoren haben vermutet, daß es Ellas Kontrakt mit JATP war, der sie veranlaßte, diese Bindung einzugehen, aber es ist viel wahrscheinlicher, daß der anstehende Trip nach Europa der eigentliche Auslöser war. Ella brauchte einen Paß. Die beiden mögen wohl entschieden haben, oder es war ihnen nahegelegt worden, daß die Form am besten gewahrt würde, wenn sie ihre »Liaison«, wie Granz das nannte, legalisierten. Jedenfalls würde der Trip nach Europa eine schöne Hochzeitsreise werden. Sie heirateten in einer kleinen Feier in Manhattan, nicht lange vor der Abfahrt.

Die Neuvermählten kamen am 15. September 1948 mit der *Queen Mary* in Southampton an, zusammen mit Georgianna Henry und Hank Jones. Dem Plan nach sollten sie am 27. im Londoner Palladium eröffnen. Betty Hutton, der amerikanische »Platinum Screwball« – die platinblonde Betriebsnudel –, war jedoch Ellas Vorgängerin im Palladium gewesen und so beliebt, daß ihr Gastspiel verlängert wurde. So arrangierten es die Manger des Palladium in aller Eile, daß Ella statt dessen ihre Großbritannien-Tournee im Empire Theater in Glasgow, Schottland, beginnen konnte.

Am Eröffnungsabend war sie nervös, und das Publikum merkte es, aber nervös war sie auf der Bühne immer, und gewöhnlich wirkte sich das nicht auf ihren Gesang aus. Außerdem schmerzte ihr der Kopf von einer Erkältung, die sie sich durch das feuchte Wetter auf den Britischen Inseln zugezogen hatte, aber Ella war ein Profi und ließ sich von keiner Krankheit stoppen, wenn es irgend möglich war. Ihr Repertoire war fast das gleiche, das sie im Juli auf der World's Fair of Music gesungen hatte. Sie hatte nicht vorgehabt, »My Happiness« darin aufzunehmen, den Song, den sie damals im April nur mit vokaler Begleitung der Song Spinners aufgenommen hatte. Aber zu ihrer großen Überraschung wollte das Publikum genau den hören. So sang sie dann den Song, den sie immer noch für sehr zickig hielt, so gut sie konnte, und ging am nächsten Tag hin und kaufte die Platte, um ihre Erinnerung an das Arrangement aufzufrischen, das sie ebenfalls für sehr zickig hielt.

Auf dieses Konzert folgte ein weiteres der Truppe in Schottland, in einem Odeon Theater, wie sich Hank Jones erinnert. »Zu der Zeit hatten Großbritannien und die USA noch keine Vereinbarung betreffs der Musiker getroffen«, erinnert sich Jones.

Ein amerikanischer Musiker konnte dort nur spielen, wenn er Teil einer Nummer war. Ray, Ella und ich galten als Nummer, und so konnten wir spielen. Aber wir konnten keinen Schlagzeuger mitbringen. Also waren wir auf die örtlichen Rhythmusgruppen angewiesen, und in diesem Theater hatten wir einen Drummer und einen Dirigenten aus der Stadt, der sonst eine Highschoolband leitete. Ella ging über zu »Lady Be Good«, und sie sang es sehr schnell. Nach der halben Nummer fiel der Drummer aus. Dann fiel das Arrangement – es war sehr lang, 15–16 Seiten – dem Dirigenten vom Pult. Er hatte keine Zeit, es wieder aufzuheben, also ging er auf allen vieren zu Boden und versuchte, so die Noten zu lesen. Das war das einzige Mal, daß ich Ella ganz aufhören und laut loslachen sah. Ray Brown und ich, wir spielten einfach weiter.[9]

Frisch zurück vom Triumph in Glasgow, wo die Menge eine Zugabe nach der anderen verlangt hatte, eröffnete Ella in der darauffolgenden Woche im Londoner Palladium. Sie war da nicht die Hauptattraktion – diese Auszeichnung war Britanniens eigenem Star Gracie Fields vorbehalten –, und der Empfang war bestenfalls lauwarm. Selbst der *Melody Maker*, im Juli noch so überschwenglich, kommentierte: »Wir, die wir ihre Stimme so gut kannten und sie so sehr bewunderten, hatten allerdings den Eindruck, daß sie aus irgendeinem Grunde nicht in bester Verfassung war. Zwar sang sie makellos wie immer, unübertrefflich in Stil und Phrasierung, aber es fehlte ihr an persönlicher Ausstrahlung, augenscheinlich stand sie Montag abend bei der Premiere unter großer nervlicher Anspannung.«[10]

Für Ella waren diese Show und diese Kritik ein niederdrückendes Erlebnis. Schon unter normalen Umständen voller Unsicherheit, war sie durch den Kommentar über ihren Mangel an »persönlicher Ausstrahlung« tief getroffen, denn wenn sie auch am Anfang immer sehr nervös war, war doch die Bühne der Ort, an dem sie sich am meisten geliebt und mit sich im Einklang fühlte.

Sid Colin, ein Londoner Musiker und Musikkritiker, meint, dieser Kommentar enthülle ebensoviel vom britischen wie von Ellas Charakter:

> Diese Bemerkung über ihre Bühnenerscheinung war wohl eine typisch britische Reaktion, ebenso höflich wie beschönigend, als sie das ›skinny kid‹ – das magere Geschöpf – (Ellas Beschreibung ihrer selbst) zum ersten Mal sahen, das in den dreißiger Jahren mit ›A-Tisket, A-Tasket‹ und ›Mr. Paganini‹ ihre Herzen gewonnen hatte. Schon seit ihrem Auftreten in dem Film *Ride 'Em Cowboy* hatte Ella in alarmierendem Maße zugenommen. Jetzt, im Alter von dreißig Jahren, muß sie einen fast matronenhaften Eindruck gemacht haben. Für die Briten, die sich gewöhnlich alle amerikanischen Entertainer so ähnlich wie die quirlige Betty Hutton vorstellten, muß das ein tiefer Schock gewesen sein. In jenen Tagen, bevor ihr Publikum sie vollkommen akzeptiert hatte, muß es in vieler Hinsicht eine grausame Prüfung für Ella gewesen sein, überhaupt öffentlich aufzutreten.[11]

Es waren die britischen Jazzkenner, die Ella wirklich zu würdingen wußten, wie sie glücklicherweise am Ende ihres Wochenengagements im regulären Programm des Palladium feststellen konnte. Am Sonntag danach lud man sie ein, in der London Palladium Swingsession des Bandleaders Ted Heath aufzutreten, und schon in dem Moment, da sie die Bühne betrat, begrüßte sie donnernder Applaus.

Ella war verblüfft und fassungslos über die so völlig andere Reaktion dieses Publikums. Aber bald wurde ihr klar, daß dies ein gänzlich anderes Publikum war. Von ihnen kam kein Ruf nach »My Happiness«. Sie wollten den neuen Bebopsound hören und riefen nach Wiederholungen bei »Lady Be Good« und »How High the Moon« und »Flying Home«. Ella atmete auf und fing an, den Abend zu genießen. Sie sang so lange, wie die Menge sie hören wollte, bis die Show enden mußte – oder man hätte der Geschäftsleitung des Palldium schwere Bußgelder wegen Überziehung der Zeit zahlen müssen.

Als Ella mit ihrer kleinen Gesellschaft am 30. Oktober wieder die *Queen Mary* bestieg und nach Hause fuhr, war sie im großen und ganzen mit ihrer ersten Auslandstournee zufrieden, wenn ihr auch die Reaktion des Palladium-Publikums und nicht die von Ted Heath' spezieller Swing-Session am längsten im Gedächtnis blieb. Aber in Europa zu sein, war ein aufregendes Erlebnis für sie gewesen. Außerdem war sie verliebt.

1949 kauften Mr. und Mrs. Ray Brown ein zweistöckiges Haus mit sechs Räumen in St Albans, Queens, das immer mehr zum bevorzugten Wohngebiet für wohlhabende Schwarze wurde. Viele, wie Duke Ellington, Dinah Washington, Gladys und Lionel Hampton, blieben in Harlem, wo sie in eleganten Gegenden wie Sugar Hill Apartments oder Häuser bewohnten. Aber in den Jahren nach dem Zweiten Weltkrieg ging es mit dem ganzen Stadtteil Harlem abwärts, und um 1951 berichtete ein nationales schwarzes Magazin, St Albans werde allmählich zum »Sugar Hill der Vororte«, zeigte auch Photos der Häuser von Count Basie, Ella, Mercer Ellington, Billie Holiday und anderen, die es vorgezogen hatten, in die Außenbezirke zu ziehen.

Für Ella, deren eigene Familie in ihrer Kindheit auseinandergerissen worden war, gehörte ein Haus unbedingt zu ihrer Vorstellung von einer normalen Ehe. Ebenso gehörte dazu ein Kind. Sobald sie sich in ihrem Heim eingerichtet hatten, adoptierten die Browns einen kleinen Buben, den sie Ray jr. nannten. Ella, die Babys immer geliebt hatte, war überglücklich, nun ein eigenes zu haben. Sie erzählte sogar vielen Bekannten, Ray jr. sei, auch biologisch, ihr eigenes Kind. Aber nie kam ihr in den Sinn, ihre Karriere aufzugeben. Wenn auch die New Yorker Buchungen ihr wichtiger wurden und sie dankbar die jährlichen dreiwöchigen Engagements im Paramount Theater wahrnahm, so ging sie doch weiter auf Tournee, denn ihre erste und größte Liebe galt immer der Bühne. Ein Kindermädchen kümmerte sich um Ray jr., zu Hause und auch wenn sie ihn mit auf Reisen nahm.

Im Frühling 1949 spielten Ella und Ray im Royal Roost und im Bop City in New York. Bei beiden Engagements wurden Aufnahmen gemacht. Im Bop City stellte Ella »In a Mellotone« vor, eine Komposition von Duke Ellinton, für die sie aber den Text geschrieben hatte. Ihre Karriere als Texterin war schon seit einer ganzen Weile unterbrochen, und das bekümmerte sie. Sie wollte Songs für andere Sänger schreiben, aber die Verleger waren nicht gewillt, es mit einem ihrer Songs zu versuchen, es sei denn, sie nähme ihn selber auf.

Später, im selben Monat April, spielte sie zwei Titel mit Louis Jordan and His Tympany Five ein: »Baby It's Cold Outside« und »Don't Cry Baby«. Im Sommer gingen sie auf Tournee und machten in Los Angeles zwei Platten mit Sonny Burke und seinem Orchester, »Crying« und »A New Shade of Blue«. Wenn die Titel ihrer Songs auch traurig waren, Ella war es nicht. Sie hatte das Gefühl, in ihrem persönlichen Leben endlich zur Ruhe gekommen zu sein, und da ihr Gatte mit ihr reiste, schien auch das dauernde Herumreisen mehr Spaß zu machen. Sie, ihre Begleiter und ihre Cousine und Zofe Georgie spielten zwischen den Shows Pinochle, und Ella machte den Clown, wann immer ihr danach zumute war.

Sie waren zweimal an der Westküste, im Juli und im November, und nahmen da auch Platten auf. 1949 in New York spielte Ella ebenfalls mehrere Aufnahmen ein, gewöhnlich von Gastorchestern begleitet, darunter das von Sy Oliver.

Während der Session mit Olivers Band im September 1949 hatte Ella den Einfall, einen Schlager aufzunehmen, der ein Klassiker werden sollte: sie sang den »Basin' Street Blues« mit einer beinahe perfekten Imitation von Louis Armstrongs Reibeisenstimme. Nachdem die Platte veröffentlicht war, fragte ein Fan sie doch tatsächlich: »Wie kam das denn eigentlich, daß Sie und Louis Armstrong eine Platte zusammen gemacht haben?« Das amüsierte Ella königlich. Andererseits sollte sie es noch bedauern, jemals Armstrong imitiert zu haben, denn bei ihren Live-Auftritten wurde das nun immer wieder verlangt, und das wirkte sich geradezu verheerend auf ihre Stimmbänder aus. Aber Ella gab dem

Publikum immer, was es haben wollte, und so setzte sie diese kostbaren Organe tapfer aufs Spiel, wenn es verlangt wurde.

Ella sah sich nicht als »Starnummer«. Sie blieb bemerkenswert unberührt von ihrem Ruhm. Sie besaß nicht einmal viele ihrer früheren Plattenhits, weil sie Angst hatte, die Leute könnten sie für selbstverliebt halten, wenn sie in einen Laden gegangen wäre und nach ihrer eigenen Platte gefragt hätte. Der Sinn ihres Lebens bestand darin, zu singen und das Publikum zu erfreuen.

Ella war immer bereit, Autogramme zu geben, auf Wunsch einen bestimmten Titel zu singen, für ihre Fans auch einen Extraweg in Kauf zu nehmen. Ein Fan, Norman Matuleff, erinnert sich, wie leicht es für ihn war, Ella dazu zu bringen, nach einem JATP-Konzert an der University of Iowa 1951 noch das Haus seiner Studentenverbindung in Iowa City zu besuchen:

Einmal beim Essen sagte einer meiner Kameraden im Phi-Epsilon-Pi-Haus, da ich doch im Komitee sei, warum ich denn nicht meine ›Freundin‹ Ella zu uns zum Essen einlüde, wenn sie mal in der Stadt war. Jeder lachte. Ich dachte darüber nach und fand, das sei gar keine schlechte Idee. Ella war meine Lieblingssängerin und wahrscheinlich auch mein liebster Entertainer überhaupt, und so sagte ich eilfertig, ich würde ihr schreiben, sie möchte doch zu einem Imbiß einmal in unser Vereinshaus kommen, vielleicht auch nach den Konzerten dort ein paar spezielle Nummern singen. Meine Kameraden fingen an mich aufzuziehen und so was zu sagen wie: ›Wenn Ella herkommt, sag ihr doch, sie soll diesen oder jenen Song singen.‹ Keiner glaubte, daß sie wirklich kommen würde.

Ich rief Norman Granz an. Er sagte gleich, da mein Name auch Norman sei, würden wir bestimmt gute Freunde werden. Als ich ihn fragte, ob Ella wohl zum Essen kommen würde, lachte er nicht einmal. Er sagte, er wolle mit ihr reden und mich dann zurückrufen. Nach ein paar Tagen rief er mich an und sagte, Ella und Ray Brown – ich glaube, zu der Zeit war er mit ihr verheiratet – seien entzückt. Er fügte noch hinzu, das wäre dann wohl nach der zweiten Show, es würde also wahrscheinlich spät werden.

Beide Konzerte bei der Memorial Union waren ausverkauft, im Publikum auch die gesamte Fakultät und Tausende von Studenten. Matuleff und Ella unterhielten sich während der Pausen:

Sie war von Anfang an äußerst freundlich und gütig. Sie machte nicht die geringste Andeutung wegen einer Gage dafür, daß sie zu uns kam. Und sie fragte mich auch, ob wir ein Klavier hätten und ob wir gerne möchten, daß sie uns ein paar Nummern sänge. Sie fragte mich sogar, ob ich irgendwelche Lieblingstitel hätte, und da bat ich sie, den Lieblingssong meines Zimmergenossen zu singen, »Dream a Little Dream of Me«, und vielleicht für mich »The Man I Love«.
Nach den Konzerten zog sich Ella um und trug dann ein langes schwarzes Kleid und einen Pelz. Ich holte sie hinter der Bühne ab und sie, Ray und ich, wir stiegen in ihre Limousine und fuhren zum Vereinshaus, ungefähr eine Meile von der Student Union entfernt. Im Wagen unterhielten wir uns über ihren anstrengenden Konzertplan und wie offen die Studenten dem Jazz gegenüber sind. Ich fragte, ob Granz auch dasein würde, aber sie sagte, er müsse vorausfahren.
Als die Limousine vor dem Haus hielt, war das so etwa wie in New York oder L.A. Alle rannten sie raus und bildeten eine Art Spalier für sie. Drinnen gingen wir alle in den Speisesaal zu Kaffee und Kuchen, dabei unterhielten wir uns ungefähr eine halbe Stunde ganz zwanglos. Dann wandte sich Ella an mich und sagte: »Norm, möchtest du, daß ich etwas für euch singe?«
Wir gingen alle rauf in den Musiksaal, Ella stellte sich ans Klavier, und die Leute saßen alle auf dem Fußbo-

den um sie herum, einer stand hinter ihr. Ich bin mir nicht sicher, ob Ray Klavier gespielt hat oder ob noch jemand mit im Wagen gekommen war. Sie sang etwa sechs oder sieben Nummern, dabei auch die, über die wir gesprochen hatten. Sie widmete sie denen, für die wir sie ausgesucht hatten. Das Publikum war hingerissen, und sie war, nach zwei Konzerten und fast schon um Mitternacht, einfach sensationell.

Als sie aufhörte zu singen, hörte man erst keinen Laut. Dann standen alle auf und jubelten ihr zu. Wir begleiteten sie zur Tür und dann in den Wagen. Ich erinnere mich noch, daß viele von uns später in der Nacht dasaßen und über dieses Erlebnis sprachen. Und heute noch, wenn wir uns treffen, erinnern sich alle daran, wie Ella zu uns kam.[12]

Selbst bei dem Material, das sie aufnahm, sah Ella keinen Grund, den Leuten nicht zu geben, was sie haben wollten. Über Balladen sagte sie einmal einem Reporter: »Die verkaufen sich besser.« Außerdem waren Balladen immer noch ihr liebstes Genre. »Trotz all dem, was ich gemacht habe, trotz all der unterschiedlichen Songs, die ich singe, sehe ich mich im Grunde immer noch als Balladensängerin«, erzählte sie einem Reporter von der *Ebonym* im Frühjahr 1949. »Ich glaube, das werde ich immer bleiben. Ich liebe Balladen. Trotz allem, was man so sagt, wird sich das auch nicht ändern.«[13]

Veränderungen im Musikgeschäft um diese Zeit verhalfen Ella dazu, die Songs singen zu können, die sie am liebsten mochte. 1949 war in vieler Hinsicht eine Wendezeit. In diesem Frühjahr führte *Billboard* seine Rhythm & Blues Chart ein. Rhythm & Blues, das hieß immer noch schwarz, aber wenigstens klang dieser Euphemismus besser als »Race Records«. Dieser Schachzug von *Billboard* spiegelte die zunehmende Popularität von Balladen, die von schwarzen Sängern gesungen wurden, besonders von Billy Eckstine und Nat King Cole. Der *Los Angeles Mirror* berichtete im Januar 1949: »Negersänger, im Jazz schon lange an der Spitze, sind selten an der Spitze gewesen, wenn es sich um lyrische

Balladen handelte. Jetzt müssen die Crosby und Comos mit Eckstine um die Wette nach der Gage rennen.«[14]

Wenn Ella sich auch über die neue Popularität von Balladen freute, so beklagte sie doch, daß »die Leute anscheinend keine Lust mehr zum Tanzen haben«. Sie hatte immer Spaß am Tanzen gehabt und vermißte das Element des »Swing« in der Musik. Aber sie beugte sich dem Trend und nahm 1950 eine ganze Menge Platten auf, dabei auch eine Session im September mit den Jazz at the Philharmonie All Stars (Harry Edison, Trompete, Charlie Parker, Altsax, Coleman Hawkins und Flip Philips, Tenorsax, Hank Jones, Klavier, Ray Brown, Baß, und Buddy Rich, Drums). Zu der Zeit hatte Norman Granz schon ein Übereinkommen mit der Decca erzielt, das es ihm erlaubte, Ella nun ebenfalls aufzunehmen.

Sie stand auch oft persönlich auf der Bühne. Wenn sie in New York war, trat sie wenigstens einmal im Jahr im Apollo auf und genoß das Gefühle »nach Hause zu kommen«, zu der unvergleichlichen Begeisterung im Apollo. Einer der Schlüssel zum Erfolg des Apollo, einmal abgesehen von der Unzahl von Talenten, die es präsentierte, lag bei seinen Managern, die an dem festhielten, was sich in der Vergangenheit bewährt hatte. Immer noch gab es den Bühnenarbeiter Norman »Puerto Rico« Miller, in einem Gartenanzug in Gelb und Pink, mit einem federgeschmückten, breitkrempigen Damenhut und einer Federboa in Orange und Magentarot oder in irgendeinem anderen abenteuerlichen Aufzug, der mit seiner Pistolenimitation herumfuchtelte und erfolgreiche Amateure von der Bühne scheuchte. Ella liebte es, nach den Amateurwettbewerben hinaus auf die Bühne zu gehen und den donnernden Applaus entgegenzunehmen, den man ihr entgegenbrachte, weil sie einen solchen Wettbewerb gewonnen und, im Gegensatz zu vielen anderen, es bis zum Starruhm gebracht hatte.

In der darauffolgenden Woche ging sie dann ins Paramount oder in irgendeinen mit Klimaanlage ausgestatteten, mit Palmwedeln geschmückten Club, in dem sie mit ähnlichem, wenn auch nicht so stürmischem Enthusiasmus begrüßt wurde wie im Apollo. Die nächste Woche ging sie dann wohl mit Norman Granz' JATP auf Tournee oder machte sich auf den Weg nach Europa zu Gastspielen in Großbritannien oder Skandinavien. Bei all dem verlor sie nie ihr Lampenfieber oder ihre Unsicherheit.

Während der Europatournee 1950 traf sich Ella wieder mit Marian Logan, die damals die meiste Zeit im Ausland verbrachte. Logan hatte sich mit einem mächtigen Clubchef der Westküste angelegt, weil sie sich geweigert hatte, Howard Hughes »Gesellschaft zu leisten«. Überzeugt davon, daß sie in den Vereinigten Staaten »nie mehr Arbeit bekommen hätte«, war sie nach Europa gegangen.

»Wir sind gute Freunde geworden,« sagte Logan.

> Sie hatte erstaunlich viel Sinn für Humor. Sie war scheu und sehr unsicher wegen ihres Aussehens. Sie sagte immer zu mir: »Du bist so schön.« Es war schwer für Ella. Alle um sie herum waren so jung und schlank, und sie war jung und fett, und ich glaube, sie sah sich selbst als etwas ganz Gewöhnliches an. Niemand machte ihr je klar, daß sie eine ganz andere Art Schönheit besaß, die viel dauerhafter war als die derjenigen, die heute strahlend aussehen und morgen schon ein verblühtes Häufchen Elend sind. Niemand gab ihr das Gefühl, schon allein ihr Talent mache sie zu etwas Besonderem. Niemand machte viel Aufhebens von ihr. Sie war immer sehr allein.[15]

Norman Granz gehörte gewiß nicht zu denen, die von irgend jemand viel Aufhebens machten. Aber er erkannte Ellas Talente und war fest überzeugt, daß sie falsch gemanagt wurde. Er wurde ihr inoffizieller Berater. Er kritisierte die Decca, weil sie sie soviel minderwertiges Zeug singen ließ, und sagte Ella, sie solle darauf dringen, ihr mehr Material zu geben, das ihr lag. Er glaubte, ihre Stimme und ihre Diktion seien wie geschaffen für die Musik der amerikanischen Klassiker wie George und Ira Gershwin. Ella nahm seinen Rat an. Glücklicherweise war Milt Gabler von der Decca bereit, sich das anzuhören, und so ging sie am 11. und 12. September 1950 ins Aufnahmestudio der Decca in New York und nahm, lediglich mit der Klavierbegleitung von Ellis Larkins, acht Gershwin-Songs auf.

Larkins war klassisch geschult, ein »Pianist für Sänger« mit einem speziellen Ohr für das, was ein Sänger leisten konnte. Ella konnte natürlich sehr viel leisten, und die Sitzungen waren für beide ein Vergnügen. Aus ihnen ging das Material für Ellas erste Langspielplatte hervor, »Ella sings Gershwin«.

Es war ein wunderbarer Absstecher zu diesem neuen Plattenformat, um das sich die Decca und andere Plattenfirmen gerissen hatten, nachdem Columbia es im vorhergehenden Jahr eingeführt hatte. Unter den Titeln waren »I've Got a Crush On You«, »But Not For Me« und »Someone to Watch Over Me«. Ella brachte jeden einzelnen davon mit all ihrem Sinn für musikalische Nuancen und mit wirklichem Verständnis und echtem Gefühl für den Text, der ja intelligent und ausgefeilt war und eine Geschichte erzählte. Das meiste dessen, was sie gewöhnlich sang, seien es nun Schlager, Blues oder Jazznummern, bestand überwiegend aus Chorussen.

Das Album sollte ein Klassiker werden, obwohl die Plattenfirmen erkannten, daß die 25-cm-Platten keine Zukunft hatten. So fügte die Decca eben vier Titel hinzu (von anderen Autoren!) und veröffentlichte sie neu als 30-cm-LP. Aber diese Plattensessions von Mitte September 1950 änderten stilistisch nichts für Ella. Zwei Wochen später war sie wieder im Studio und nahm »Santa Claus Got Stuck in My Chimney« auf. Zwar hat man die Decca für das läppische Zeug verantwortlich gemacht, das sie in den zwanzig Jahren, die sie bei dieser Firma unter Vertrag war, aufgenommen hat, in Wirklichkeit aber gefiel Ella alles mögliche an Material, auch Tagesschlager. 1951 nahm Rosemary Clooney einen Schlager auf mit dem Titel »Come On A-My House«, der dem Hörer allerlei suggerierte, was er in ihrem Haus bekommen würde (es handelte sich in der Tat um Süßigkeiten, deutete aber etwas sehr anderes an), und das war, nach dem Standard jener Tage, schon ziemlich gewagt. Inzwischen war die Plattenindustrie nicht mehr so schnell bereit, »Covers« von Songs zu produzieren, die schon von anderen Sängern populär gemacht worden waren. Aber wie Arthur Josephson sagt, der Neffe von Barney Josephson, dem Begründer des berühmten Café Society Downtown am Sheridan Square in Manhattan, wollte Ella unbedingt einen »Cover« dieses Rosemary-Clooney-Songs machen:

Es war ein warmer Juni- oder Juliabend. Die Musiker, die damals im Club spielten, waren Cliff Jackson, der Pausenpianist, der großartigen Stride und Blues spielen konnte, Edmond Hall, einer der größten Jazzklarinettisten aller Zeiten, Jimmy Crawford, ein hervorragender Schlagzeuger, der jahrelang bei der Lunceford-Band gespielt hatte, Cecil Scott, J. Williams und noch einige andere. Sie standen vorne vor dem Café Society Downtown und genossen die Abendpause zwischen der Dinnermusik und der ersten Show. Sie standen so rum und laberten und lachten, als ein Taxi vor dem Club hielt, und raus stieg Ella. Sie wußte offenbar, daß sie alle dasein würden, und kam sie nun besuchen. Sie umarmte sie alle und war voll kameradschaftlicher Freude. Alles lachte und redete und machte Späßchen, und sie brachte Leben in die Bude. Es war deutlich zu sehen, daß sie sich gegenseitig sehr respektierten.
Sie trug ein schwarzes Kleid mit Goldplättchen (wahrscheinlich für einen Auftritt irgendwo), und ich war ganz erstaunt, wie klein sie war. Ihre Vitalität, das war wirklich was.
Sie sagte, sie habe da »eine hübsche kleine Melodie«, wie sie es nannte, gehört und hoffte, sie könne sie bald aufnehmen. Dann fing sie an zu singen, schlug den Takt mit dem Fuß, schnippte mit den Fingern und swingte ohne Musikbegleitung. Die Nummer war »Come On A-My House«, die Rosemary Clooney kurze Zeit später berühmt gemacht hat (und die ihrerseits dadurch auch berühmt geworden ist).
Dann, so plötzlich, wie sie gekommen war, sah Ella auf ihre Uhr und sagte, sie müsse nun gehen, und mit dem gleichen Schwung und Strahlen stieg sie wieder

ins Taxi, und weg war sie und ließ uns alle mit einem Gefühl von Wärme und guter Laune zurück. Die Männer sahen hinter ihr und dem Taxi her, und es war ihrem Gesichtsausdruck und ihrem Lächeln anzusehen, was sie ihr gegenüber empfanden. Ich habe das nie vergessen.[16]

Ella nahm tatsächlich am 26. Juni 1951 »Come An A-My House« auf mit der Begleitung von Bill Dogget an der Orgel (er hatte sie schon begleitet, als sie damals, Anfang 1940, mit den Ink Spots unterwegs war), Hank Jones am Klavier, Everett Barksdale an der Gitarre, Arnold Fishkin am Baß, Johnny Blowers am Schlagzeug und den Charles Singers.

In diesem Herbst, während einer Tournee, die sie auch an die Westküste führte, machte Ella drei Aufnahmesessions für die Decca in Los Angeles, unter ihnen ihre erste mit Louis Armstrong. Am 23. November nahmen sie und Armstrong, mit Jones, Brown und Dave Barbours Orchester, »Necessary Evil«, »Oops!«, »Would You Like to Take a Walk« und »Who Walks In when I Walk Out« auf.

Zu dieser Zeit war Armstrong schon ein echter Star, nicht nur ein populärer Jazzmusiker. Zwei Jahre vorher war er auf dem Titelblatt des *Time*-Magazins erschienen. In den Fünfzigern sollte er noch in neun Spielfilmen auftreten und in sechs oder acht Fernsehshows pro Jahr der Gaststar sein. Ella war begeistert, daß sie mit einem so großen Star aufnehmen durfte, aber da sie Armstrong schon jahrelang bewundert hatte, wäre sie unter allen Umständen davon begeistert gewesen, mit ihm zu singen.

»Soviel ich weiß, war dies ihre erste gemeinsame Session«, sagte Hank Jones, »aber sie arbeiteten zusammen, als hätten sie das schon zwanzig Jahre lang getan. Es ging alles ganz glatt – keine Proben, sie legten direkt los. Die normale Aufnahmezeit betrug damals etwa drei Stunden, aber ich glaube, diese Session war in weniger als drei Stunden gelaufen.«[17]

Vier Tage später taten sich die beiden mit Bing Crosby zusammen und spielten vier Titel mit dem Orchester von J. S.

Trotter ein. Einen Monat danach machte Ella noch vier Titel mit dem Orchester Sonny Burke.

Um diese Zeit ging Hank Jones weg. Seinen Platz im Ray Brown Trio nahm Oscar Peterson ein, der schon bald aus der Laufbahn des Begleiters ausbrechen und zum Star des JATP werden sollte. 1925 in Montral geboren, hatte sich Peterson in seiner Heimatprovinz eine Nische und ein gutes Einkommen geschaffen und sah keinen Grund zu einem Ortswechsel. Mehr als ein Bandleader hatte versucht, ihn fortzulocken, aber Oscar lag mehr an Qualität im Jazz, und die, glaubte er, fehle in den meisten Bigbands, da sie sich ja gezwungenermaßen nach dem kommerziellen Erfolg ausrichten und dem Publikum gefallen mußten. Das Programm von Jazz at the Philharmonic hatte er allerdings mit Interesse verfolgt. Daher entschloß sich Peterson, als Norman Granz ihn sich in der Alberta Lounge in Montral anhörte und ihm später anbot, ein JATP-Konzert mitzumachen, nach Süden zu gehen.

Bei JATP traf er großartige Musiker und wurde selbst auf Jahre hinaus ein Teil des JATP, wo er mit Ray Brown und dem Gitarristen Irving Ashby das erste der Oscar Peterson Trios bildete, die auf der klassischen Jazzszene ein Vierteljahrhundert lang eine feste Einrichtung wurden.

Ashby, in Boston geboren, hatte bei Lionel Hampton und kurz zuvor noch im Nat King Cole Trio gespielt. Er blieb beim Oscar Peterson Trio und wurde später durch Barney Kessel ersetzt, der seinerseits von Herb Ellis ersetzt wurde. Ray Brown blieb jedoch. Er und Peterson hatten die gleiche Liebe zur Musik, die niemals aufhörte. Brown sagte einmal von Peterson: »Oscar hat manchmal schwierige Musik komponiert, aber er schrieb sie nicht nieder. Alles mußten wir im Kopf behalten . . . Und dann spielte Oscar an einem Abend eine Melodie in der einen Tonart, und eine Woche später kam er an und spielte das ganze Arrangement in einer anderen.«[18]

Für Ray war dieser Job die größte Herausforderung, die er je erlebte. Oscar und er probierten während der Pause andauernd herum und versuchten, eine bestimmte Phrase hinzukriegen, und wenn sie ihnen nicht gefiel, probierten sie nach Schluß der letzten Show immer noch weiter.

Für Granz, der 1951 mit Mercury gebrochen und sich selbständig gemacht hatte, eröffneten sich ganz neue Aufnahmemöglichkeiten. Er begann auf Clef Titel mit Oscar Peterson aufzunehmen.

Er begann auch Ella bei den JATP-Konzerten mit dem Peterson-Trio zu präsentieren, und diese Zeit gehört für Ella zu den schönsten in ihrer Karriere. Peterson hatte viel Sinn für Humor und neigte dazu, seinen Freunden und Bekannten Spitznamen zu verpassen. Sein Spitzname für Ella war »Madam Queen«, und den liebte sie. Im Lauf der Jahre gelang es Oscar, einigen Beobachtern zufolge, Ella auf der Bühne etwas aufzulockern, wodurch ihre Live-Auftritte immer erfreulicher für sie wurden. Dazu kam noch eine gute persönliche Beziehung zu Peterson. Von seinem musikalischen Können getragen, blühte sie auf. Genau wie die Sidemen, mit denen sie spielte, war auch sie ständig herausgefordert, und das gefiel ihr außerordentlich. Der kanadische Musikkritiker Bob Smith schrieb, er habe Ella einmal nach ihren Begleitern in all den Jahren gefragt, und sie zählte eine ganze Liste von Namen auf. Smith hörte zu und sagte dann triumphierend: »Sie haben einen vergessen. Oscar Peterson!« Ella gab sofort zurück: »Nein, nein, Bob. Oscar ist ein Künstler, kein Begleiter. Verwechseln Sie das ja nicht noch mal.«[19]

Ella und das Oscar Peterson Trio waren Bestandteile der ersten Europatournee von JATP, eine Tournee, die Granz nicht aus finanziellen Gründen unternahm, schließlich lief es für ihn auf dem US-Markt in dieser Hinsicht sehr gut, sondern um JATP auf diese Weise international zu etablieren.

1952 konnte JATP in England nicht auftreten, da die dortige Musikergewerkschaft mit der American Federation of Musicians im Streit lag. Nicht lange nach dem Zweiten Weltkrieg hatte AFM britischen Musikern die Arbeitserlaubnis für die USA verweigert. Die Briten, angeführt von dem Bandleader Johnny Dankworth, konterten damit, daß sie in England ähnliche Vorschriften durchsetzten. Es gab jedoch noch mehr in Europa als nur England, und die erste JATP-Tournee führte durch vierzehn Länder.

Barney Kessel, ein Weißer und geboren in Oklahoma, der bei Studiojobs mit Charlie Barnets und Artie Shaws Bands gespielt hatte, war auf dieser Tournee der Gitarrist im Oscar

Peterson Trio. Peterson erinnert sich: »Barney Kessel war wirklich der erste der Gitarristen in der Gruppe. Er kam direkt aus dem Studio, und Sie wissen ja, was das heißt. Er war nie dazu gekommen, Soli zu spielen, immer nur, was auf dem (Noten)Blatt stand. So war Barney denn ausgehungert nach Jazz, er kam rein wie ein rasender Panther ... Ray (Brown) war im siebten Himmel. ›Ah‹, sagte er, ›das wird jetzt eine andere Gruppe.‹«[20]

Kessel erinnert sich, daß diese JATP-Tournee aus nichts als Musik bestand – auf und hinter der Bühne –, denn Musik ist das Herzblut des Musikers. Da war Ella keine Ausnahme. Wie Kessel der Autorin Kitty Grime erzählte:

> Ich erinnere mich noch, einmal, in Genua, setzten wir uns zum Essen hin, und das Restaurant war ganz leer, bis auf Lester Young und seine Frau und Ella und mich. Als wir nun so auf unsere Frühstücksbestellung warteten, holte ich meine Gitarre raus, und sie und Lester fingen an, sagenhafte Dinge mit dem Blues zu machen. Ein anderes Mal, als wir durch die Schweiz reisten, setzten sie und ich uns zusammen, statt mit den anderen im Bus zu quatschen, und sie fing mit irgendeiner Nummer wie etwa »Blue Lou« an und sang sie auf jede nur mögliche Weise. Sie versuchte alle Möglichkeiten auszuschöpfen, als wolle sie die Improvisation auf einen neuen Stand bringen, indem sie auch die Texte improvisierte, wie das die Calypsosänger machen.[21]

Für Ella wurde die JATP-Truppe zu so etwas wie ihrer Familie, und als ihre Ehe mit Ray Brown zerbrach, hatte sie in ihr einen Halt. Erst trennten sie sich nur, aber dann ließen Ella und Ray sich 1952 scheiden. Nach den Worten einer Bekannten von Ella »ging es wohl mehr von Ella aus als von Ray. Sie hatte immer Probleme mit Männern.«

Wären sie nicht beide im Entertainment gewesen, hätte die Ehe wohl besser gehalten. Wie Hank Jones sagt: »Wenn man in diesem Geschäft festhängt, ist man allen möglichen Arten von Streß und Anspannung unterworfen, die sich wohl sehr von denen unterscheiden, die jemand hat, der von acht bis fünf arbeiten geht. Viel Zeit geht für das Reisen drauf. Man lebt unter widrigen Bedingungen, was Essen und Unterkunft, Reisen, Ein- und Auspacken angeht. All diese Dinge bringen Streß und Anspannung mit sich.«[22]

Gleichzeitig versuchten Ella und Ray, ein sogenanntes normales Leben zu führen, mit Heim und Kind. Der Altersunterschied wirkte sich auch auf ihre Beziehung aus, denn Ella, die Anfang Dreißig war, war weit eher bereit dazu, sich niederzulassen, als ihr viel jüngerer Ehemann. Wenn man den Altersunterschied bedenkt, ist es wenig wahrscheinlich, daß sie überhaupt zusammengekommen wären, wenn sie nicht das Interesse an der Musik geteilt hätten. Es gelang ihnen, dieses beiderseitige Interesse aufrechtzuerhalten. Ray zog aus dem Haus in Queens aus, und Ella behielt das Sorgerecht für Ray jr. Die Exgatten blieben gute Freunde und arbeiteten noch viele Jahre zusammen.

7. Bei Jazz at the Philharmonic

1952, im selben Jahr, als sie und Ray Brown geschieden wurden, bekam Ella Probleme mit ihren Stimmbändern, möglicherweise durch die Beliebtheit ihrer Louis-Armstrong-Imitationen, die das Publikum immer und immer wieder hören wollten. Phil Schapp, der Inhaber des Clubs Storyville in Boston, erinnert sich, daß ihr die Kehle bei ihrem Debut in seinem Club schon weh tat.

> Sie war der Star der Show, trotzdem war sie ein bißchen nervös – Sie wissen ja, was sie singen sollte, was sie machen sollte, sollte sie lieber mit diesem Song anfangen oder mit dem. Ich sagte: »Machen Sie es, wie Sie wollen, es ist ganz gleich. Was Sie auch immer machen, es wird bestimmt großartig.« Sie bat immer um einen kleinen Rat, aber sie wußte trotzdem genau, was sie machen wollte. In dem Jahr hatte sie Schwierigkeiten mit der Stimme, und diese Woche fiel ihr sehr schwer. Danach ging sie ins Krankenhaus und ließ sich operieren. Sie machte sich Sorgen, ob sie überhaupt weitermachen könnte, aber sie wurde wieder gesund, und sie schritt fort zu Größerem.[1]

Es ist für jeden Sänger erschreckend, wenn er Angst haben muß, seine Stimme zu verlieren. Für Ella war es noch schlimmer. Sie lebte, um zu singen, und nun, da ihre Ehe mit Ray Brown in die Brüche gegangen war, brauchte sie den unmittelbaren Kontakt und die Liebe des Publikums mehr als je. Diese Wochen nach der Operation gehörten zu den schlimmsten, die sie je durchlebte.

Als sie sich wieder erholt hatte und zum JATP zurückkehrte, stützte sie sich noch mehr als zuvor auf Norman Granz, seinen Rat und seine Führung.

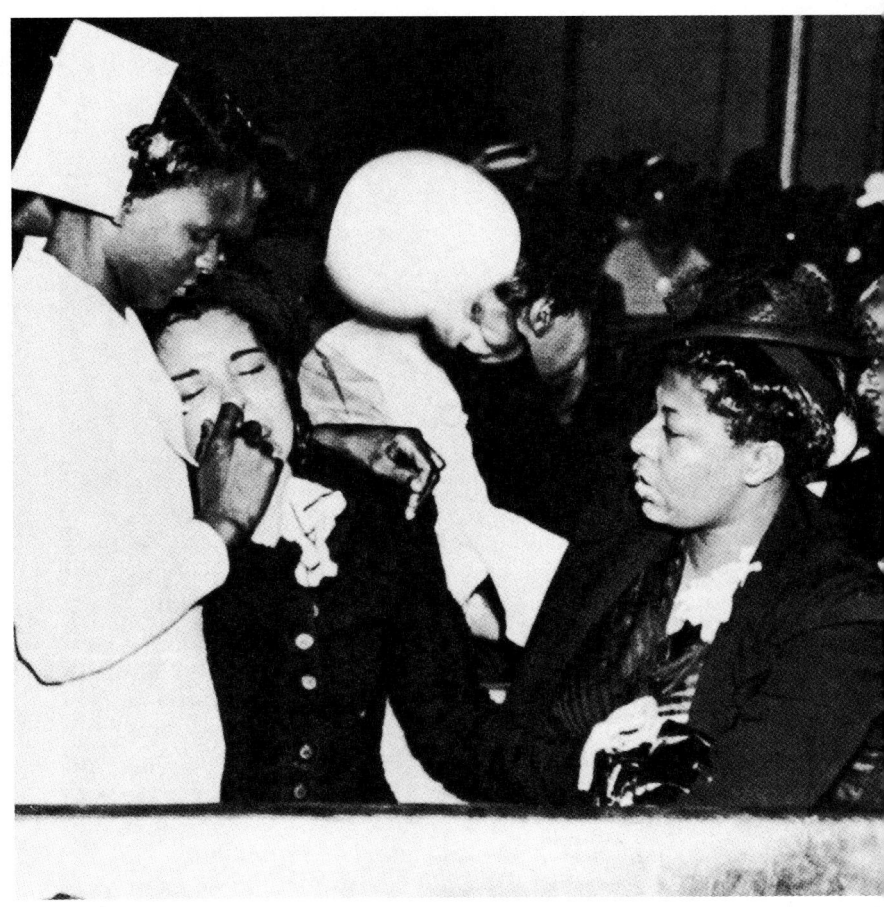

Ella tröstet Chick Webbs Witwe bei seiner Beerdigung in Baltimore,
Maryland, 20. Juni 1939.   (UPI/Bettmann)

Ella spielt Bandleader. Wenn sie auch nach Chicks Tod dem Namen nach der Band vorstand, hatte sie doch weder die Reife noch das Können, eine Band zu leiten. (Ken Whitten Collection)

Im März 1953 brach JATP auf zur zweiten Europatournee – eine Zehnwochentour mit Ella und dem Schlagzeuger Gene Krupa als Stars. In Stockholm kamen zweitausend Fans und waren so begeistert, daß die Künstler fünfundvierzig Minuten brauchten, um sich zum Ausgang durchzukämpfen. Ähnlichen Jubel erlebte die Truppe in Oslo, Brüssel, Paris, Genf, Zürich, Mailand und Turin.

Auf dieser Tournee machte Jazz at the Philharmonic auch einen Abstecher vom Kontinent und spielte, als erste amerikanische Gruppe in sechzehn Jahren, in England. Das Verbot kommerzieller Auftritte für US-Gruppen durch die British Musicians' Union war immer noch in Kraft, aber Granz fand einen Weg, das Verbot zu umgehen, als North Devon im Frühjahr von einer Sturmflut heimgesucht wurde. Granz kam um die Erlaubnis ein, zwei Wohltätigkeitskonzerte für die Opfer der Flutkatastrophe geben zu dürfen, und es wäre der Musicians' Union wohl kaum möglich gewesen, ein solches Anliegen abzuweisen.

Die Konzerte fanden im Gaumont State Theatre in London statt. Ella war nach Meinung des Publikums ein überwältigender Erfolg, aber sie selbst war anderer Ansicht. Es wird berichtet, sie sei nach der Vorstellung in Tränen aufgelöst gewesen, weil sie glaubte, schlecht gesungen zu haben. Aber das war eben Ella. Nicht einmal der erste Platz im neuen Kritikerpoll der *Down Beat* desselben Jahres gab ihr die Sicherheit, dem hohen Standard, den sie sich selbst gesetzt hatte, gerecht werden zu können.

Dann waren da noch die Veränderungen im Unterhaltungsgeschäft insgesamt, die ihr Sorgen machten. Ob Ella selbst die Trends erkannte oder ob sie sich von den düsteren Prophezeiungen anderer beeinflussen ließ, die fünfziger Jahre waren nun einmal schwer für jemand, der sowieso andauernd Angst hatte, die Karriere könnte vorzeitig zu Ende sein.

Um 1954 war die große Bedrohung in der Welt des Entertainment das Fernsehen. 1939 auf der New Yorker Weltausstellung dem breiten Publikum zum ersten Mal vorgestellt, war das Fernsehen mittlerweile in vielen amerikanischen Familien zur festen Einrichtung geworden, und seine Auswirkungen auf das Live-Entertainment, besonders für die Clubs und Theater, schienen beängstigend. In jenem Jahr fand sich in der britischen Musikzeitschrift *Melody Maker* ein ironischer Beitrag über New York von A. William Lovelock, in dem er sich über die Drohung ausließ, die in dem »bösen Blick« über dem amerikanischen Showbusiness lag:

> Die Seifenblase des Nachtlebens ist geplatzt. Wohlbekannte Nachtclubs schließen, alteingesessene Bars werden auf dem Immobilienmarkt angeboten, und nicht ein *einziges* Kino, den ganzen Broadway entlang, hat noch eine Hausband . . . Und in zwei Millionen Wohnräumen, über die Stadt verstreut von der Brooklyn Bridge bis Harlem, sitzen die Kunden, die die Clubs so schmerzlich vermissen, still und sprachlos, hypnotisiert von dem bösen Blick, der das berühmte New Yorker Nachtleben verhext hat . . . Fernsehen![2]

Norman Granz war nicht besorgt wegen des Fernsehens. Er schwamm ohnehin schon gegen den Strom, indem er vorwiegend ältere Musiker präsentierte. Nach seiner gut fundierten Meinung gab es für den klassischen Jazz immer einen Markt. Ella brauchte sich also keine Sorgen zu machen. Außerdem zahlte er seinen Stars, wie Ella Fitzgerald oder Gene Krupa, etwa $ 50 000 pro Jahr. Er erklärte einmal die hohen Gagen, die er seinen Musikern zahlte, mit den Worten: »Ich glaube, man kann auf die Dauer viel besser mit sich auskommen, wenn man seinen Gewinn mit seinen Leuten teilt. Ich halte nichts davon, zu gierig zu werden.«[3]

Granz war Ellas inoffizieller Ratgeber gewesen, seit sie zum JATP gestoßen war. Granz erinnert sich, daß er schließlich auf einer Japantournee des JATP, auf dem Flug von Tokio nach Osaka, das Thema anschnitt, ob er nicht ihr Manager werden sollte. Wenn er vielleicht auch nicht besser sei als die Gales oder Joe Glaser, mit dessen Associated Booking Corporation die Gales ihr Geschäft zusammengelgt hatte, so doch bestimmt auch nicht schlechter. Nach neunzehn Jahren im Musikgeschäft war Ellas Karriere, seiner Meinung nach, immer noch ohne Ziel und Stetigkeit, und ihr Material war recht willkürlich gewählt. Granz hatte den Ruf, ein Genie zu sein, aber auch den, jeden Augenblick explodieren zu können. Sie zog die süßen Reden der Gales und Joe Glasers vor.

Aber Granz' Argument, sie sollte eigentlich, in Anbetracht all ihrer Jahre als Spitzenkünstlerin und Plattenstar mit den höchsten Verkaufszahlen, wesentlich mehr Geld vorzuweisen haben, konnte sie sich nicht verschließen. Damit stand sie nicht allein unter den schwarzen Stars, die ja von jeher gezwungen waren, sich von weißen Repräsentanten vertreten zu lassen, wenn sie ins Showgeschäft wollten. Kein schwarzer Agent hatte es je fertiggebracht, einen Fuß in die Tür des Unterhaltungsmanagements zu setzen. Schon in den Dreißigern hatte ein junger Reverend namens Adam Clayton Powell jr., der sich zum Führer der Boykotts aufgeschwungen hatte, mit denen die Geschäfte, Linienbusse und Versorgungsbetriebe in Harlem gezwungen werden sollten, Schwarze einzustellen, eine wöchentliche Kolumne in der New Yorker *Amsterdam News,* die die »Soap Box« hieß. Eine dieser Kolumnen richtete sich gegen die Ausbeutung schwarzer Künstler, besonders der schwarzen Orchester, durch weiße Manager:

> Die Wahrheit ist, sie sind nichts als Baumwollpflükker. Duke Ellington ist nur ein musikalischer Baumwollpflücker. Er ist immer ein Konto (ein Geldautomat für seinen Manager) gewesen, das sich mittlerweile auf etwa 300 $ pro Woche beläuft. Am Ende des Jahres wenn Massa (Ellingtons Manager Irving) Mills' Baumwolle eingefahren ist, sagt man dem Duke, daß er noch Hunderttausende von Dollars schuldig geblieben ist ... Wenn es zur Endabrechnung kommt, bleibt nichts an Profit übrig.[4]

Es hatte sich nicht viel geändert in den mehr als zwanzig Jahren, seit Powell, der in den Fünzigern Kongreßabgeordneter für Harlem war, diese Kolumne geschrieben hatte. Es war ein offenes Geheimnis, daß Glaser, der Dinah Washington, Billie Holliday, Pearl Bailey, Louis Armstrong, Lionel

Hampton und viele andere Stars vertrat, sie ausbeutete. Der verstorbene Max Gordon, der langjährige Inhaber des Village Vanguard, hat berichtet, daß Glaser von seinen Klienten immer als »Schwarzes« sprach, eine jiddische Bezeichung für die Schwarzen, die einen Beigeschmack des Minderwertigen hatte. Ebenso war es ein offenes Geheimnis, daß Glaser fünfzig Prozent Provision einstrich von Stars wie Armstrong, die vom Geschäft nichts verstanden und keine guten Berater hatten. Selbst Gladys Hampton, die die Businessmanagerin ihres Mannes Lionel war und sehr wohl wußte, was Glaser machte, blieb nichts anderes übrig, als sich immer wieder zu beschweren. Als schwarze Frau mußte sie sich auf weiße Agenten und Manager verlassen, und erst in den sechziger Jahren fand sie einen, der ihren Mann nicht ausbeutete.

Ella wußte, daß sie von den Gales und von Glaser ausgenutzt wurde. Wie Billy Eckstine es einmal in einer Rundfunksendung ausgedrückt hat, war sie »wohl die First Lady of Song, bekam aber eine Gage wie die *fünfundsiebzigste* Lady of Song, wissen Sie?«[5] Aber Ella hat sich nie leicht getan mit Veränderungen und zog das Bekannte dem Unbekannten unter allen Umständen vor.

Was sie veranlaßte, den Weggang von den Gales und von Glaser zu riskieren, war Granz' Angebot, sie ein ganzes Jahr lang unentgeltlich, ohne Provision zu vertreten. Sie wollte aber nichts von unentgeltlicher Arbeit hören, sie würde ihm seine Provision zahlen. Sie kamen überein, daß es keinen schriftlichen Vertrag geben dürfte, wenn ihre neue Geschäftsbeziehung überhaupt etwas wert sein sollte. Ohne einen schriftlichen Kontrakt würde ihnen auch eine Menge juristischer Schwierigkeiten erspart bleiben, wenn es mit der Geschäftsbeziehung nicht klappte.

Manchmal konnte diese Beziehung allerdings stürmisch werden. Ella und Granz waren immer mal wieder verschiedener Meinung in musikalischen Dingen und sprachen dann tagelang nicht miteinander. Von einem solchen, ganz typischen Streit erzählte Granz 1965:

Einmal, in Mailand, wollte sie »April in Paris« nicht singen, obwohl das gerade zu der Zeit ihr größter Plattenhit war. Sie ließ das Publikum rufen und schreien, und dann sang sie »Lady Be Good«. Als sie von der Bühne kam, schrie sie mich an, und ich schrie sie noch lauter an, und dann haben wir drei Tage nicht miteinander gesprochen. An manchen Abenden kann ich ihr ruhig sagen, sie solle nur sechs Nummern singen, aber sie fühlt sich gut und geht raus und bleibt anderthalb Stunden auf der Bühne. Das gehört zu ihrem Leben – der Wunsch zu singen und den Leuten mit ihrem Gesang zu gefallen.[6]

Aber Granz füllte auch die Lücke, die nach der Scheidung von Ella und Ray Brown blieb, er fungierte auch (und das tut er heute noch) als professioneller Beschützer, wie es niemand seit Chick Webb mehr getan hatte. Granz kümmerte sich um ihre geschäftlichen Dinge, setzte sich mit der Presse auseinander und traf die musikalische Auswahl, was ihr schwerfiel. Mehr als jedem anderen, außer Webb, ist ihm Ellas Erfolg zu danken.

Granz hatte einen Zug zum Jähzorn. Außerdem konnte er unerträglich stur sein. Aber für Ella Fitzgerald hat er viel getan. Für einen Mann, dem einige in der Jazzwelt unverhüllten Kommerzialismus vorwerfen und daß er Kapital aus den »Swingenthusiasten der niederen Kategorie« schlüge, hatte Granz ein bemerkenswert sicheres Urteil über die Richtung, die Ella und ihre Musik einschlagen sollte.

Nicht lange danach ließ sich Ella wieder in Los Angeles nieder, verkaufte ihr Haus in St Albans, Queens, und nahm Ray Brown jr. mit, um näher beim Standort von Norman Granz und JATP zu sein. Der Drummer Mel Lewis, der zu der Zeit auch in Los Angeles lebte, erinnert sich: »Sie zog in das südliche Los Angeles des Mittelstandes, wo Ben Webster und die alle wohnten. Ich ging zu ihr nach Hause und erinnere mich, ihren Sohn gesehen zu haben, der noch ein kleines Kind war. Ich ging auch zu Ben nach Hause. Es war eine nette Umgebung, nichts, dessen man sich hätte schämen müssen. Außerdem war die Gegend integriert.«[7]

1954 war Ella bereits achtzehn Jahre im Musikgeschäft, und zur Premiere im Basin Street in New York Anfang Juni gaben ihre Freunde für sie eine Party. Eartha Kitt, Pearl Bailey, Dizzy Gillespie, Harry Belafonte und andere nahmen daran teil. Steve Allen spielte den Master of Ceremonies und nahm das Verlesen der Kabel und Telegramme vor von Lena Horne in Paris, Billy Eckstine in London, Benny Goodman, Fred Waring, Rosemary Clooney, Ray Anthony, Guy Lombardo, den Mills Brothers, Lionel Hampton, Louis Armstrong und anderen und zählte die Preise und Auszeichnungen von Jazzpublikationen und -gesellschaften auf. Darunter waren Le Jazz Hot in Frankreich, Musica Jazz in Italien, Club Deritmo in Spanien, Bladid Jazz in Island, Blue Rhythm in Indien und Tempo in Australien. Decca Records gab ihr eine Ehrenplakette, denn Decca hatte in den letzten achtzehn Jahren zweiundzwanzig Millionen Platten von Ella verkauft. Man spielte ihre erste Aufnahme, »Love and Kisses«, und auch ihre 237., »Who's Afraid?«

Als Allen sie bat zu singen, sagte Ella, sie möchte erst noch ein paar Worte sagen: »Ich nehme an, das, was sich jeder am meisten wünscht, ist, geliebt zu werden«, sagte sie. »Und das Wissen, daß ihr alle mich und meinen Gesang liebt, das ist einfach zuviel für mich. Verzeiht, wenn ich keine Worte mehr finde. Vielleicht kann ich es singen, und ihr versteht dann.«[8]

Man kann nur hoffen, daß Ella diesen Abend in ihrem Herzen bewahrte, denn schon im folgenden Monat wurde sie daran erinnert, daß es ganz gleich ist, wie berühmt man ist, man ist nie völlig geschützt vor Rassismus. Mitte Juli, zwei Monate nach dem berühmten Erlaß des Obersten Gerichtshofs in der Sache *Brown gegen Board of Education,* daß der Unterricht »getrennt, aber gleich« gegen die Verfassung verstößt, hatte Ella unter der Diskriminierung bei der Pan American World Airways zu leiden. Nach ihrem Auftritt in San Francisco bestieg Ella in Begleitung Georgianna Henrys und des Pianisten John Lewis (der in dem Jahr bei JATP eingestiegen war, aber bald darauf wieder fortging, nachdem die *Downbeat* Lewis' Modern Jazz Quartet den Preis als beste kleine Gruppe des Jahres verliehen hatte) ein Flugzeug der

Pan-Am nach Honolulu. Dort wollten sie sich mit Granz treffen, der mit ihnen weiterfliegen wollte nach Sydney, Australien, wo Granz einige Konzerttermine für Ella festgemacht hatte. Sie bekamen die Plätze in der ersten Klasse, die sie gebucht hatten, und Platzkarten für den Weiterflug nach Sydney.

In Honolulu hatten sie noch Zeit bis zum Weiterflug, so stiegen sie aus und trafen sich mit Granz. Als sie wieder an Bord gehen wollten, ließ man sie nicht hinein. Auch ihre persönlichen Sachen und ihr Gepäck, das sie im Flugzeug gelassen hatten, durften sie nicht herausholen. Darüber hinaus konnten sie drei Tage lang kein anderes Flugzeug nach Sydney bekommen, wodurch mehrere Engagements in Australien flachfielen.

Alle vier verklagten die Luftfahrtgesellschaft mit der Begründung, daß es ihnen »aufgrund des Vorurteils gegen ihre Rasse und Hautfarbe böswillig verwehrt worden war«, wieder an Bord zu gehen. Dieses Vergehen der Pan-Am, brachten sie vor, habe sie »zusätzlich zu den schwerwiegenden finanziellen Einbußen noch einer Demütigung und einer seelischen Belastung ausgesetzt«. In der Verhandlung, die erst im Januar 1955 stattfand, verlangten Ella und Norman Granz $ 50 000 Entschädigung und noch zusätzlich $ 50 000 Bußgeld. Der Rechtsstreit wurde schließlich im Februar 1957 außergerichtlich beigelegt mit einer ungenannten Summe, die dem Vernehmen nach um $ 7000 gelegen haben soll.

Auch während Granz mit dem Kampf gegen die Diskriminierung beschäftigt war, ließ er nicht nach in seinen Bemühungen, Ella Engagements in exklusiven Clubs zu verschaffen. Im April 1955, wie man sagt, mit Hilfe von Marilyn Monroe, die die Clubleitung unter Druck setzte, gab Ella ihr Debut im Mocambo in Hollywood und hatte ein ausverkauftes Haus. Unter den Stars an diesem Abend in einem Publikum, in dem immer viele Stars saßen, waren die Monroe, Eartha Kitt, Frank Sinatra und Judy Garland mit ihrem Mann Sid Luft. Ella war ein solcher Hit, daß man sie im Mocambo noch über die Zeit hinaus behielt. Danach trat sie auch, als allererste unter allen Jazzmusikern, im Venetian Room des Fairmont Hotels in San Francisco auf.

Nicht lange danach machte Ella ihren zweiten Hollywoodfilm, *Pete Kelly's Bues* (Warner Bros, 1955) unter der Regie von Jack Webb. Sie spielte sich selbst und sang »Hard-Hearted Hannah« und den Titelsong. Der Kritiker der *New York Times* schrieb: »Die wunderbare Ella Fitzgerald ... füllt die Leinwand und den Soundtrack mit ihren kräftigen, lebendigen Zügen und ihrer Stimme.«[9]

Von Hollywood aus ging Ella erneut auf eine JATP-Tournee. Diesmal war auch Dizzy Gillespie mit von der Partie, der seine Bigband wegen finanzieller Schwierigkeiten und wegen des Wandels im Musikgeschmack hatte aufgeben müssen. Dazu kamen noch, für die ganze Tournee oder auch für gelegentliche Gastspiele, Illinois Jacquet, Lester Young, Roy Eldridge, Flip Phillips, Buddy Rich und Gene Krupa, zusammen mit Oscar Peterson, Ray Brown und anderen Veteranen der JATP-Tourneen.

Die Tournee sollte weiter nach Süden führen als je eine andere JATP-Tournee vor ihr. Normalerweise hätte *Pete Kelly's Blues* das Publikum anlocken müssen, Ella zu sehen, aber es war sehr unwahrscheinlich, daß irgend jemand in Ellas Südstaatenpublikum überhaupt Gelegenheit gehabt hatte, Ella im Film zu sehen, da die Zensoren im Süden ja immer bestrebt waren, alle Szenen, in denen Schwarze als gleichwertig mit Weißen dargestellt wurden, herauszuschneiden.

Der Erlaß des Obersten Gerichtshofes vor zwei Jahren hatte in der Haltung der meisten Südstaatenweißen der Segregation gegenüber nichts verändert. Tatsächlich hatte er ihre Einstellung nur noch verhärtet. Das tat auch der Busboykott in Montgomery, der im Dezember 1955 angefangen hatte, als Rosa Parks sich weigerte, ihren Platz einem Weißen zu überlassen. Der Boykott ging immer noch weiter trotz aller Anstrengungen der weißen Obrigkeit in Alabama, ihn zu stoppen. Norman Granz und seine integrierte Gruppe von Musikern wußten sehr wohl, daß sie unterhalb der »Mason-Dixon Line« auf Feindseligkeit stoßen würden.

Um wenigstens einigen Unerfreulichkeiten aus dem Wege zu gehen, charterte Granz ein Flugzeug für die Reiseroute im Süden. Außerdem bestand er auf seiner Standardvertragsklausel gegen die Diskriminierung. Aber er konnte nur ein paar Kleinigkeiten ändern. Die Tournee stieß zweimal auf ernsthafte Schwierigkeiten.

Das erste Mal passierte es in Charleston, South Carolina, wo der Manager des Konzertsaales, in dem JATP auftreten sollte, Granz' Kontrakt unterschrieben hatte und erst hinterher gewahr wurde, daß er damit eine Verordnung der Stadtverwaltung übertreten hatte, die kein gemischtrassiges Publikum zuließ. Granz war sich bewußt, daß die Polizei jeden Augenblick aufkreuzen konnte, und so überredete er Georgianna Henry, die Abendeinnahmen hinauszuschmuggeln zu dem wartenden Charterflugzeug. Glücklicherweise war die Stadtverwaltung so gnädig, an diesem Abend Milde walten zu lassen, und so erwies sich diese Maßnahme als unnötig.

In Houston, Texas, das Granz ein »sehr rauhes Pflaster, strotzend von Vorurteilen« nennt, waren die Schwierigkeiten schon größer. Mit Granz' Worten: »Natürlich mietete ich den Konzertsaal zunächst mal selber. Dann stellte ich einen Kartenverkäufer ein, der die Eintrittskarten zu meinem Konzert verkaufen sollte, und schärfte ihm ein, daß es keinerlei Segregation geben dürfte. Also das war ja nun was Neues für Houston. Ich nahm die Schilder ab, auf denen stand ›White Toilets‹ und ›Negro Toilets‹. Das war auch neu.«[10] Granz engagierte sogar die lokale Polizei, die natürlich auch weiß war, um Ordnung zu halten. Nachdem er alles getan hatte, was möglich war, um Schwierigkeiten zu vermeiden, ließ er das Konzert anfangen.

Es gab zwei Shows. Nach der ersten Show schickte Granz nach einem Imbiß, und einige Musiker zogen sich zum Würfeln und Kartenspielen in Ellas Garderobe zurück. Lester Young, Illinois Jacquet und Gillespie saßen auf dem Fußboden mit $ 185, nach Gillespies Aussage, als drei Polizisten in Zivil hereingestürzt kamen und zwei der Spieler festnahmen (irgendwie war ihnen Lester Young entgangen). Gillespie erinnert sich: »Sie fragten jeden nach seinem Namen, und ich sagte, ich hieße ›Louis Armstrong‹.« Ella selbst hatte nicht gespielt – sie und Georgianna aßen gerade Kuchen und sahen zu –, aber die Polizei nahm sie gleich mit fest, weil das Glücksspiel in ihrer Garderobe stattgefunden hatte. Georgianna nahmen sie auch fest. Gillespie erinnert sich, daß »Ella ein hübsches blaues Taftkleid anhatte und eine Nerzstola und daß sie weinte«.[11] Granz protestierte und wurde auch verhaftet.

Aber Granz behielt einen klaren Kopf. Er sagte dem Manager des Konzertsaales, die zweite Show würde abgesagt. Es sei seine Show und es sei sein Geld, das er verlöre. Aber der Manager wollte nicht, daß in seinem Hause eine Show abgesagt wurde. Der Manager überredete die Polizei, die JATP-Musiker zwischen den Shows rauszulassen. Sie marschierten zur Polizeistation, wo rein zufällig auch einige Pressephotographen warteten. Ella war empört, daß sie den Nerv hatten, auch noch um ein Autogramm zu bitten.

Granz zahlte fünfzig Dollar Kaution für sich, Gillespie, Jacquet, Henry und Fitzgerald, und die fünf gingen zurück in den Konzertsaal zur zweiten Show. Am anderen Morgen berief Granz eine Pressekonferenz ein und erzählte allen, der ganze Vorfall sei eine arrangierte Angelegenheit gewesen, weil die Stadtverwaltung in Houston den bloßen Gedanken an ein gemischtrassiges Publikum schon nicht ertragen konnte. Bald danach verließen sie die Stadt.

Als im Oktober die Verhandlung stattfand, nahm Granz sich als Rechtsbeistand einen Anwalt aus Houston. Die Klage konnte leicht abgewiesen werden, da die Polizei ohne Haftbefehl in Ellas Garderobe eingedrungen war. Alle Anklagepunkte wurden fallengelassen, und der Polizeichef Jack Heard mußte zugeben, daß die Beamten mit ihrer Festnahme »etwas übereifrig gewesen waren«. Granz bekam die fünzig Dollar wieder, die er für die Kaution bezahlt hatte. Edward (Sonny) Murrain, Kolumnist der schwarzen Zeitung *New York Age*, berichtete in seiner Kolumne »Front and Center« am 12. November 1955: »Obwohl kaum ein Hauch davon in die Presse kam, brachte der Jazzimpresario Norman Granz $ 2000 auf, um sich selber, Ella Fitzgerald und ihre Sekretärin Georgianna Henry von dem Vorwurf des verbotenen Glücksspiels zu befreien, der in Houston, Tex., am 7. Oktober gegen sie erhoben worden war. Granz war so aufgebracht, daß er sich einen Anwalt aus Fort Worth nahm, der den Fall am 25. Oktober für sie ausfocht. Die Angeklagten wurden alle freigesprochen.«

Außerdem sah Granz darauf, daß die Festnahmen aus den Akten entfernt wurden.

Während Ella in Hollywood *Pete Kelly's Blues* drehte, hatte sie die Titel, die sie im Film sang, aufgenommen, dazu noch für die Decca »Ella Hums the Blues«. Sie machte auch für Chairman Records mit Frank Sinatra »Necessity«, Soundtrack eines Cartoons, der nie herauskam. Zurück in New York, nahm sie zweimal, am 1. und am 9. August, mit Toots Camarata und seinem Orchester auf. Die vier Titel vom 9. August waren ihre letzten für Decca. Norman Granz war es schließlich doch gelungen, sie aus ihrem Vertrag mit der Firma, bei der sie zwanzig Jahre gewesen war, loszukaufen.

Granz bekam Ellas Plattenvertrag durch eine cleveren Trick. Decca war kürzlich von den Universal Pictures aufgekauft worden. Universal drehte gerade *The Benny Goodman Story*, in dem viele Musiker, die bei Goodman gewesen waren, darunter Gene Krupa, Stan Getz und Lionel Hampton, sich selber spielten. Gene Krupa und Stan Getz hatten damals Exklusivverträge mit Norman Granz, aber Granz sagte nichts, bis der Film abgedreht war und Universal Pläne machte, den Filmsoundtrack auf einem Album bei der Decca herauszubringen. Erst da erinnerte er Universal und Decca höflich daran, daß Krupa und Getz nur mit seiner Erlaubnis bei dem Album mitwirken durften. Diese Erlaubnis würde er ihnen geben, wenn die Decca Ella Fitzgerald aus dem Vertrag entließ.

Sofort startete er ein neues Label, Verve, denn ihm schien, er brauche ein breiter gefächertes, ein »Pop«Label für Ella. Das war sein viertes Plattenlabel: Clef für Classic Jazz, Norgram für Modern Jazz – Lester Young, Dizzy Gillespie – und Down Home für Traditionals wie Kid Ory und Red Allen.

Als Ella das nächste Mal, im Januar 1956, ein Studio in Los Angeles betrat, war es für Granz' Label Verve. Die ersten vier Titel, mit der Begleitung von Buddy Bregmans Orchester, waren »Stay Here«, »The Sun Forgot to Shine«, »Too Young for the Blues« und »It's Only a Man«. Im Februar nahm sie noch weitere vier Titel auf mit Harry Edison an der

Trompete und anderen. Aber um den Übergang vom Februar in den März auszubalancieren, nahm sie noch die Songs auf, die Norman Granz schon lange als die für sie geeignetsten ansah: die Songs von Cole Porter.

Granz war zwar ein überzeugter Anhänger des Classic, aber sein Geschmack war in keiner Weise begrenzt. Schon von Jugend an hatten ihm die Songs gefallen, die in der Blütezeit des amerikanischen Musicals in den zwanziger und dreißiger Jahren geschrieben worden waren, wobei ihm besonders die Texte gefielen. Wie er einmal schlicht sagte: »Ich glaubte damals schon, diese Songs sollten einmal aufgenommen werden, und die, die das am besten konnte, war Ella.«[12]

Mit der Entwicklung der LP war es möglich geworden, ein Album ganz dem Werk eines einzigen Komponisten zu widmen. Außerdem schien es Granz sinnvoll. Vorreiter in so vielen Branchen der Musik, wurde Granz der erste Produzent, der einen Komponisten als Star in den Mittelpunkt stellte.

Er wählte Ella als Interpretin der Songs nicht nur um der Klarheit und Unverfälschtheit ihrer Stimme, sondern auch weil ihr Ego sowenig entwickelt war. Oder anders herum, weil ihre Persönlichkeit als Vokalistin stark genug war, daß sie sie dem Material nicht aufdrängte. Benny Green:

> Diese Situation war ideal für eine große Solistin wie Ella, die bestrebt war, einem Song seinen eigenen Klang zu lassen und ihm nicht den *ihren* aufzudrängen. Nur eine Sängerin, für die die üblichen Probleme der Intonation und Diktion längst aufgehört hatten zu existieren, konnte hoffen, eine so anspruchsvolle Aufgabe zu bewältigen ... Aber das hervorstechendste Merkmal des Songbooks *in toto* liegt in Ellas Fähigkeit, ihrem improvisatorischen Instinkt streng die Zügel anzulegen und dem Vortrag eine klassische Heiterkeit zu geben, die den Absichten des Komponisten voll entspricht.[13]

Ella ihrerseits war nur zu bereit, neue Wege einzuschlagen.

Sie war in der Tat davon überzeugt, daß ihre ganze Karriere davon abhing. »Basin Street und Birdland waren zu«, erklärte sie, »und ich fragte mich, wo ich denn nun arbeiten solle.«[14]

Ein Cole-Porter-Songbook war ein gewaltiges Unternehmen, allein schon, weil es eine solche Fülle von Cole-Porter-Kompositionen gab. Er hatte Hunderte von Songs geschrieben, von denen die meisten witzige, einfallsreiche, einprägsame Texte enthielten. Zehn oder zwölf davon für ein LP auszuwählen war an sich schon ein entmutigendes Unterfangen. Ella und Granz, gemeinsam mit Buddy Bregman, der auch musikalischer Leiter des Projektes war, verbrachten ganze Wochen damit, Cole-Porter-Songs durchzusehen. Am Ende wurde ihnen dann klar, daß ein einzelnes Album nicht ausreichen würde, es kam nur ein Doppelalbum in Frage. Ella nahm insgesamt zweiunddreißig Porter-Songs auf Band.

Dann nahm Granz die Bänder mit zu Cole Porter selbst, der berüchtigt dafür war, daß er die Art und Weise verabscheute, in der die meisten Sänger seine Songs wiedergaben. Bricktop, die international berühmte Nachclubchefin, schaffte es in den zwanziger Jahren, daß sie sie singen durfte, mußte aber dafür Porter und seinen Freunden in Paris den Charleston beibringen. Sie wurden so gute Freunde, daß Porter tatsächlich an sie dachte, als er »Miß Otis Regrets« schrieb, eine außerordentliche Ehre. Auch Mabel Mercer, die zuerst in den zwanziger Jahren in Bricktops Montmartreclubs populär geworden war, stand bei ihm in hoher Gunst. Er hielt ihre Interpretation von »Love For Sale‹« für die schönste, die er je gehört hatte. Aber man wußte auch, daß er einen Club sofort verließ, wenn ein Sänger oder eine Sängerin einen seiner Songs intonierte. Norman Granz respektierte das und wollte Porters Zustimmung für Ellas Album einholen.

Granz suchte Porter in seinem Appartement in den New Yorker Waldorf Towers auf. Porter, Mitte Sechzig, war schon fast zwanzig Jahre behindert, seit er 1937 im Piping Rock Club in Long Island eine Reitunfall erlitten hatte. Sein Pferd hatte vor irgend etwas gescheut, stieg, warf ihn ab, fiel auf ihn und zerschmetterte ihm dabei beide Beine. Nach etwa zwanzig Operationen konnte er seine Beine immer noch nur unvollkommen gebrauchen, aber er fuhr fort, unvergeßliche Songs zu schreiben und fast jeden Sänger und jede Sängerin abzulehnen, der oder die sie singen wollte.

Granz und Porter hörten sich die Bänder gemeinsam an. Als der letzte Song verklungen war, sagte Porter: »Was für eine Diktion sie hat!« und gab seine Zustimmung.[15]

»The Cole Porter Songbook«, herausgekommen auf Verve im Juni 1956, war ein Doppelalbum mit sechsundzwanzig Porterhits aus seinen Bühnenshows. Am Ende der dritten Juliwoche stand das Album bei den Jazzalben schon an zweiter Stelle auf der Bestsellerliste von *Down Beat*. Ende 1956 stand es unter den erfolgreichsten LPs des Jahres an elfter Stelle. Es war Ellas erstes Bestselleralbum. Es war auch das meistverkaufte Album, das Norman Granz je produziert hat.

Etwas früher im selben Monat war Ella im dritten Newport Jazz Festival aufgetreten, was ohne Zweifel zu den hohen Verkaufszahlen ihres neuen Albums beitrug. Die Idee war Louis Lorillard, einem der Erben des Lorillard-Tabak-Vermögens, und seiner Frau Elaine gekommen und war eigentlich ein Widerspruch in sich. Die Definition des Jazz hieß »Schwarze«, Newport hingegen war an Schwarze nur in ihrer Eigenschaft als Dienstmädchen oder Chauffeure gewöhnt. Darüber hinaus war Newport nicht auf einen Zustrom von solchen Außenseitern vorbereitet, wie man sie bei einem derartigen Festival erwarten mußte. In der Vergangenheit hatte die Gemeinde Newport wohl Mitglieder der New Yorker Philharmoniker geholt, die dort jeden Sommer Konzerte gaben, aber das war etwas völlig anderes.

Der Entschluß der Lorillards stand jedoch fest, und sie engagierten den Jazzpianisten und Nachtclubbesitzer George Wein aus Boston, einen Bekannten Elaines, als ersten Impresario. Wein wählte die Künstler für das zwei Tage dauernde Festival auf dem Grundstück des Newport-Casinos sorgfältig aus. Darunter waren Ella, das Oscar Peterson Trio (Ray Brown am Baß und Barney Kessel an der Gitarre) und Eddie Condons Orchester. Das Budget reichte zwar nicht für eine

Bigband, aber Wein konnte Stan Kenton als Master of Ceremonies gewinnen. Das Wetter war scheußlich, aber das Publikum, etwa zehntausend Leute, hatte trotzdem seinen Spaß. Es gab keine rassistischen Zwischenfälle, das Publikum benahm sich ganz passabel, und das Festival bekam weltweite Publicity.

Der Vorstand des Newport-Casinos indessen beschwerte sich, daß die zehntausend Klappstühle den sorgfältig gepflegten Rasen ruiniert hätten, und weigerte sich, noch einmal ein solches Festival bei sich zu gestatten.

Das zweite Festival wurde im Freebody Park, der der Stadt gehörte, veranstaltet. Count Basie, Woody Herman, das Dave Brubeck Quartet und die Louis Armstrong All Stars waren unter den Stars auf der Liste der Jazzgrößen. Das Wetter war schön, die Menge noch zahlreicher und das Soundsystem miserabel, aber da war das Newport Jazz Festival schon nicht mehr zu stoppen.

1956 hatte das Festival schon international seine Spuren hinterlassen und wurde weltweit serienweise imitiert, was den Jazzleuten nur guttun konnte. Es diente dazu, den Jazz im Rampenlicht zu halten zu einer Zeit, als andere musikalische Formen schon ernsthaft mit ihm in Konkurrenz traten und auch etwas abbekommen wollten. Da war einmal die Folkmusic, die 1957 das erste Newport Folk Festival hervorbrachte. Die andere war der Rock 'n' Roll.

Im Juni 1956 trat Ella mit Count Basie im Starlight Roof des Waldorf Astoria auf. Die beiden schwarzen Musiker waren nicht oft in einer solch piekfeinen Umgebung aufgetreten – besonders nicht in New York –, und der New Yorker Kritiker Gene Knight wies in seiner Besprechung des Auftritts mehrfach darauf hin. Aber besonders Ella gewann, Knight zufolge, das Publikum trotzdem für sich. Man schrieb das Jahr 1956, und die Rassenschranke wurde strikt eingehalten. Die Besprechung vom 5. Juni ist typisch für die Zeit, und darum zitieren wir sie hier in einiger Ausführlichkeit:

»The joint was jumpin« – der Laden kochte – gestern abend. Verzeihen Sie, ich wollte damit sagen, die

Künstler wurden am vergangenen Abend wohlwollend und mit merklichem Enthusiasmus empfangen. Schließlich kann man das Starlight Roof des Waldorf-Astoria ja nicht gerade einen Laden nennen. Was würde Vizepräsident Claude Philippe dazu sagen? Aber wenn Ella Fitzgerald singt und Count Basie sein Hotpiano spielt, dann kocht der Laden eben und basta. Dann ist es mir gleich, ob es das Birdland ist oder das Waldorf. Denn wenn Ella den Blues schluchzt und die Finger des Count über die achtundachtzig Tasten hüpfen, dann passiert eben was.

Und dann ist da noch das Publikum. Sie gehen mit unter wildem Händeklatschen und anfeuernden Schreien. Ganz gleich, ob die Stammgäste Nerz, Orchideen und schwarze Krawatten tragen und Champagner bestellen. Oder ob sie Glasperlen und dunkle Brillen tragen und Gin bestellen. Jazz ist Jazz, und der Beat ist der Beat ...

Miß Fitzgerald begann mit »It's Delovely«, gefolgt von »I've Grown Accustomed to His Face«, »Cheek to Cheek« und »Lady Be Good«, ziemlich schleppend. Das war ein müder Auftakt, und Ella wußte es ... Aber als erfahrener alter Hase ging sie dann mit Swing über zu »Black Magic« ... »Caravan«, »Witchcraft«. Da hatte sie es bereits – das Publikum meine ich.

Ich nehme an, sie hätte sie eher gekriegt mit neueren Songs, aber sie packte sie eben schließlich doch, das steht fest. Sie packte sie noch mehr mit »I Love You Porgy«. Kriegte sie butterweich mit »Angel Eyes« (für mich ihre beste Nummer). Swingte sie besoffen mit ihrem Scat in »How High the Moon«. Haute sie um mit ihrer letzten Bluesnummer, begleitet von Basies Band ... Und die unnahbaren, vornehm-lässigen Stammgäste des Starlight Roof klatschten im Takt dieser sündigen Synkopen mit. Ella Fitzgerald sang sich die Seele aus dem Leib, und Count Basies Spiel holte sie alle von den Füßen. Nennen Sie es Mobhysterie (wenn man die Waldorfgäste einen Mob nennen kann), aber die Tatsache bleibt bestehen – was immer es ist – Ella hat's, der Count hat's. Und die Zuhörer lieben es.

Um Ihnen einen Begriff von der Wirkung zu geben, die Ella und der Count auf die Hörer ausüben: Als ich das Starlight Roof verließ, schnippte Louis, der würdevolle Maître d'Hôtel, mit den Fingern und schnalzte: »Yeah man! Cool eh, wa?« Und ich gab zurück, als ich zum Aufzug rannte: »Du sagst es, Junge. Dufte – echt dufte.«[16]

Zu der Zeit ging der Busboykott in Montgomery schon in den sechsten Monat, und Weiße aus den Nordstaaten, wie die Stammgäste des Waldorf-Astoria Starlight Roof, sandten Spendenbeiträge an die Montgomery Improvement Association, an deren Spitze ein junger Reverend, Martin Luther King jr., stand. Während die Schwarzen in Montgomery für ihr Recht auf Gleichbehandlung mit den Weißen der unteren und der Mittelklasse in den öffentlichen Verkehrsbetrieben demonstrierten (die Weißen der oberen Klasse und der gehobenen Mittelklasse hatten Autos und fuhren nicht mit dem Bus), zeigten Ella Fitzgerald und Count Basie den Weißen der oberen Klasse in New York, daß es bei der Freude an guter Musik keine Rassenschranken gibt – wenigstens nicht, solange die Trennlinie zwischen Entertainern und Publikum klar war. Wenn die Show vorüber war, gingen die schwarzen Entertainer wieder durch den Dienstbotenausgang hinaus.

Im August 1956 nahm Ella zwei größere Alben auf. Mit der Begleitung von Buddy Bregmans Orchester spielte sie vierunddreißig Titel von Rogers-and-Hart-Kompositionen ein. Sämtliche Mitschnitte wurden in das so entstandene Doppelalbum aufgenommen, das Ellas zweiter Bestseller wurde. »Das zweite Album ist lockerer als das erste«, erzählte sie einem Reporter mit Bezug auf das Cole-Porter-Album. »Bei den Rogers-and-Hart-Songs hatten wir Zeit, uns in die Melodie einzufühlen.«[17] Wie William Simon in dem Begleittext des Albums betont, hatte sich mit dem Rogers-and-Hart-Album für Ella ein Kreis geschlossen. »Zwanzig

Jahre hat es gebraucht, in denen Ella nur die Dinge ausge-
wachsen, überstanden – und ausgesungen – hat, bis sie die
absolute Überlegenheit unter den populären Jazzvokalisten
erreichte, die ihr keine der jungen Damen streitig machen
kann.«

Norman Granz war sich bewußt, daß es in einer Zeit des
Wandels immer noch einen Platz für Standards gab. Das Pu-
blikum jeglicher Altersstufe konnte sich mit der Musik, die
Ella sang und mit Ella selbst identifizieren. Nachdem er ein-
mal die erfolgreiche Kombination von Ella und einer
Showmusik der gehobenen Qualität gefunden hatte, zögerte
Granz nicht lange, sondern plante gleich ein Album mit
Songs von Duke Ellington. In der Zwischenzeit brachte
Granz Ella und Louis Armstrong zusammen zu einer an-
spruchsvollen Session mit der Begleitung von Oscar Peter-
son, Buddy Rich, Herb Ellis und Ray Brown. Das fertige Al-
bum »Ella and Louis« wurde wieder ein Klassiker, aber
Granz war nicht zufrieden damit. Armstrongs Manager Joe
Glaser buchte ihn und alle seine anderen Gruppen ohne jede
Rücksicht darauf, daß seine Klienten menschliche Wesen
waren und zwischen Konzert und Aufnahmesitzung eine
Ruhepause brauchten, und so war Armstrong nicht in bester
Form. Trotzdem festigte das Album mit Armstrong nur
noch Ellas Position im Pantheon der musikalischen Legen-
den.

Ein weiteres Ergebnis des Erfolges mit diesem Album war
Granz' Einsicht, daß es unsinnig war, vier Plattenlabel zu
haben. In diesem Jahr 1957 faßte er alle seine Aufnahmen auf
dem Label Verve zusammen und holte neue Produzenten
dazu, die mit dem kommerziellen Musikmarkt vertraut waren.

8. Die Songbooks

In den späten fünziger Jahren, als Granz mit der Herausgabe der Songbooks begann, war Ella schon fast vierzig. Nach Ansicht der Gesellschaft war man mit vierzig alt. Rosa Parks war zweiundvierzig, als sie sich weigerte, im Bus in Montgomery Platz zu machen, und damit den berühmten Boykott einleitete, bekannt war sie aber damals und heute nur als die kleine Alte, die sich nicht einschüchtern ließ. Junge ehemalige Soldaten der Armee und ihre Frauen, mitsamt dem Babyboom, den sie hervorbrachten, standen in Amerika im Mittelpunkt der Bevölkerungsstatistik.

So bedeutete es für Ella sehr viel, daß ihre Karriere zu diesem Zeitpunkt in ihrem Leben noch einmal Auftrieb bekam. Unter Granz' Leitung ging sie mit ihrem Gesang neue Wege, erreichte ein neues Publikum und nahm das Beste auf, was sie jemals gemacht hat. »Es war, als finge ich noch einmal ganz neu an«, sagte sie. »Leute, die mich nie gehört hatten, hörten auf einmal Songs, die sie überraschten, weil sie nicht geglaubt hatten, daß ich sie singen könne. Die Leute meinen immer, daß man nur eines kann. Es war wie eine neue Lehrzeit . . . Wir gingen einfach von einem Songwriter zum nächsten, zu allen großen, und das brachte mir ein ganz neues Publikum. Die Leute sagten jetzt: ›Wissen Sie, es ist eigentlich ganz egal, was diese Lady singt, sie singt immer eine hübsche Melodie.‹«[1]

Darüber hinaus konnte es Ella trösten, daß wenigstens die schwarze Presse sie nicht für alt hielt, um ihr noch Liebesaffären anzuhängen. In ihrer Jugend immer gehemmt wegen ihres Aussehens, war sie in den mittleren Jahren selbstsicherer geworden. So muß es ihr eine gewisse Befriedigung gegeben haben, daß man ihr romantische Affären andichtete, wenn ihr auch Publicity an sich schon viel zu unangenehm war, als daß sie sie durch solche Dinge gefördert hätte. Die Fans lasen solchen Klatsch zu gerne. Eine sagt: »Ich hab' besonders viel an sie gedacht, als ich ein paar Pfund zugelegt hatte, und tröstete mich mit dem Gedanken, daß Ellas Leben auch nicht gerade sehr langweilig war, nur weil sie nicht Größe 38 hat.«[2]

1956 wollte das Gerücht wissen, sie habe Philip Roten aus Los Angeles geheiratet. 1957 zirkulierte die Story, sie habe einen jüngeren Liebhaber in Dänemark, mit dem sie schon mehrere Jahre lang eine »interkontinentale Romanze« unterhielt. Die Gerüchte über den jüngeren Liebhaber aus Dänemark waren wohlfundiert, obwohl er den meisten Berichten nach aus Norwegen war. Während einer JATP-Tournee in Skandinavien Anfang der fünfziger Jahre lernte Ella Thor Einar Larsen kennen, einen Produktionsassistenten, der zehn Jahre jünger war als sie. Sie wurden entweder gute Freunde oder Liebende, je nach der Quelle des Berichts, und hatten es so eigerichtet, daß sie sich in den folgenden Jahren in Paris, London, Rom und New York trafen oder wo immer sie konnten. Ella nahm Anfang der Fünfziger eine Wohnung in Dänemark, und einer der Gründe mag wohl gewesen sein, daß sie einen Ort haben wollte, an dem sie und Larsen ganz ungestört zusammensein konnten.

Ende Juli »enthüllte« Ella, sie und Larsen seien schon zwei Jahre heimlich verheiratet, so wenigstens stellte es das Magazin *Jet* dar. Nach *Jet* »erwähnte sie ihre Heirat, als Reporter das Paar zu Hause in einem Vorort von Oslo besuchten. Dort präsentierte die Sängerin ein Photo von sich, das sie, wie sie sagte, Larsen vor einiger Zeit gegeben hatte. Darauf stand geschrieben: ›Meinem liebsten Thor, meinem Geliebten und meinem Ehemann.‹ Dazu trugen die beiden auch noch die gleichen Ringe am dritten Finger der linken Hand. (*Jet* fügte sogar ein Photo der beiden bei, mit Pfeilen, die auf die Ringe zeigten.) Es wurde weiter berichtet, Larsen habe seinem Vater geschrieben, er habe Miß Fitzgerald geheiratet.«

Die Hochzeit hatte angeblich in Oslo stattgefunden. In der folgenden Woche berichtete *Jet*, die beiden leugneten die heimliche Ehe, und Larsen habe die Story als »baren Unsinn« abgetan.

Die Fabel verdichtete sich im August, als der *Chicago Defender* berichtete, Larsen sei in Schweden im Gefängnis, weil er eine angebliche Verlobte um ihr Geld gebracht habe:

ELLAS ›PARTNER‹ ALS SCHWINDLER IN SACHEN LIEBE VERHAFTET

GÖTEBORG, Schweden – Thor Einar Larsen wurde hier letzten Montag wegen Heiratsschwindel zu fünf Monaten Zwangsarbeit verurteilt und darf das Land bis zum 1. Januar 1963 nicht mehr betreten.

Larsen, ein 28 Jahre alter Norweger, ist der Mann, mit dem die Sängerin Ella Fitzgerald angeblich heimlich verheiratet ist. Beide haben dieses Gerücht für unwahr erklärt.

Aber die offiziellen Stellen hier betrachten diesen Protest als unerheblich, da es im Falle einer heimlichen Ehe üblich sei zu leugnen, besonders aber in diesem Fall, da Miß Fitzgerald es wohl auch in beruflicher Hinsicht für unklug halten mag zuzugeben, daß sie eine gemischtrassige Verbindung eingegangen sei.

Seit der Anklage und Verurteilung Larsens fragt man sich hier, ob Larsen die amerikanische Sängerin betrogen oder eine Scheinehe mit ihr geschlossen habe, um sie ausbeuten zu können.

Seine Verurteilung wurde damit begründet, daß er einer jungen Frau, mit der er verlobt war, Geld gestohlen habe.

Ella unterbrach letzte Woche ihre Reise nach Nizza in Oslo, dem Vernehmen nach, um Larsen zu besuchen. In Nizza trat sie als Starattraktion in einer Gala des Casinos von Monte Carlo auf, die zugunsten des Fonds zur Bekämpfung der Kinderlähmung veranstaltet wurde.[3]

In der öffentlichen Meinung hieß es, Ella sei nie wirklich mit Larsen verheiratet gewesen, aber es ist durchaus möglich, daß sie es doch war und daß das plötzliche Ableugnen, nur eine Woche nachdem die Geschichte herausgekommen war, die Folge des Prozesses gegen Larsen in Schweden war. Weder Ella noch Larsen, wenn er wirklich etwas um sie gab, hätte daran gelegen sein können, daß Ella in diese unselige Affäre verwickelt würde.

Ella hat nie gerne über ihr Liebesleben gesprochen. Als man sie in jenem Jahr nach den Männern in ihrem Leben fragte, sagte sie dem Reporter des *Los Angeles Times Mirror*: »Ich muß wohl immer die Falschen erwischen. Aber ich möchte wieder heiraten. Ich suche noch. Jeder braucht einen Partner.«[4] Aber Ella sollte nie wieder heiraten. Freunde und Fans teilen ihre Einschätzung, was ihren Geschmack in bezug auf Männer betrifft. »Sie hatte immer Probleme mit Männern«, sagt einer ihrer Freunde. Nach den Worten eines Ella-Fans: »Ich habe die Reden von einigen ihrer Sidemen verfolgt, die ich kennengelernt habe. Sie ließen ihren ganzen Zynismus beiseite, wenn es um Ella ging. Sie furchten die Stirn und sagten dann: ›Sie hat einen fürchterlichen Geschmack in puncto Männer. Ich glaube nicht, daß sie dabei wirklich *glücklich* ist.‹«[5]

1986 fragte ein Interviewer der Fernsehshow *Essence* Ella, wie sie es fertiggebracht habe, den Fallstricken zu entgehen, in die sich Leute wie Billie Holiday, Dinah Washington und Judy Garland verfangen hatten. Ella erinnerte sich an ihre Probleme mit Männern. »Nun ja, ich denke, jede Frau hat so ihre eigenen Fallstricke. Wir haben wohl alle unsere kleinen Geheimnisse. Ich war immer ein bißchen zu romantisch. Manchmal lernt man daraus, manchmal schlägt es sich in unseren Songs nieder.«[6]

Was ihr Privatleben anging, war es ein schwieriges Jahr für Ella, das auch noch durch zwei unerfreuliche Vorfälle überschattet wurde. Bei einem Auftritt in Atlantic City wurde sie auf offener Bühne von einem entsprungenen Geisteskranken angegriffen, dessen Name zufällig auch noch Fitzgerald war, und bei ihrem Auftritt im Paramount in New York mußte sie schleunigst zu einer Notoperation ins Krankenhaus gebracht werden mit einem Magenschwür, von dem sie nicht einmal etwas gewußt hatte, wenn sie auch später zugab, daß sie sich schon während der Vorstellung nicht wohl gefühlt hatte.

Aber beruflich war 1957 ein Meilenstein für Ella. Im Juni nahm sie ein Album von vier Platten auf mit dem Titel »Ella Fitzgerald Sings the Duke Ellington Songbook«. Es enthielt siebenunddreißig Ellington-Titel und solche, die mit ihm verknüpft waren. Norman Granz hatte wieder einmal einige clevere Schachzüge gemacht, um Ellington zu bekommen, der bei der Columbia unter Vertrag war. Als Johnny Hodges, Ellingtons erstes Alt, aus der Band ausstieg, nahm Granz ihn für JATP und bei Verve unter Vertrag. Als Hodges wieder zu Ellington zurückging, hatte er immer noch seinen Plattenvertrag mit Granz, und so konnte dieser »ein paar Konzessionen rausschlagen«, wie Granz es ausdrückte: »Ich wollte Duke für eine oder zwei LPs haben, wenn ich Ella aufnahm. Wir planten weit voraus, aber am Ende hatte der Duke nicht ein einziges Arrangement geschrieben. So mußte Ella die regulären Bandarrangements nehmen. Sie sang einen Vocalchorus, wo normalerweise ein instrumentaler hingehörte. Um es auf vier LPs auszudehnen, füllten wir es noch mit verschiedenen kleinen Gruppen, mit Hodges, Ben Webster und so fort, auf.«[7]

Ella und Duke machte die Session Spaß, wenn sie auch wünschte, er hätte ihr ein paar Arrangements geschrieben. Der Duke seinerseits wurde angeregt, mit seinem langjährigen Mitarbeiter Billy Strayhorn zusammen ein Album zu schreiben und aufzunehmen mit dem Titel »Portrait of Ella Fitzgerald«, ein Werk in vier Sätzen, bestehend aus »Royal Ancestry«, »Beyond Category«, »All Heart« und »Total Jazz«. In seiner gesprochenen Einleitung zu jedem Satz erzählt Ellington davon, wie er Ellas »Familienalbum« durchblättert: »Wie wir so die Seiten umblättern, stellen wir fest, daß sie von königlicher Herkunft – Royal Ancestry – ist, und in unserem ersten Satz wollen wir versuchen, etwas von der Majestät Ihrer Majestät einzufangen und wiederzugeben . . . und je weiter wir durch diese Seiten blättern, desto mehr wird uns klar, daß dies eine wunderbare warmherzige Persönlichkeit ist, sie ist ›All Heart‹ . . . Was musikalisches Können angeht, ist sie Extraklasse – Beyond Category. Bei unserer musikalischen Suche nach einem tönenden Portrait von Ella Fitzgerald finden wir eine melodische Parallele, in der königlichen Herkunft, Herzensgröße und Talent der Extraklasse der Hauptbestandteile des Strebens nach ›Total Jazz‹ sind.«[8] Die Suite wurde ein Teil des Vier-Platten-Albums.

Irving Kolodin schrieb im April 1958 in der *Saturday Review*:

> Wenn es nach den Alben, die den Songs von George Gershwin, Rogers and Heart und Cole Porter gewidmet sind, noch einen Zweifel gab, ob Ella Fitzgerald die größte Jazzvokalistin unserer Tage ist, sollte diese Mammutkollaboration mit Duke Ellington und seiner Band ... eine für immer gültige Antwort geben. Man könnte sich sogar fragen, nachdem man zwei oder drei der acht Seiten dieses Albums gehört hat, ob Miß Fitzgerald nicht die größte Sängerin in der Geschichte des Jazz ist. Wenn man die grandiose Tour durch alle acht Seiten durchlaufen hat (eine besteht überwiegend aus einer instrumentalen Suite, die ihr zu Ehren geschrieben worden ist), sind alle Zweifel behoben: Ella ist die unbestrittene Königin des Landes, Herrin des Empire und der überseeischen Länder.[9]

Wenn Granz auch das Gefühl nicht verließ, daß das Album noch bahnbrechender gewesen wäre, wenn Ellington selber die Arrangements für sich und Ella geschrieben hätte, war er dennoch sehr daran interessiert, Duke zum JATP zu holen. Im darauffolgenden Jahr gingen Ellington und sein Orchester zum ersten Mal für Granz nach Europa, und das taten sie danach noch mehrere Male. »Die Art, wie er mich präsentierte, war großartig«, sagte Duke. »Es macht eine Menge aus, wenn der Mann, der für dich spricht, Millionär ist.«[10]

Das Album von Ella und Duke verkaufte sich genauso gut wie die nächste Paarung, die Granz arrangierte: Ella und Louis Armstrong sangen *Porgy and Bess*, begleitet von einem fünfzigköpfigen Orchester unter der Leitung von Russel Garcia. Die beiden hatten auch beim Newport Jazz Festival im Juli 1957 ein Duett singen sollen, aber Armstrong – bzw.

seine Berater – beschlossen, die Betonung mehr auf seine kommerziellen Hits zu legen, auf Kosten seiner Reputation im Jazz. Aus dem Duett wurde nichts, und die Hörer mußten sich mit dem *Porgy and Bess*-Album begnügen. Es war kein Wunder, daß die Decca sich entschloß, Ellas Popularität auszunutzen und das einzige Songbook, das sie in den zwanzig Jahren bei ihnen aufgenommen hatte, wieder herauszubringen, »Ella Sings Gershwin«. Bei Ella lief's. In diesem Jahr gewann sie alle größeren Music Polls. Ihr Gegenspieler als bester Sänger war Frank Sinatra.

Im März 1958 spielte Ella »The Irving Berlin Song Book« ein, begleitet von Paul Westons Orchester, und im Herbst bekam Ella für ihre Songbookarbeit schließlich die höchste Auszeichnung, die im Musikgeschäft vergeben wird. Sie gewann nicht nur einen Grammy Award, ihren ersten, sondern auch noch einen zweiten im selben Jahr, beide für Songbooks. Sie wurde ausgezeichnet als beste Vokalsolistin für »The Irving Berlin Song Book« und als beste Einzelinterpretin im Jazz für »The Duke Ellington Song Book«.

Als Folge ihres Magengeschwürs und der Notoperation, der sie sich deswegen unterziehen mußte, mußte Ella Diät halten. Im Februar 1958 war sie bereits mehr als fünfunddreißig Pfund dünner als im Herbst 1957. »Ich mußte lachen, wenn ich sah, wie ich ausgesehen habe – ein großer, dicker, aufgeblasener Ballon«,[11] sagte sie den Reportern über ihr Gewicht von gut 250 Pfund vor der Diät. Als sie in diesem Monat im Mocambo in Hollywood auftrat, sah sie in ihrem braunen Satinkleid vergleichsweise schlank aus. Wie sie es schon gewohnt war, war sie wieder ein großer Erfolg im Mocambo. Aber in den späten Fünfzigern war Ella überall ein Erfolg, wo immer sie auch auftrat.

In ihren Aussagen vor der Öffentlichkeit führte Ella das auf das Publikum zurück. »Die meisten Sänger, mich eingeschlossen, schienen immer das europäische Publikum vorzuziehen«, sagte sie Anfang 1958,

> weil die Menschen da drüben zuhören konnten. Ich glaube, sie alle, selbst die Jungen, verstanden mehr von der Musik als die Amerikaner. Die kamen nicht

einfach nur, um zu hören. Sie kamen sowohl um zu lernen und die Musik zu studieren, als auch um unterhalten zu werden. Aber heute sind die Europäer nicht mehr die einzigen in dieser Kategorie. Amerikaner gehen heute aus dem gleichen Grund zu Liederabenden und Konzerten . . . Mir fällt auf, daß sie nicht mehr so viel quasseln und auf ihren Stühlen rumrutschen . . . Die Kids hören einem jetzt zu und scheinen es auch anzuerkennen, wenn sie etwas Gutes hören. Aber vor ein paar Jahren, wenn ich in einem Jazzkonzert eine Ballade sang, dann wurden sie unruhig und warteten darauf, daß ich wieder zu einer schnellen Nummer überging. Jetzt kann ich drei oder vier Balladen hintereinander singen, und sie sind ruhig und hören zu.[12]

Als sie diesen Ausspruch tat, zog bereits das Phänomen des Rock 'n' Roll herauf. Das nur nebenbei zu Ellas Analyse der Trends in der Musik, wenn sie auch nicht die einzige war, die die Wirkung des Rock 'n' Roll nicht voraussah.

Diese Musikform war eine ernste Gefahr für populäre Sänger wie Ella. Sie verdüsterte, wenn auch nur zeitweise, die Karrieren solcher großen Stars wie Frank Sinatra, Bing Crosby und auch Ella selbst.

Diese lautstarke neue Musikform war eine weit größere Bedrohung, als es der Bebop je gewesen war. Wenn auch Nat King Cole 1956 auf einer Bühne in Birmingham, Alabama, von Mitgliedern des örtlichen White Citizens Council unter dem Vorwand, sie kämpften gegen »Bop und Negermusik«, angegriffen wurde, war die Musik Coles offensichtlich nicht das Hauptproblem. Der Rock 'n' Roll hingegen griff den populären Markt an, was der Bebop niemals versucht hatte.

Daß er auf schwarzen Formen basierte, mit einer speziellen Verbeugung vor Chuck Berry und Bo Diddley, und daß er einen weiteren Schritt vorwärts auf dem Wege zur emotionellen Reife der Amerikaner war – Musik zu akzeptieren, die auf schwarzen Formen basierte, war ein gutes Vorzeichen, wenn es darum ging, Schwarzen den Zugang zu anderen Gebieten des amerikansichen Lebens zu gestatten –, war nur ein kleiner Trost für die schwarzen Entertainer, inklusive Chuck Berry und Bo Diddley. Es waren Weiße wie Bill Haley and His Comets und Elvis Presley, die den Lohn einstrichen, sowohl in finanzieller Hinsicht wie im Hinblick auf Erfolg und Popularität.

Für die schwarzen Sänger war es ein ziemlich großer Umschwung, als sie sahen, daß von 1952 an weiße Sänger »Covers« von schwarzen Songs aufnahmen. Anfangs schien das jugendliche Publikum mit diesen weißen Versionen zufrieden zu sein. 1956 geschah jedoch so etwas wie eine Kehrtwende, als Little Richards »Long Tall Sally« öfter verkauft wurde als die Version von Pat Boone. Offenbar wollten die Kids das Echte, und das hieß, daß die schwarzen Sänger ein bißchen mehr Arbeit bekamen, und weiße Sänger wie Elvis Presley, die die erforderliche hemmungslose Direktheit mitbrachten, sogar sehr viel mehr.

Rock 'n' Roll war der musikalische Ausdruck der sich entwickelnden Kluft zwischen den Generationen. Davor hatte es zwischen Alt und Jung im musikalischen Geschmack keinen Unterschied gegeben. Aber die Produkte des Babybooms der Nachkriegszeit, der in den Vierzigern angefangen hatte, wuchsen nun heran, und mit dem Wohlstand der Fünfziger gewannen sie nicht nur zahlenmäßig, sondern auch finanziell an Einfluß. Dementsprechend beeilten sich die kommerziellen Plattenfirmen, die Produkte auf den Markt zu werfen, von denen sie glaubten, sie sagten dem neuen, jungen Publikum zu, sehr zur Beunruhigung der älteren Sänger von Songs für die breite Masse. Als die Popularität des Rock 'n' Roll immer weiter zunahm, war es mit Frank Sinatras Karriere für eine Weile vorbei. Clubsängerinnen wie die legendäre Mabel Mercer, deren Diktion und deren Fähigkeit, eine Story zu erzählen, großen Einfluß auf Ella gehabt hatten, zogen sich eine Zeitlang aus dem Rampenlicht zurück.

Frank Sinatra, Nat King Cole und viele andere kritisierten die neue Musik. Cole schrieb einen Song mit dem Titel »Mr. Cole Won't Rock 'n' Roll«. Ella sagte den frühen Untergang des Rock 'n' Roll voraus. Anfang April 1958 sagte sie in einem Interview:

Rock 'n' Roll verliert schon an Popularität und kommt wieder dahin, wo er hergekommen ist – zum einfachen, alltäglichen Jazz. Nicht daß der Jazz etwas Einfaches ist. Aber dahin geht der Rock 'n' Roll wieder zurück . . .

Ich glaube, (die Kids) haben einfach genug von dem extremen Rock 'n' Roll-Zeug. Selbst wenn sie jetzt Rock 'n' Roll tanzen, werfen sie sich nicht mehr durch die Gegend, wie sie das sonst taten, und ich meine, das ist ein gutes Zeichen.

Ich persönlich mache mir nichts aus Rock 'n' Roll. Zunächst einmal meine ich, die Songs und die Gesten sind zu zweideutig. Die Kids drehten durch, als sie sie hörten. Es war die natürliche Reaktion einer Massenhysterie. Ein Mädchen fängt an zu schreien, als sie Elvis hört, und die nächste meint, sie müßte das auch. Und schon bald tobt alles hemmungslos. Ich mag das einfach nicht, und ich glaube, eine ganze Reihe anderer Leute auch nicht.[13]

Die »Zweideutigkeit« des Rock 'n' Roll sollte natürlich noch zunehmen und wurde noch extremer in den Auftritten der Rolling Stones, der Grateful Dead, mit dem Aufkommen des Heavy Metal und so weiter.

Rock 'n' Roll hatte sich noch nicht ernstlich auf Ella ausgewirkt. Sie trat weiter auf und machte Platten, wenn sie auch zu den Besorgten gehörte und sich zwangsläufig Gedanken machte, ob ihre Karriere darunter zu leiden haben würde. Musiker, die in den späten Fünfzigern mit ihr arbeiteten, stellten eine gewisse Bedrücktheit bei ihren Auftritten fest, eine Bedrücktheit, die manchmal dazu führte, daß sie es ihnen anlastete, wenn ihr Gesang nicht ihrem eigenen hohen Standard entsprach, und dann, weil sie sich schuldig fühlte, den Verdacht hegte, sie beklagen sich hinter ihrem Rücken über sie.

Der Schlagzeuger Gus Johnson war 1956 zu Ella gekommen, nachdem er mehrere Jahre für Lena Horne gespielt hatte. Er blieb neun Jahre bei ihr, bis 1965. »Sie hat so ihre kleinen Eigenheiten, wissen Sie«, sagt er. »Sie ist so gehemmt, was sie gar nicht zu sein brauchte, sie ist doch so großartig. Aber sie wußte, sie war nicht so hübsch wie Lena, wenn sie auch besser sang. Niemand klingt wie Ella! Trotzdem ist sie sehr empfindlich, und wenn sie sah, daß man mit jemand sprach, dann dachte sie möglicherweise gleich, man spräche schlecht über sie. Ich hab' ihr andauernd gesagt: ›Geh hin und singe. Keiner spricht schlecht über dich.‹ «[14]

Es gab viel Arbeit, denn einen Markt für Classics gab es immer – für gute Songs, für gehaltvolle Texte. Sie machte auch weiter Platten und sang bei persönlichen Auftritten Songs, die Jung und Alt ansprachen, wenn auch in der Ära des Rock 'n' Roll mehr die Alten als die Jungen.

Sie hatte 1958 auch Gelegenheit, in einem weiteren Hollywoodfilm aufzutreten. *St Louis Woman*, einer weitgehend fiktiven Biographie des verstorbenen Jazzkomponisten W. C. Handy. King Cole spielte Handy. Ella spielte sich selbst und sang W. C. Handys »Beale Street Blues«. Wenn die Darstellerliste auch vollgepackt war mit Musikern und Sängern, so gelang es doch nur wenigen, überzeugend zu schauspielern. Die, die am besten abschnitten, waren die, die sich selber spielen, wie Ella.

Im April trat sie mit Duke Ellington in einem Konzert in der Carnegie Hall auf. Der Kritiker der *New York Times* schrieb: »Auf ihren beiden Spezialgebieten, der Ballade – ›Sophisticated Lady‹ – und der schnellen, rhythmischen Scatnummer – ›Cotton Tail‹ –, war sie vorbildlich in ihrer wohleinstudierten Gelassenheit und Schmiegsamkeit. Aber dazwischen schien sie nicht fähig, sich von der besonderen Rhythmusgruppe freizumachen, die sie begleitete.«[15]

Während ihres Aufenthalts in New York nahm sie auch an einer »Jamsession« im Fernsehen mit Benny Goodman, Harry James, Jo Stafford und anderen teil. Diese Session war so inspiriert, dem *Chicago Defender* zufolge, daß eine Broadway-Agentur für den Winter eine Tournee vorschlug, die aus Ella, Johnny Mathis, Nat King Cole und Count Basies Band bestehen sollte. Es wurde jedoch nichts aus der Idee, denn alle beteiligten Musiker hatten schon ihre eigenen »Tourneemacher«.

Von New York aus begab sich Ella wieder auf eine JATP-Tournee. Die ließ Granz diesmal in Brüssel vom Stapel als »An Evening with Ella Fitzgerald and the Oscar Peterson Trio«. Nach diesem speziellen Abend kamen dann noch Dizzy Gillespie, Stan Getz, Roy Eldridge, Sonny Stitt und Coleman Hawkings an Bord, und die Tour wurde wieder zu Jazz at the Philharmonic. Sie gaben mehrere Konzerte in Frankreich, bevor sie auf die Britischen Inseln gingen: zum allerersten Mal mit Jazz at the Philharmonic nach England.

Dort erwartete sie etwas Unerfreuliches. Als sie auf dem London Airport ankam, wurde die JATP-Truppe zum »treatment« in der Zollabfertigung herausgepickt. Die Zollbeamten durchsuchten alles, vom Instrumentenfutteral bis zur Zigarettenschachtel. Ellas gesamte Garderobe wurde durchsucht, selbst die Nähte eines ihrer Mäntel wurden aufgetrennt. Der Schriftsteller Sid Colin äußerte den Verdacht, das Land habe Angst vor einer Rock 'n' Roll-Infiltration gehabt: »Das Land stand noch unter dem Schock eines Films, *Rock Around the Clock*, in dem Bill Haley and His Comets das halbwüchsige Publikum (man nannte sie immer noch ›Teenager‹) so aufgeputscht hatten, daß sie von den Stühlen sprangen, heisere Schreie ausstießen und in den Gängen zu tanzen anfingen. Wer weiß, welche fremdartigen Substanzen durch ihre Adern flossen und sie zu solcher Raserei brachten?«

Ella war es ganz gleich, warum man sie einer solchen Demütigung aussetzte, sie haßte das. »Ich bin an unzähligen Orten gewesen«, sagte sie einem Reporter, als sie aus der Zollabfertigung kam, »aber niemals vorher mußte ich etwas Derartiges über mich ergehen lassen. Im Moment könnte ich nicht behaupten, daß ich mich freue hierzusein.«

Sie beruhigte sich nach einer Weile. Ein Londoner Reporter stellte fest, sie sehe schlanker aus als beim letzten Mal, als er sie sah, und Ella antwortete: »O danke, danke. Das ist das Liebenswürdigste, was sie mir heute gesagt haben.«[16]

Danach verließ Ella die Tournee, und JATP, mit Lou Levy, Gus Johnson und Max Bennett, die damals Ellas reguläre Combo bildeten, fuhr weiter auf den Kontinent.

Manchmal stieg Mel Lewis für Gus Johnson ein.

Das war damals, als Gus Johnson ihr regulärer Drummer gewesen war, da begleitete ich sie mit Lou Levy, Jim Hall und Wilfred Middlebrooks. Ich lebte in Kalifornien, aber Gus nicht, und oft genug wollten sie Gus nicht extra nach Kalifornien einfliegen bloß für ein oder zwei Konzerte. Dann riefen sie eben mich dazu. Ich bin auf zwei Alben mir ihr – »Ella Swings Lightly« und »Porgy and Bess«.

Ich habe eine Menge Aufnahmearbeit für Norman Granz gemacht. Er bat mich immer, ihm einen Gefallen zu tun. Ihm sparte das damals Geld und Krach, ich ging einfach rein und kümmerte mich um die Angelegenheit.

Ella war freundlich zu mir, immer hatte sie ein nettes Wort für mich. Als ich zum ersten Mal mit ihr arbeitete, nahm sie mich gleich freundlich auf. Sie tat nicht so wie: »Wer bist du denn?« Ich glaube, sie wußte schon, wer ich war, und ich hab' ihr damals erzählt, daß ich sie schon gesehen hatte, als ich noch der kleine Rotschopf war, der immer hinter dem Drummer rumhing im McVan's in Buffalo. (Sie war da, bevor ich überhaupt spielen durfte. Ich hätte wahrscheinlich im McVan's hinter ihr gesessen und gespielt, denn als ich in die Union – die Musikergewerkschaft – eintrat, machte mich mein Vater zu seinem Stellvertreter. Aber als ich sechzehn Jahre war und schon in der Union, da war Ella bereits ein Star geworden und machte ihren Weg.)

Wie auch immer, ich fand, sie war eine sehr liebenswerte Frau, für die sich gut arbeiten ließ, außer wenn sie das Gefühl hatte, sie käme nicht rüber zum Publikum. Das legte sie dann der Band zur Last, und dann wurde sie zur Furie. Dann war sie nicht mehr die liebe Ella, und das hab' ich nie verstanden. Aber als ich damals dann noch mit anderen Sängern und Sängerinnen arbeitete, da merkte ich, das war so üblich – die Band ist schuld.

Trotzdem hab' ich gerne mit ihr gearbeitet, weil sie so durch und durch Musikerin war. Sie swingte jedes-

mal, es war einfach interessant – ein sehr gut aufge-
bautes Programm. Aber wenn was schieflief, dann
schrie sie wegen jeder Kleinigkeit rum. Wenn sie uns
dann nach der Show miteinander reden sah, dann
sagte sie: »Worüber redet ihr? Wenn ihr über mich reden wollt, dann tut das gefälligst mir ins Gesicht.«
Dabei hatten wir gar nicht von ihr gesprochen.[17]

Ella ging wieder nach New York ins Copacabana, die erste
Schwarze, die dort der Star war. Als man ihr wieder Komplimente machte, daß sie soviel Gewicht verloren hatte, sagte
sie, sie gedächte noch weiter abzunehmen. Sie hatte die Fähigkeit nicht verloren, die mehr als sechshundert Gäste des
Nightclub mit einem Repertoire zu bezaubern, das auch eine
Cooljazzversion des »St Louis Blues« enthielt, die sich so
lang hinzog, daß das Publikum unruhig wurde und Ella, die
das spürte, einwarf: »Ich vermute, die Leute fragen sich, was
ich da eigentlich singe. Sie mögen es glauben oder nicht, es
ist immer noch der St Louis Blues.«[18]

Sie schätzte sich glücklich, in solch eine Umgebung wie
das Copacabana oder das Mocambo gelangt zu sein, denn
sie trat nicht mehr so häufig in Theatern auf wie ehedem.
Nach 1957 hatte Norman Granz aufgehört, mit JATP in den
USA auf Tournee zu gehen.

Viele Gründe sind für Granz' Entscheidung genannt worden, keiner von ihnen von Granz selber. Manche glaubten,
Veränderungen im amerikanischen Musikgeschäft seien der
Grund gewesen – daß es schwer geworden war, in Konkurrenz zu Elvis Presley zu treten, und daß er (Granz) den Cool
Jazz eines Miles Davis und anderer Neuankömmlinge auf
der Jazzszene nicht mochte. Es gab auch die Vermutung,
Granz sei es leid, sich mit dem Rassismus herumzuschlagen,
der anscheinend ungehindert weiterlebte, trotz aller sichtba-
ren Fortschritte.

Nach fast einem Jahr hatte der Busboykott in Montgomery, Alabama, mit der Einrichtung von mehr integrierten
Sitzplätzen zum Erfolg geführt. In verschiedenen Teilen des
Südens machte man den Versuch, die öffentlichen Schulen
zu integrieren. Granz selber hatte es erreicht, daß das Re-

Zurück im Savoy Ballroom, formierte sich die Webb Band schleunigst neu, wenn es sich auch nicht vermeiden ließ, Veränderungen in der Band vorzunehmen.
Trompeten: Taft Jordan, Irving Randolph, Dick Vance, Francis Williams. Posaunen: John McConnell, Earl Hardy, George Matthews. Tenorsax: Elmer Williams. Altsax: Chauncey Haughton. Drums: Bill Beason. (Ken Whitten Collection)

In dem Maße, in dem Ella an Selbstvertrauen gewann, wurde ihre Stellung als Orchesterchefin glaubwürdiger. Als die Band 1940 im Roseland State Ballroom in Boston auftrat, waren die Instrumentenständer und die Basstrommel schon mit gelben Körbchen und den Initialen E. F. versehen. (Frank Driggs Collection)

staurant Le Pavillon in Manhattan seine Politik des »Nur für Weiße« gründlich änderte, indem er Oscar Peterson und Ella Fitzgerald dorthin zum Lunch mitnahm. Aber Nat King Cole war von Mitgliedern des White Citizens Council in Birmingham attackiert worden, Ella und Granz selbst waren von der Pan-American World Airways diskriminiert worden, und im September 1957 hinderte der Gouverneur von Arkansas, Orval Faubus, schwarze Studenten daran, die Central High School in Little Rock zu integrieren. Ob die Gründe nun musikalischer, sozialer oder politischer Natur waren, Granz hatte die Nase voll von Tourneen in Amerika. Von nun an würde er nur noch Tourneen außerhalb der Vereinigten Staaten organisieren.

Das war seinerseits eine gewagte Entscheidung, die sich auch auf sein Plattengeschäft auswirkte, denn die Konzerte waren ja lange vom Verve-Label getragen worden. Zum Glück verkauften sich Ellas Platten, darunter auch »April in Paris«, so gut, daß sie allein einen großen Teil der Verluste auffingen.

Seit Granz ihr Manager geworden war, hatte Ella ein Maß an Popularität in Live-Auftritten und Plattenaufnahmen erreicht, von dem sie nie zu träumen gewagt hätte. 1958 feierte Granz ihren Erfolg mit einer »Ella Fitzgerald Night at the Hollywood Bowl«, bei der sie von einhundertacht Musikern begleitet wurde und vor einem Publikum von zweiundzwanzigtausend Leuten auftrat. Dieser Abend wurde ein solcher Erfolg, daß sie im nächsten Jahr zu einer weiteren Galavorstellung erschien.

Im Gegensatz dazu war für Billie Holiday die zweite Hälfte der fünfziger Jahre eine Zeit des Niedergangs geworden. Sie hatte den Kampf gegen Rauschgift und Alkohol verloren, als sie im Juli 1959 in einem Krankenhaus in Harlem starb. Es war ihr nicht gestattet worden, in den New Yorker Clubs zu arbeiten, weil sie wegen Rauschgiftbesitzes verurteilt worden war. Dazu war sie noch zu unzuverlässig, daß sie manches Mal sogar die wenigen Gigs verpaßte, die sie noch bekommen konnte. Norman Granz hatte versucht, ihr zu helfen – engagierte sie für die JATP-Tours in Europa und machte Platten mit ihr auf Verve. John Hammond zufolge

»bedeutete es Vollbeschäftigung für viele, die, wie Billie, ohne ihn wohl überhaupt keine Arbeit mehr bekommen hätten«.[19] Aber Granz gelang es nicht, auf Billie den gleichen Einfluß auszuüben wie auf Ella. Es war wohl auch ohnehin zu spät. Billie hatte ihr Talent vergeudet, Ella das ihre aufgespart.

Ironischerweise spielte Ella im selben Jahr eine heruntergekommene, rauschgiftsüchtige Bluessängerin in *Let No Man Write My Epitaph*, mit Bernie Hamilton in der Hauptrolle: Sie war nicht sehr überzeugend und sah für eine Rauschgiftsüchtige etwas zu gesund aus. Die Kritiker rieten ihr, sich an Rollen zu halten, in denen sie sich selber spielen konnte.

Musikalisch endete Ellas größtes Jahrzehnt 1958–59, als Ella und Granz den Höhepunkt der Songbook-Serie aufnahmen, »The George and Ira Gershwin Song Book«, ein Album mit zwei Platten. George Gershwin war damals schon tot, aber Ira Gershwin arbeitete von Anfang an eng mit Granz zusammen und half beim Aussuchen der dreiundfünfzig Songs, die schließlich aus dem riesigen Repertoire seines Bruders aufgenommen wurden.

Granz und Nelson Riddle, der musikalische Leiter, den er für dieses Album ausgewählt hatte, brauchten mehr als ein Jahr für die Suche und die Orchestrierung, und das Album wurde sofort zum Klassiker, zur Wiederveröffentlichung wie geschaffen.

Alles in allem hatten Granz und Ella zweihundertsiebenunddreißig Songtitel von Komponisten aus der Geschichte der großen amerikanischen Musicals eingespielt und damit Melodien, die von vielen nur als raffinierte, aber kurzlebige Shownummern angesehen wurden, unsterblich gemacht.

Wenn die Songbooks einerseits dazu angetan waren, die Werke dieser amerikanischen Komponisten in der Geschichte der Schallplatte zu etablieren, so halfen sie andererseits auch beim Entstehen der Ella-Legende. »Sehen Sie, die Leute brauchten furchtbar lange, bis sie mich begriffen«, sagte sie 1972 zu Bob Smith von CBC Radio, »obwohl ich doch vor langer Zeit angefangen habe. (Die Leute) ordnen einen nur unter Jazz ein, wissen Sie . . . sie begreifen es nicht,

also reizt es sie auch nicht, was man singt. Durch die Songbooks haben wir so viele Fans gewonnen, nicht nur unsere
Jazzfans, auch Leute, die etwas von der Showmusik verstehen.«[20]

9. Atempausen und andere Unterbrechungen

Gegen Ende der fünfziger Jahre hatte Norman Granz aufgehört, sich Illusionen über die Vereinigten Staaten zu machen. 1959 zog er in die Schweiz nach Lugano, von wo aus er gelegentlich JATP-Tourneen durch Europa organisierte und wo er eine eindrucksvolle Kollektion moderner Kunst sammelte. Ella war besorgt, daß sie ihren Ratgeber verlieren könnte. Sie kam zwar nicht immer gut mit Granz aus, aber sie stützte sich doch sehr auf ihn. Kein Grund zur Sorge, sagte Granz, er würde sie auch weiterhin vertreten. Ella und Oscar Peterson waren nunmehr die einzigen Künstler, die er noch managte. Er ließ eine funktionstüchtige Geschäftsvertretung in Los Angeles zurück und tauchte immer mal wieder auf, um sich um Ellas und Oscars Karrieren und um die Belange seiner Plattenfirma zu kümmern.

Granz blieb dabei, er glaube nicht, daß der Jazz tot sei in den USA, nur sei es in Europa leichter, Jazzkonzerte zu veranstalten. Er war wütend, als Nat King Cole auf einer Europatournee, die Granz arrangiert hatte, zu Hazel Guild von der *Variety* sagte: »In den USA ist der Jazz geschäftlich auf dem Nullpunkt. Er bringt nicht mehr genügend ein, und darum konnte der Rock 'n' Roll hochkommen.«[1]

In der Woche nach der Veröffentlichung dieses Interviews in *Variety* druckte das Magazin einen Brief von Granz ab, in dem er Cole scharf zurechtwies. Cole, sagte Granz, »redet dummes Zeug«. Granz schrieb: »Nat sollte es besser wissen, denn der Jazz in jeder nur möglichen Form ist verbreiteter als je zuvor, und man präsentiert ihn nicht nur in Konzerten, sondern auch in Filmen, im Fernsehen und offenbar doch auch auf Platten. Soll er sich doch mal die Verkaufszahlen von Brubeck und Garner auf Columbia und von Ella Fitzgerald auf Verve ansehen. Und er braucht auch nur die Gesamteinnahmen der Jazzkonzerte zu betrachten, dann weiß er, wie gut es läuft.«[2]

Nicht lange danach jedoch beschloß Granz, aus dem heimatlichen Plattengeschäft und auch aus dem amerikanischen Konzertgeschäft auszusteigen. Rock 'n' Roll, Soul und Folkmusic waren jetzt das Geschäft des Tages. Classic Jazz geriet weit ins Hintertreffen, als der Cool Jazz und andere Formen in den Vordergrund traten. Anders als beim Classic Jazz, der ein allgemein bekanntes Repertoire hatte und Spielweisen, die ästhetisch sinnvolle Improvisationen gestatteten, lag der Akzent jetzt so sehr auf der Originalität, daß die diversen Musiker sich untereinander stilistisch nicht mehr verstanden. Granz hielt den neuen Jazz für »todernst« und demnach nicht mehr für ein Vergnügen.

Granz hatte einen eindrucksvollen Katalog von nahezu eintausend Alben angehäuft, die mehr als 2 Millionen Dollar wert waren und aus denen er einen hübschen Profit hätte schlagen können, ohne Neuaufnahmen herauszugeben, aber er war keiner von denen, die sich auf ihren Lorbeeren ausruhen. Frank Sinatra hatte Interesse am Kauf von Verve bekundet, aber er stellte die Bedingung, daß Granz dablieb und die Firma weiterführte. Granz hatte kein Verlangen, die Schweiz zu verlassen und zurück nach Los Angeles zu gehen. 1960 verkaufte Granz die Labels Verve und Clef an die MGM für 2,8 Millionen Dollar.

Ella mag wohl auch daran gedacht haben, nach Europa zu ziehen – sie hatte für eine gewisse Zeit eine Wohnung in Klampenborg, einem Ferienort an der See bei Kopenhagen, Dänemark, behalten – aber sie wollte Ray jr., der damals noch ein Halbwüchsiger war, nicht entwurzeln. Außerdem war es in manchem eine aufregende Zeit in den Vereinigten Staaten, wo gerade der jüngste Präsident in ihrer Geschichte gewählt worden war und wo viele von denen, die sich befremdet und verdrossen abgewandt hatten, auf eine neue Freiheit und eine verständnisvolle Führung hofften.

Ella war ihrer Natur nach unpolitisch, aber auch sie hatte die Diskriminierung erlebt und sich Präsident Kennedys Aufrufen zur Freiheit von Herzen angeschlossen. Sie war stolz darauf, bei der Gala zu Kennedys Amtseinführung im Januar 1961 auftreten zu dürfen, einer Gala, die von Frank Sinatra organisiert wurde und an der die größte Anzahl schwarzer Künstler teilnahm, die je auf einem Präsidentenfest zusammenkam – Mahalia Jackson, Sidney Poitier, Harry Belafonte und Nat King Cole erschienen ebenso wie Leonard Bernstein, Jimmy Durante und Peter Lawford.

Eine Woche später kamen dieselben Berühmtheiten, ergänzt durch Sammy Davis jr., Dean Martin, Count Basie, Tony Bennett, Nipsey Russell und andere, wieder in der Carnegie Hall in New York zusammen zu einem von Sinatra organisierten Tribut für Martin Luther King jr., bei dem $ 50000 für Kings Southern Christian Leadership Conference zusammenkamen. Ella war entzückt, daß sie dazu beitragen durfte.

Um diese Zeit zog Ella in eine größere Wohnung in die feudale Gegend von Beverly Hills, immer noch eine Bastion der Weißen, die den Zuzug von Juden oder Schwarzen mit Mißfallen betrachteten. Wie der verstorbene Mel Lewis gesagt hat: »Sie hatte Probleme, als sie da hinzog, wie auch Norman. Ich kann diesen Blödsinn nicht begreifen. Wenn Ella Fitzgerald in meine Nähe zieht, bin ich doch stolz wie ein König.«[3]

Ein zweistöckiges Haus mit sieben Räumen und einem großen Rasen vor dem Haus, eine grasbewachsene Fläche hinter dem Haus und dahinter ein Swimmingpool, das war nach dem Maßstab von Beverly Hills bescheiden, aber es war genau das Heim, das sich Ella immer erträumt hatte. Sie half bei der Einrichtung mit Möbeln aus Dänemark. Im holzgetäfelten Salon war eine Bar. An die Wand über der Stereoanlage hängte sie ein großes farbiges Bild von Norman Granz. Darunter war ein Photo von Marilyn Monroe, die Ella vor einigen Jahren geholfen hatte, in die exklusiven Hollywoodclubs zu kommen, umrahmt mit Photos von Ella bei einer Aufnahmesitzung. Viel Zeit verwandte sie auf die funkelnagelneue Küche, wo sie so gerne für Ray jr. und Freunde, die mal vorbeikamen, kochte. »Ich bin sehr häuslich«, sagte sie den Reportern voller Glück, aber sie hatte nur wenig Zeit, ihr Heim zu genießen, so beschäftigt war sie mit ihren Tourneen.

Ella war fünfzig Wochen im Jahr unterwegs, meist mit

den JATP-Tourneen im Ausland. Ray jr. begleitete sie in den Schulferien. Im Oktober begann sie in Berlin eine Tournee mit dem Oscar Peterson Trio und dem Lou Levy Quartet. Sie zogen weiter nach Belgrad, wo ihr Konzert in der größten Konzerthalle der Stadt landesweit im Fernsehen ausgestrahlt und zu *dem* musikalischen Ereignis des Jahres erklärt wurde. Sowohl Ella wie Oscar Peterson bekamen »standing ovations«, und die Menge beantwortete die Ankündigung, das Konzert sei zu Ende, mit wütendem Geschrei.

Weiter ging es nach Frankreich, wo Ella im Olympia in Paris an einem Abend auftrat, an dem Edith Piaf frei hatte. Das einzige französische Wort, das sie sich zu sagen traute, war »merci«. Ella war es zur Gewohnheit geworden, nach Beendigung ihres regulären Programms auf Wünsche aus dem Publikum zu warten. Dem kam das Publikum im Olympia nach, das keine Schwierigkeiten mit den englischen Titeln ihrer Songs hatte. Von Paris ging es zurück nach Deutschland und von da weiter nach Israel. Im April war sie wieder in den Vereinigten Staaten und nahm mit Billy Mays Orchester ein Album mit Harold-Arlen-Songs auf. Dabei traf sie Arlen zum ersten Mal. Um diese Zeit schrieb Ralph de Toledano in der *National Review*: »Das Erstaunlichste an (Ellas) Alben ist, daß sie sich so gut halten, daß man sie durchhören kann, ohne zu ermüden. Aber Billie kann man nur eine gewisse Zeit zuhören, bis es zu bedrückend wird. Bei Ella Fitzgerald ermüdet man nicht. Vielleicht liegt darin ihr Genie.«[4]

Zwei Monate später machte Ella mit bei der Reihe heimatlicher Jazzfestivals. Im Sommer gab es eine Vielzahl von Festivals, wie die in Newport und in Monterey, Kalifornien.

Die meisten davon waren Massenveranstaltungen, meistens unter freiem Himmel. Im August 1961 trat sie im West Side Tennis Club in Forest Hills, New York, auf vor einem Publikum von elftausend Leuten, die an jeder nur möglichen Stelle begeistert jubelten und, als es vorbei war, nach mehr schrien. George T. Simon schrieb in der *New York Herald Tribune*:

Daß Ella so mitreißend swingte, wie sie es tat, macht ihren erstaunlichen Sinn für Rhythmus deutlich. Es ist nicht allzu schwer zu swingen, wenn man eine gut eingespielte Rhythmusgruppe zur Unterstützung hat. Das hatte Ella an diesem Samstag nicht, weil in letzter Minute zwei zwar sehr mutige, aber auch sehr unsichere Ersatzleute eingesprungen waren. Dennoch hat sie einen so natürlichen Drive in der Stimme, ein so sicheres Gefühl für Swing, daß sie alle vor sich her trieb. Von ihren beiden ständigen Begleitern im Quartett, dem geschmackvollen Pianisten Lou Levy und dem immer wieder erstaunlichen Herb Ellis an der Gitarre, bekam sie natürlich die selbstloseste Unterstützung . . .

Als die Menge immer noch nach Zugaben schrie, sagte sie an, da es ihr unmöglich sei, alle Wünsche zu erfüllen und sie so nicht jedem gerecht werden könne, »so werde ich also etwas singen, was ich selbst noch nicht kenne«. Woraufhin sie einen ganz neuen Text zu »Bill Bailey« sang.[5]

Vorbei waren die Tage, da die Tourneen für sie schwierig waren, weil sie schwarz war. Ihr Status, die besondere Sorgfalt, die Granz' Organisation ihr angedeihen ließ, und die Veränderungen in den Rassenbeziehungen, alles das hatte zu dem Wandel beigetragen. Aber eine Tournee ist auch unter den besten Bedingungen anstrengend genug. Man bekommt ein tiefes Gefühl der Wurzellosigkeit, und die Zeitverschiebungen machen auch den gesündesten Körper kaputt.

Georgianna war das Herumreisen schließlich leid geworden, und nun hatte Ella eine neue Reisebegleiterin, eine Frau namens Arlene, für die die Tourneen ein neues und aufregendes Erlebnis waren. »Sie schickten mir immer Postkarten aus aller Welt«, sagt Marian Logan. »Ich habe ein Bild von Ella und Arlene hinter der Bühne irgendwo.«[6] Für Ella mag dies alles reizlos geworden sein, für Arlene nicht, und dank ihrer sah Ella die vertrauten Gegenden, besonders im Ausland, mit neuen Augen.

Aber nach so vielen Jahren des Umherreisens waren Ella auch viele Theater vertraut geworden, und es gab Städte,

große und kleine, in die sie immer wieder gerne zurückkehrte, sowohl in Amerika wie im Ausland. In den USA
freute sie sich immer auf ihre Engagements in den Fairmont
Hotels in New Orleans und Dallas (die Zustände in Texas
hatten sich gewaltig geändert). Sie ging immer gerne nach
Vancouver, BC, wo sie jedes Jahr auftrat, viele Jahre lang,
und wo der Club The Cave ihr wie ein zweites Zuhause war.
Im Dezember 1963 trat sie im Queen Elisabeth Theater in
Vancouver auf und wurde hinter der Bühne vom Moderator
der Show »Hot Air« von CBC Radio interviewt. Er hatte sie
schon oft für seine Show und auch für die *Vancouver Sun* interviewt und war einer der wenigen unter den Medienleu-
ten, bei denen sie sich nicht befangen fühlte.

Als erstes wollte sie etwas, das Smith in einem Zeitungsar-
tikel über sie geschrieben hatten, zurechtrücken: »Sie haben
gesagt, wir hätten eine Million Platten verkauft. Wir haben
einige Millionen Platten verkauft, aber zu der Zeit bekam
man dafür nie eine Goldene Schallplatte. Da war ›Into Each
Life‹, da war ›Paper Moon‹, da war ›A-Tisket, A-Tasket‹. Da
waren vielleicht noch zwei mehr. Wir hatten ca. fünf oder
sechs, die wirklich mehr als eine millionmal verkauft wurden, und in der Zeit damals mußte man schon eine Million
verkaufen. Damals war die einzige Anerkennung, die man
bekam, der Scheck über die Tantiemen.«

Smith fragte, welche Sänger und Sängerinnen sie am liebsten auf der Bühne sähe, jetzt da es so eine Unzahl von ihnen
gäbe. »Ich mag Eydie Gormé und Steve Lawrence sehr
gern«, antwortete Ella. »Ich denke schon, daß die sich eine
ganze Weile halten werden. Und sehr gerne mag ich auch
Nancy Wilson. Dann ist da noch ein Mädchens namens
Terry Thornton und ein Bursche namens Johnny Hartman,
den ich zu gerne höre, aber der schafft den Durchbruch einfach nicht. Ich glaube aber, da tut sich was. Wir halten eben
die Daumen, denn der ist für mich einer der großartigsten
Sänger, die wir haben.«

Johnny Hartman war schon lange im Geschäft und war
auch in Dizzy Gillespies Band gewesen. Er versuchte jetzt
eine Solokarriere. »Er und David Allen sind meiner Meinung nach beide als Sänger weit unterschätzt«, sagte Ella.

»Sängerinnen, die unterschätzt sind? Carmen McRae. Ja, ja, o ja. Auch Ernestine Anderson. Ich mag die Art, wie sie singen, zu gerne. Das gilt auch für Mel Torme. Alle haben sie ihren eigenen Stil. Keine singt wie die andere, aber da ist etwas in ihrer Stimme . . . vielleicht höre ich die Dinge anders als andere Leute. Meine Ohren hören nicht kommerziell. Meine Ohren hören, was mir gefällt, und vielleicht gefiele das einem anderen gar nicht.«

Smith' letzte Frage war: »Gibt es irgendwelche Leitlinien, irgendwelche Ratschläge, die Sie jungen Sängern mit auf den Weg geben möchten, wenn sie vielleicht heute abend die Übertragung hören?« Ella antwortete: »Wir haben so viele, die jetzt hochgekommen sind. Aber sie kommen hoch, und ehe man sich's versieht, sind sie wieder weg, mit Ausnahme von Brenda Lee. Mein Rat wäre, sie sollten die Schule weitermachen und im Sommer arbeiten, bis sie genau wissen, was sie wollen, denn in diesem Alter . . . wissen Sie, heute liegen die Dinge so, daß man wirklich Schulbildung haben muß, und das hämmere ich den Jungen und Mädchen pausenlos ein. Es mag leicht aussehen, in diese Welt einzudringen – in jede Welt heutzutage – und dann die Enttäuschung, wenn man es nicht schafft im Showbusiness und wenn man dann nichts hat, worauf man zurückgreifen kann.«[7]

Gott sei Dank hatte Ella damit keine Probleme. Ihre Bedeutung nahm noch zu. Anfang 1962 gewann sie den ersten internationalen Jazzkritikerpoll, gesponsert vom Magazin *Down Beat*, mit einer Drittelmehrheit gegenüber ihrer nächsten Konkurrentin. Während der letzten zehn Jahre hatte sie bei allen Polls im Jazz und in der Popmusik konstant an der Spitze gestanden, und bis zu dieser Zeit hatte sie in den Polls mehr erste Plätze belegt als jede andere Sängerin in der Geschichte.

Ella machte auch weiterhin regelmäßig Platten. Manchmal wurde sie von großen Orchestern wie dem von Nelson Riddle begleitet, manchmal nur von ihrem Quartett – Lou Levy am Klavier, Jim Hall an der Gitarre, Wilfred Middlebrooks am Baß und Gus Johnson am Schlagzeug, dann wiederum nur von dem Pianisten Paul Smith und einer Rhythmusgruppe. Granz nahm sie wiederholt bei Live-Konzerten im Ausland auf, und die Alben wurden in USA auf seinem alten Label Verve herausgebracht. Anfang der Sechziger gewann Ella noch weitere Auszeichnungen. Der Grammy, den sie 1962 als Top-Jazzvokalistin des Jahres erhielt, war der siebente in Folge. Aber wieder änderte sich der musikalische Geschmack. 1963 erreichten die Platten der Beatles die Vereinigten Staaten, und im Jahr darauf erschienen die vier Pilzköpfe selber in Amerika. Einheimische Plattenfirmen, unter ihnen auch Verve, beeilten sich, dem neuen Trend zu folgen. Aus diesem Grund entschloß sich Verve, die Verträge der Mehrzahl von Granz' Künstlern nicht zu erneuern. Die einzigen, deren Verträge erneuert wurden, waren Johnny Hodges, Stan Getz, Oscar Peterson und Ella Fitzgerald. Granz war enttäuscht: »Im guten wie im schlechten stand die Firma für etwas, als ich wegging«, sagte er Jahre später. »Aber die neuen Eigentümer waren Rechtsanwälte und Marketingspezialisten. Ich kann ihnen keinen Vorwurf daraus machen, daß ihnen das alles nicht so wichtig war wie mir. Es war nicht ihr Werk. Es wäre töricht von mir gewesen, wenn ich erwartet hätte, daß die Firma weitergemacht hätte wie bisher.«[8]

Aber im Laufe des Jahrzehnts wurde Granz immer wütender über das, was er die Kurzsichtigkeit der Firma nannte. Sarah Vaughan machte fünf Jahre lang kein einziges Album. Von den siebenundzwanzig Alben, die Granz mit Art Tatum für Verve aufgenommen hatte, war nicht ein einziges erhältlich noch überhaupt im Verve-Katalog aufgeführt.

Nur Ella fuhr fort, regelmäßig Platten zu machen, was weitgehend Norman Granz zu danken war. Sie versuchte auch im Trend zu bleiben, indem sie den Beatlessong »Can't Buy Me Love« aufnahm und noch einen eigenen Song schrieb mit dem Titel »Ringo«, beschwerte sich aber, daß die Diskjockeys ihn nicht spielen wollten. Glücklicherweise blieb sie dem Material im wesentlichen treu, das ihr das ganze letzte Jahrzehnt so viel Erfolg gebracht hatte. Der Pianist Tommy Flanagan, der sie von 1956 bis 1978 immer mal wieder begleitet hatte, nennt diese Periode ihre »große Zeit«.

»Als ich sie zum ersten Mal hörte, war ich noch in der Schule«, sagt Flanagan. »Sie war schon ein Star, wenn sie auch noch jung war. Ich hörte mir ihre Aufnahmen mit Chick Webb an. Ich war erst acht oder neun, als ich ›A-Tisket, A-Tasket‹ hörte, aber ich wußte, das war Jazz.«[9]

Flanagan begann Mitte der vierziger Jahre bei Dexter Gordon.

> Ich kam 1956 in New York an. Ihr Pianist war gerade ausgestiegen, und ich stieg ein, bis sie in Ferien ging. Ich arbeitete gerade mit Dizzys Band und lernte sie durch ein paar Freunde kennen. Ich spielte ihr nicht vor, ich hatte ja schon einen gewissen Ruf. Damals war Gus Johnson ihr Schlagzeuger, und Billy Morton war am Baß. Ich habe 1956 gerade mal drei Wochen mit ihr gespielt. Sie sang alle Arten von Musik, und auch heute singt sie noch viel von dem, was sie damals sang. Ich habe dann erst wieder 1962 mit ihr gearbeitet.
>
> Von 1962 bis 1965 spielte ich dann regelmäßig bei ihr. Ich hatte die Möglichkeit, mein eigenes Trio zu ihrer Begleitung zusammenzustellen. Das war gut. Ich konnte mir meine Musiker aussuchen. Vorher hatte ich ein Trio übernommen und mit Leuten gearbeitet, die schon da waren.
>
> Es war großartig, mit ihr zu arbeiten. Es gab eine Menge Proben. Sie hatte ein riesiges Repertoire, und man brauchte eine Zeit, um das alles zu lernen. Es war so viel Material da, weil sie mit Orchestern und Bigbands gearbeitet und Konzerte mit dem Trio gegeben hatte. Wenn sie eine Show in Las Vegas machte, war das wieder ein anderes Repertoire, und das mußte ich alles lernen.[10]

Ihre Zusammenarbeit war nicht mehr problemlos. Die Hauptschwierigkeit, wie immer, war Ellas Unsicherheit und ihr Wunsch nach Zuwendung. Wie Mel Lewis bemerkte:

Tommy machte dann wohl mal eine Bemerkung, ihr Unglück käme aus ihrer Unsicherheit, weil er so viel jünger war als sie. Außerdem war er ein gutaussehender Junge, der überall landen konnte, und ich glaube, das machte ihr Sorgen, denn da konnte alles mögliche passieren.

Aber wahrscheinlich war er ihr lieber als alle anderen. Zunächst einmal war er schwarz und begriff vieles besser als Paul (Smith) oder Lou (Levy). Die waren ja weiß, wenn sie auch exzellente Pianisten waren. Aber er war wohl einer von Ellas Lieblingsmusikern.[11]

In musikalischer Hinsicht gab es gar keinen Zweifel, die beiden hatten höchsten Respekt voreinander. So sagt Flanagan: »Es ist sagenhaft, wie sie die Musik interpretiert. Sie gehört zu den improvisierenden Musikern. Wenn sie einen Song brachte, dann improvisierte sie ihn von Anfang bis Ende. Ganz gleich, wer der Komponist war, sie machte aus allem, was sie sang, etwas Großartiges, aber ich glaube, am wohlsten fühlt sie sich bei Balladen. So höre ich sie am liebsten. Natürlich fallen ihr auch rhythmische Nummern nicht schwer – Up-Tempo-Sachen.«[12]

Der Autor Frank Tirro beschrieb Ellas Stil 1964 folgendermaßen:

Ihre 1964er Aufnahme von *You'd Be so Nice to Come Home To* (SCCJ, IV/8) ist ein exzellentes Beispiel dafür, wie sie eine romantische Ballade in eine maßvoll swingende Up-Tempo-Nummer verwandelt. Ella sieht sich als Teil einer Jazzcombo oder -band, wenn auch als Leadinstrument, denn wie es so üblich ist, trägt sie erst einmal das Thema vor und fährt dann mit einer Reihe von Chorussen fort. Nach dem ersten Chorus wird die Melodie des Popsongs beiseite gelassen, und sie improvisiert eine Melodie, tauscht auch gelegentlich Phrasen mit einem Instrumentalsolisten aus, schöpft die Möglichkeiten der Tonsprünge, des Stimmumfangs, der Artikulation, der rhythmischen Konstruktion aus und so fort. Der Text des Popsongs ist für ihre Darbietung ohne Belang, er bildet nur das Mittel zur Artikulation vokaler Klänge. Andere Silben können statt der ursprünglichen eingefügt werden, werden es auch oft. Wenn man ihre Solistik mit den Instrumentalsoli bekannter Swingmusiker vergleicht, fällt einem auf, daß ihre vokalen Phrasen genausogut auch von einer Trompete oder einem Altsaxophon gespielt werden könnten, ohne daß sie deshalb an Überzeugungskraft verlieren würden, und daß die meisten Instrumentalsoli ebensogut von der erstaunlichen Miß Fitzgerald als Scat gesungen werden könnten.[13]

Tommy Flanagan stimmt dem zu: »Es gibt keinen Unterschied zwischen Ella und den Musikern, nur daß sie die Leadsolistin ist. Man spielt hinter ihr wie hinter einem Horn oder wer sonst gerade führt. Sie hat einen sagenhaften Stimmumfang. Das Geheimnis ihrer Größe ist meiner Meinung nach die Energie, die sie in einen Song einbringen kann – nicht nur in einen, in alle Songs, die sie singt. Sie bringt es fertig, am Anfang so stark zu sein wie am Ende. Ihr ganzes Programm steht unter Hochspannung.«[14]

Die ganzen frühen sechziger Jahre hindurch absolvierte Ella sowohl zu Hause wie mit JATP im Ausland ein Konzertprogramm, das sie bis zur Erschöpfung forderte. »Sie machte sich keine Gedanken um ihre Stimme«, sagt Tommy Flanagan, »und sie war fast nie krank. Ich erinnere mich nur an ein einziges Mal, in Las Vegas, da setzte sie mal einen Abend aus. Die meisten Sänger, die in Las Vegas arbeiten, klagen über das Wüstenklima, das ihre Stimmbänder angreift. Aber das war es nicht bei Ella. Sie hatte einen Grippeanfall oder so was, der sie einen Abend lang umwarf.«[15]

Ella zufolge gab es um diese Zeit (Ende 1964 – Anfang 1965) noch eine andere Gelegenheit, bei der sie nicht singen konnte. Diesmal war es wegen einer Bemerkung, die Frank Sinatra über sie in einem Magazin-Interview gemacht hatte. Man hatte ihn nach seiner Meinung über einige seiner Zeitgenossen gefragt. Seine Einschätzung Ellas war, sie atme nicht richtig und deshalb sei ihre Stimmführung schlecht. Das war die gleiche Kritik, die Chick Webb vor dreißig Jahren geäußert hatte. Sinatras Kommentar brachte Ella aus der Fassung, und etwa eine Woche lang fiel es ihr schwer zu singen. Für jemanden, der so unsicher war wie Ella, reichte eine solche Kritik aus, um sie in die tiefste Depression zu stürzen. Sie fühlte sich vernichtet und fragte sich, ob sie überhaupt gut genug war, ihre Karriere fortzusetzen.

Waren Hochspannungsauftritte ohnehin schon zu ihrem Markenzeichen geworden, so versuchte Ella Ende 1964 – Anfang 1965 das noch zu steigern, indem sie versuchte, mit »Showmanship« zu überwinden, was sie für ein Abkühlen des amerikanischen Publikums ihr und ihrem Stil gegenüber hielt. Sie freute sich auf ihre nächste Europatournee, denn nach Übersee zu gehen, das war immer gut für ihr Selbstgefühl gewesen. Sie wurde nicht enttäuscht. In Paris wurde sie stürmisch gefeiert, in Dublin bekam sie eine stehende Ovation, die ihr die Tränen in die Augen trieb. In Hamburg wollten die Leute sie gar nicht von der Bühne lassen und verlangten eine Zugabe nach der anderen.

Im Frühjahr 1965, auf der Tournee mit ihrem und dem Oscar Peterson Trio, kam jedoch der Zeitpunkt, an dem sich schließlich die überaus strapaziöse Hochspannungsroutine auf ihren siebenundvierzigjährigen Körper auszuwirken begann. Die Truppe trat gerade in München auf, als Ella plötzlich mitten in ihrem Gesang anhielt und es so aussah, als wolle sie auf der Bühne umkippen. Gus Johnson mußte sie hinausbringen. Sie erholte sich so weit, daß sie die Tournee fortsetzen konnte. Aber der Arzt, den sie konsultierte, fürchtete, sie sei am Rande eines Nervenzusammenbruchs, und riet Granz, die Mehrzahl der für dieses Jahr noch verbleibenden Termine abzusagen. Als die Tournee vorbei war, ging Ella zurück nach Los Angeles, mit den Rufen der Fans in Warschau am Flughafen und an anderen europäischen Stationen »Lang lebe Ella – lang lebe Oscar – lang lebe der Jazz« noch im Ohr.

»Wir haben ein solches Tempo drauf«, hatte sie Margaret Laing von der *Sunday Times* in London gesagt.

Man rennt zum Essen, weil die Restaurants in manchen Hotels schon um 23.30 h schließen. Ich esse nicht gerne zwischen den Shows, das macht mich kurzatmig ... Auf dem Kontinent dauerte das zweite Konzert manchmal bis 3 Uhr morgens – in Frankfurt war es sogar 4.30 h –, und dann muß man früh aufstehen, um das Flugzeug mitzukriegen. In Amsterdam hatten wir eine Midnightshow gemacht, dann flogen wir nach Warschau, wo wir am Abend auftreten sollten. Ein Konzertsänger würde sich auf so etwas nie einlassen. Ich finde das nicht fair. Die Leute bezahlen doch – also sollte man auch eine gute Show bieten ... Manche Leute werden richtig wütend, wenn man krank ist. Aber wenn man jeden Tag seine Stimme strapazieren muß, kann niemand erwarten, daß man dann noch perfekt ist. Das Talent ist eine Gabe Gottes – man sollte sie nicht mißbrauchen. Ich will das jedenfalls nicht mehr tun.[16]

Mehrere Monate lang blieb Ella zu Hause in Beverly Hills. Sie machte keine Platten und gab keine Konzerte, wenn sie auch in ein paar Fernsehshows auftrat, darunter »The Bell Telephone Hour«, »The Andy Williams Show« und »The Dean Martin Show«.

Der Produzent, Schriftsteller und Kritiker Leonard Feather besuchte sie im Herbst in ihrem Heim und schrieb einen Artikel für *Down Beat*, in dem er bemerkte, daß sie selbst bei einem Interviewer, der ein alter Freund war, befangen war und sich scheute, »etwas zu sagen, was veröffentlicht werden sollte«. Erst nach einer gewissen Zeit wurde sie lockerer und offener und erzählte Feather, daß sie einen riesengroßen Stapel von Songs habe, die ihr die Leute geschickt hätten und den sie gerne durchsehen möchte. Sie hatte sich auch vorgenommen, Gitarrenstunden zu nehmen und sich schon Bücher über Akkorde gekauft.

Während Feather da war, kam Ray Brown jr. aus der Hollywood High School nach Hause. »Raymond ist sechzehn«, sagte Ella.

Hinter der Bühne im Apollo Theater. Ellas Garderobe spiegelt die Geschichte des berühmten Theaters wider. Die Namen des Sängers Wini
Johnson und des Bandleaders Les Hite sind in den Garderobentisch
eingeritzt. Ella erfrischt sich mit Milch und Doughnuts, umgeben von
Make up, Glückwunschtelegrammen und dem Photo eines Bewunde-
rers.   (Ken Whitten Collection)

Nachdem das Orchester auseinandergegangen war und Ella ihren Weg alleine machte, vertrat die Gale-Agentur sie zwar weiter, aber, nach Meinung John Hammonds und anderer, wenig einfallsreich.

(Archiv des Verfassers)

Ich mache mir Gedanken darüber, was ich mit ihm machen soll in puncto Musik. Er hatte einen sehr guten Lehrer, Bill Douglas, der sagte, er habe das richtige Feeling für Schlagzeug. Er hat's eben, und ich möchte, daß er daraus etwas macht und nicht nur diesen Go-Go-Beat spielt, wie ich das nenne, denn damit hat es ja angefangen. Aber er macht immer so kleine Wochenend-Gigs für ein paar Dollar und findet das ungemein aufregend. Mir wäre aber lieber, er konzentrierte sich darauf, Notenlesen zu lernen, damit er mit seinen Fähigkeiten mehr anfangen kann. Es ist gut, daß sein Vater jetzt nach Los Angeles zieht. Der wird wohl dahintersitzen und ihm klarmachen, daß er mehr tun muß. Ich glaube nicht, daß es Ray gefällt, daß der Junge immer mit solchen Gruppen spielt.[17]

Während ihrer Erholungspause nahm sie eine Einladung von Präsident Lyndon B. Johnson an, in einer Kampagne zur Hilfe für Jugendliche, denen der Schulbesuch versagt blieb, aufzutreten. Sie hielt das handsignierte Bild, das der Präsident ihr gab, hoch in Ehren.

Anfang September war Ella wieder auf Konzerttournee und trat mit dem Tommy Flanagan Trio, dem Wild Bill Davis Trio und dem Nelson Riddle Orchestra im Melodyland in Anaheim auf, und dabei trug sie eine blonde Perücke.

Im selben Herbst taten sie und Duke Ellington sich zusammen und nahmen ein neues Album auf. Norman Granz kam aus der Schweiz angeflogen mit seiner jungen Frau Hanne, einer früheren Flugbegleiterin, die er im August geheiratet hatte. Diese Session ging bei weitem glatter vonstatten als die vorherige. Der Pianist und Arrangeur Jimmy Jones hatte unterwegs die Tonarten von Ellas Vocals für den Duke übertragen und einige Arrangements geschrieben.

Ella, die bei Plattensitzungen ebenso nervös war wie auf der Bühne, konnte einen vollendet schönen Vokalpart beenden und dann fragen: »Bist du auch sicher, daß das in Ordnung war, Duke?« Ellington versicherte ihr dann, es sei o. k., aber das reichte Ella noch nicht, sie wandte sich zur Bestätigung noch an Granz im Kontrollraum. Granz war nicht der Mann, jemanden in allgemeinen Floskeln zu loben oder mit schönen Worten den Rücken zu stärken. Oft schlug er einen zweiten Take vor, und Ella machte ihn, ohne zu murren. Im großen und ganzen verliefen die Sessions gut, und wenn alles vorbei war, gab Ella zur Feier des Ganzen in ihrem Haus eine Party.

Anfang November gaben sie und Ellington mit seinem Orchester ein Konzert im Front Amphitheater in Stanford. Dabei begleitete sie ein Quartett mit Lou Levy am Klavier, Joe Comfort am Baß (Comfort war kürzlich beim Nat King Cole Trio ausgestiegen und ins Orchester Nelson Riddle gegangen), Gus Johnson am Schlagzeug und Herb Ellis an der Gitarre. »Geht nicht weg!« rief sie einem Paar zu, das während ihres Solos gehen mußte. »Ich singe gleich mit der Duke-Ellington-Band! Ihr verpaßt was!« Sie war in Hochform.

Am nächsten Tag ging sie wegen völliger Erschöpfung ins Mount Sinai Hospital in Hollywood.

Aber die Monate erzwungener Ruhe Anfang des Jahres hatten ihr gereicht und sie weigerte sich aufzuhören. In der Woche danach traf sie mit Earl (Fatha) Hines, dem dieses Engagement die seltene Gelegenheit bot, eine Bigband zusammenzustellen (für das Club-Business war ein Quartett praktischer) im Riverboat im Untergeschoß des Empire State Building auf. Zu den Musikern, die sie für diesen Termin engagierte, gehörte auch Eddie Barefield, der schon in den Tagen nach Webbs Tod mit ihr gearbeitet hatte.

Anfang Dezember war sie in New York bei einem »Tribute to Louis Armstrong« in der Carnegie Hall, gesponsert von der American Guild of Variety Artists.

Die Bewunderung des Publikums für sie war nicht geringer geworden, aber auch sie hatte das Publikum immer noch fest in der Hand. Victoria Secunda, ein Ella-Fan, erinnert sich:

An einem Samstagabend – wie an allen Samstagabenden – war ich mit einem Freund auf der Rush Street in Chicago, diesmal im Mr. Kelly's, im Innenraum, um meiner Muse möglichst nahe zu sein. Ella war nicht nur in Topform, sie war auch so etwas wie die Alterspräsidentin des eleganten Schuppens. Wenn einige beschwipste Zuhörer immer weiter lachten und schwätzten, hörte sie einfach auf zu singen. Einer besonders, angetrunken und unaufmerksam wie er war, wollte nicht ruhig sein. In ihrem nächsten Song, ›Why Can't You Behave?‹ – Warum benimmst du dich nicht anständig? – ersetzte Ella diese Worte am Schluß durch die Zeile ›Why can't you be *quiet*? – Warum kannst du nicht ruhig sein?

Ich schickte ihr einen Zettel hinter die Bühne, auf dem ich ihr schrieb, wie sehr ich sie bewundere und noch etwas des Inhalts, daß Fans, die irgend jemanden, der Ihrer Herrlichkeit nicht den schuldigen Respekt erwies, kurzerhand erschossen hätten, keine fünf Sekunden im Knast bleiben würden, da sie ja schließlich nur der moralischen Pflicht eines Fitzgerald-Groupies nachgekommen seien.

Bei Beginn des nächsten Sets fragte Ella, wer aus dem Publikum ihr den Zettel geschickt habe. Meine Hand fuhr in die Höhe, und sie widmete mir dann »My Funny Valentine«. Ich hab' fast geweint.[18]

1965 hatte Ella zum ersten Mal seit vielen Jahren keinen Hit unter ihren Platten.

Es gab jedoch andere Arten der Anerkennung. 1966 wurde sie von der *Los Angeles Times* zur Frau des Jahres gekürt. Im Jahr darauf gewann sie den Pied Piper Award der American Society of Composers, Authors und Publishers, auch wurde sie von *Harper's Bazaar* auf die Liste der »hundert erfolgreichsten Frauen des zwanzigsten Jahrhunderts« gesetzt.

Im Sommer 1966 arrangierte Norman Granz eine JATP-Tournee nach Europa mit Ella und Duke Ellington mit seinem Orchester, dessen Höhepunkt das Art Festival in St. Tropez war. Ende Juni machte Ella eine Aufnahme mit dem Ellington-Orchester beim Juan-Les-Pins Art Festival. Zurück in den Staaten, traten sie im September im Greek Thea-

ter in Los Angeles auf bei einem Konzert, das live mitgeschnitten wurde.

1967 entschloß sich Norman Granz noch einmal, ein letztes Mal, eine JATP-Tournee durch die Vereinigten Staaten
zu machen. Er holte alle seine Lieblingsmusiker zusammen,
darunter Benny Carter, Coleman Hawkins, Oscar Peterson
und Ella, und allen machte die Tournee Freude. Aber Granz
wurde nur in seiner Ansicht bestätigt, daß Tourneen in den
USA sich nicht lohnten. »Nie wieder«, sagte er. »Ich habe
wohl Profit gemacht, aber es ist zuviel Aufwand bei der Produktion, zuviel Arbeit und vor allem zuviel Ärger. Das
macht keinen Spaß mehr, wenigstens nicht in den Staaten.«[19]

Aber Ella machte es immer noch Spaß. Musik und Auftreten – wann immer und wo immer sie konnte –, das war auch
weiterhin ihr Leben, wie es das nun schon an die fünfunddreißig Jahre gewesen war.

10. Fine And Mellow

Die siebziger Jahre begannen vielversprechend für Ella. Der musikalische Geschmack änderte sich schon wieder. Die großen sozialen und politischen Unruhen der Sechziger und die Morde an Präsident Kennedy, Malcolm X, Martin Luther King jr. und Robert Kennedy mögen zur Sehnsucht nach früheren, einfacheren Zeiten beigetragen haben. Das Singen in intimen kleinen Cabarets wurde wieder modern. Die Ära der riesigen Konzert-»Happenings« schien sich erschöpft zu haben. Selbst der Bigbandsound wurde wieder interessant. All die großen Orchester, die sich trotz des nachlassenden Interesses an ihrer Musik gehalten hatten – Ellington, Basie, Lionel Hampton –, bekamen plötzlich mehr Einladungen, als sie bewältigen konnten. Diesem Trend folgend, formierten Musiker, die früher in Bigbands gespielt hatten, wieder Bigbands. So ging es auch mit der Chick-Webb-Band, die Eddie Barefield, der sie schon nach dem Tode von Chick Webb für kurze Zeit geleitet hatte, Anfang der siebziger Jahre wieder zusammenstellte und mit der sogar Ella gelegentlich einmal auftrat.

Für viele war der Rock 'n' Roll heruntergekommen, er war zügellos und dilettantisch geworden, und so sehnten sich die anspruchsvolleren Hörer wieder nach Professionalismus und Können. Ella behauptete immer, sie habe schon jahrelang Anzeichen für diesen Trend gesehen, nun sähen es die anderen endlich auch. Darüber hinaus wurde Ella, die nun fünfzig Jahre alt und schon fünfunddreißig Jahre im Showgeschäft war, allmählich zu einer ehrwürdigen Institution, was seine Vor- und Nachteile hatte.

Beruflich brachte es überwiegend Vorteile. Sie wurde nun zu den gehobeneren Regionen der amerikanischen Musik zugelassen. 1972 trat sie zum ersten Mal mit den Boston Pops auf, und im Laufe der nächsten drei Jahre trat sie mit mehr als vierzig Symphonieorchestern überall im ganzen Land auf.

In den USA wurde sie nun zum idealen Objekt für Ehrenbezeigungen. Sie war es gewohnt, im Ausland von Würdenträgern am Flughafen begrüßt zu werden, so Anfang 1970 in Bergen, Norwegen, vom Bürgermeister und einer Menge von fünftausend Leuten. Aber zu Hause – besonders in New York, das nicht leicht von irgendwelchen Berühmtheiten beeindruckt war – mußte man schon ein gewisses Alter und eine gewisse Würde erreicht haben, ehe der Bürgermeister auf jemanden aufmerksam wurde. Als Ella Anfang 1970 in New York ein Gastspiel gab, erklärte John Lindsay, der Bürgermeister dieser Stadt, den betreffenden Tag zu »Ella's Day«.

Am 30. März 1970 trat Ella zum ersten Mal im Empire Room des Waldorf Astoria auf – ein Meilenstein für die Bewohner und Stammgäste, wenn nicht sogar für jedermann. Es war ein Zeugnis für die veränderten sozialen Zustände, daß in den Pressemitteilungen des Waldorf erwähnt wurde, Ellas neueste Komposition sei ein Song zum Gedenken an Martin Luther King jr., der zwei Jahre vorher ermordet worden war. Sie erlebte es noch, daß die Rassenschranken fielen, wenigstens für prominente Schwarze. Sie mußte sich nicht länger auf Norman Granz verlassen, wenn sie sicher sein wollte, daß sie unterwegs erstklassige Bedingungen vorfand. Das machte das Leben für Ella erheblich leichter, denn sie verbrachte ja immer noch mehr als vierzig Wochen im Jahr auf Tournee.

Frank Sinatra kündigte 1971 seinen Rückzug aus dem Rampenlicht an, wenn er diese Entscheidung auch bald darauf noch einmal zurücknahm. Ella dachte überhaupt nicht ans Aufhören. »Ich denke, ich singe so lange, wie das Publikum mich hören will«, sagte sie Reportern in Sao Paulo, Brasilien, im Juni 1971, »oder bis ich zu alt bin oder heirate.«

Das war die Kehrseite der Alterswürde – je älter sie wurde, je legendärer, desto mehr schwanden ihre Aussichten auf Ehemann und Privatleben. Offensichtlich klammerte sie sich noch an den Traum von Seßhaftwerden und normalem Familienleben. Wie sie das aushalten würde, als »Heimchen am Herd« nach so vielen Jahren des Umherreisens, daran verschwendete sie keinen Gedanken. Realistisch gesehen war es zu spät für Ella, ein befriedigendes Berufsleben aufzugeben für ein befriedigendes Privatleben. Und wenn ihr Berufsleben auf dem Spiel stand, dann wußte Ella ohnehin, was ihr wirklich wichtiger war.

Die Augen hatten Ella schon jahrelang Schwierigkeiten bereitet. Auf der Bühne mußte sie bei hellem Licht blinzeln. Hinter der Bühne störten sie die Blitzlichter der Photographen. Dr. Arthur Logan, der seine Praxis in Harlem hatte und neben anderen Berühmtheiten auch Duke Ellington behandelte, erkannte die Gefahr einer Augenkrankheit. Ellas Freundin Marian Bruce, inzwischen Mrs. Arthur Logan geworden: »Ich erinnere mich noch, daß Arthur ihr viele Male gesagt hat: ›Sie müssen aufhören, Make-up aufzulegen.‹ Sie schwitzte immer so sehr, wenn sie auf der Bühne stand und sang, und dann wischte sie sich die Augen, und da blieb dann all das Zeug drin hängen. Arthur lag ihr andauernd damit in den Ohren: ›Durch den Schweiß in Verbindung mit dem Make-up entzünden sich Ihre Augen.‹ Aber Ella legte weiter Make-up auf.«[1]

1971 wurden Ellas Augen so schlecht, daß sie sie schließlich untersuchen ließ. Die Ärzte stellten grauen Star im rechten Auge fest. Ella unterzog sich einer Operation, um ihn entfernen zu lassen, anscheinend mit vollem Erfolg. Danach bekam sie Kontaktlinsen verpaßt. Aber die taten ihr weh, und sie war zu eitel, um in aller Öffentlichkeit auf der Bühne eine Brille zu tragen. »Sie behielt alles im Kopf«, sagt Marian Logan. »Sie wollte einfach keine Brille tragen.«

Als ob der Verfall ihres eigenen Körpers noch nicht genug gewesen wäre, erlebte Ella auch immer häufiger den Verlust von Freunden und Kollegen. Besonders schmerzlich war ihr der Tod Louis Armstrongs am 6. Juli 1971 durch Nierenversagen als Folge einer Herzattacke. Ella war einer der freiwilligen Sargträger bei seiner Beerdigung am 9. Juli in New York, bei der es, dem Wunsche von Lucille Armstrong, Louis' Witwe, entsprechend, keine Musik gab, nur das Vaterunser wurde gesungen.

Der Jazzmusiker und -historiker Phil Schapp erinnerte sich: »Ella verehrte Louis, sie verehrte ihn wirklich. Sie machte den ganzen weiten Weg von Kalifornien zu seiner

Beerdigung. Sie kam und betrauerte Louis Armstrong, weil er einen so großen Einfluß auf sie gehabt hatte . . . sie begriff sein Timung und seine Phrasierung wie nur wenige andere Sänger.«[2]

Auch George Wein erinnert sich: »Ella kam mit dem Flugzeug und saß in Trauerkleidung in der Bank vor mir. Danach flog sie gleich zurück. Ihr lag nichts an Publicity. So ist sie eben.«[3]

Keter Betts ging im Dezember wieder zu Ella, diesmal auf Dauer. Der Bassist hieß eigentlich William Thomas Betts, aber seine Mutter hatte ihn als Kind immer »little mosquito« genannt, und schließlich nannte ihn jeder Keeter. Anfang 1950 war Betts Mitglied in Washingtons Trio gewesen. Ray Brown, mit dem er immer noch Golf spielt, hatte ihn Ella empfohlen: »Ich habe zuerst 1964 mit ihr gespielt – wir machten eine Platte, ›Ella in Hamburg‹. Ich kam etwa im September 1964 zu ihr und blieb bei ihr bis Juli oder August 1965. Ich glaube, ich bin für Bill Yancey gekommen. Sechsundsechzig bin ich wieder bei ihr eingestiegen für einen Monat in New York, und dann noch einmal achtundsechzig für fünf Wochen in Europa. Das endete damit, daß ich noch vier weitere Wochen bei ihr blieb.«[4] 1971 ersetzte er Frank De Rosa. Das Tommy Flanagan Trio bestand nun aus Flanagan, Betts und Ed Thigpen am Schlagzeug. Der Star war aber immer noch Ella.

Am 25. April 1972 feierte Ella zu Hause in Los Angeles ihren vierundfünfzigsten Geburtstag. Durch ein Mißverständnis bekam sie keinen Geburtstagskuchen. »Könnt ihr euch so was vorstellen?« sagte sie ein paar Tage später. »Meine große Familie – jeder dachte, der andere brächte einen Kuchen mit, und so brachte ihn keiner mit.«[5]

Zu der Zeit bezeichnete Ella mit »Familie« schon etwas anderes als nur die Verwandten. Mit diesem Ausdruck belegte sie den kleinen Hofstaat, der immer mit ihr reiste – ihre Sekretärin/Gesellschafterin Arlene, ihr Roadmanager Pete Cavallo und ihr Trio. Keter Betts nannte die Truppe auch »die Familie«: »Wir proben bei ihr zu Hause. Sie kocht für uns – sie ist eine gute Köchin. Sie ist sehr nett zu der Familie – zu uns, gibt uns zu Weihnachten immer hübsche Geschenke. Was mich betrifft, ich habe alles mögliche bekommen, vom Golfbeutel bis zum Mantel.«[6]

Ella sagt über ihr Trio: »Ohne die Jungs wäre ich verloren. Die kennen jeden Schritt, den ich tue.«[7] Diesen Kommentar gab sie anläßlich eines Interviews, als sie mit dem Trio in The Cave in der Innenstadt von Vancouver auftrat. Bob Smith interviewte sie noch einmal in der Sendung »Hot Air«. Er erzählte seinen Hörern, Ella sei »von Natur aus so schüchtern und bescheiden und dabei vor allem so liebenswürdig. Auf der Bühne sieht sie fabelhaft aus und bewegt sich jetzt mit Anmut. Sie hat auch die Vorstellung überwunden, nur eine hochbegabte Vokalistin zu sein, wodurch sie sehr gehemmt war (und), ist nun fähig, wenigstens ein Minimum an Show hinzulegen, was in einem Nachtclub natürlich unbedingt nötig ist.« Als er mit ihr sprach, machte er ihr Komplimente über »Ihre Frisur, Ihr Kleid, Ihre Art sich auf der Bühne zu bewegen – alles an Ihnen, Sie sind wieder wie ein Teenager«.

Ella entgegnete: »O danke, mein Lieber. Nun, Bob, ich bin überglücklich, daß die Augenoperation . . . also es ist ein reines Vergnügen, daß ich jetzt, wenn ich arbeite, um mich schauen kann und die Gesichter der Leute sehe und den Ausdruck auf ihren Gesichtern, wissen Sie. Wir haben diesmal versucht, das Programm ein bißchen anders zu machen, anstatt alles nur modern oder alles nur in einem Stil. Ich habe versucht, eine Mixtur zu bringen aus Dingen von gestern und heute. Wir haben nämlich so viele Leute gefunden, die begeistert waren, wenn wir Songs wie ›Indian Summer‹ und ›Begin the Beguine‹ brachten. Und da die Bands auch wiederkommen, sind das doch wohl Dinge, die die Leute wieder hören wollen.«

Das Arrangement für »Begin the Beguine« schrieb Marty Paich, ein Pianist und Arrangeur, der schon einige Jahre mit Ella gearbeitet hatte. Rein zufällig hatten Ella und die anderen ganz willkürlich eine Reihe Bandleader und Tanzlokale von früher aufgerufen, und das Publikum reagierte spontan mit eigenen Namen und Lokalen, so daß das seitdem zum Teil des Programms geworden war. Sie erinnert sich: »Ich fing an mit ›Benny Goodman‹, ›Tommy Dorsey‹ – und die Leute applaudierten schon, kaum daß ich die Namen ausgesprochen hatte, also behielten wir das bei. Einige der Namen von Tanzlokalen waren Sweet's Ballroom, als wir gerade in Kalifornien spielten, Trianon Ballroom, der Greystone Ballroom in Detroit, der Savoy Ballroom. Wir fingen an, uns an verschiedene Plätze zu erinnern, an denen wir gespielt hatten und wo berühmte Tanzlokale waren, und die Leute aus den diversen Städten klatschten begeistert, also war es doch ein Mordsspaß.«

Aber Ella hielt sich auf dem laufenden. In ihrem Repertoire in Vancouver fand sich auch das Thema aus »The Mod Squad«, einer beliebten TV-Show über drei Hippies als V-Männer. »Das Programm verpasse ich nie«, erzählte Ella Bob Smith, »und das ist ein sehr schöner Song. Jedesmal wenn ich ihn höre, sage ich mir: ›Da muß es doch einen Text zu geben‹, und ich ließ die Leute im Büro mal herumsuchen und feststellen, wer ihn geschrieben hat, und wir fanden heraus, daß der Mann nur noch *eine* Kopie des Textes hatte. Ich hielt den Text für so schön, daß ich gleich angefangen habe ihn zu singen. Ich würde ihn so gerne aufnehmen, wissen Sie, so mit einer Bigband, er ist so schön.«[8]

Gegen Ende der siebziger Jahre beschrieb Tommy Flanagan, wie er und Ella ständig das Repertoire erweiterten:

> Manchmal kommt Ella mit einer Melodie an, die sie irgendwo gehört hat, oder ich schicke ihr einen Song, der meiner Ansicht nach für sie wie geschaffen ist. Dann setzen wir uns zusammen und suchen die Tonart, die ihr am meisten liegt. Sie erzählt mir, wie sie sich vorstellt, daß der Titel gesungen werden müßte – ernst oder verspielt oder witzig – je nachdem, welche Stimmung sie aus dem Song heraushört. Dann arbeite ich eine Orchestrierung aus, die Vorstellungen von ihr und von mir enthält, und dann versuchen wir es gemeinsam.
>
> Aber ein Arrangement ist für Ella nur der Rahmen, in dem sie sich bewegt. Innerhalb dieses Rahmens macht sie alles mögliche, weil sie manchmal das Gefühl hat, der Song solle etwas über den Komponisten aussagen dürfen. Manchmal gibt sie der Improvisa-

tion einen neuen Dreh, sogar wenn wir schon auf der Bühne sind und spielen. Sie mag ein bißchen hinter dem Beat sein oder ein bißchen voraus, aber sie weiß immer genau, was sie macht.[9]

Ella bekam bald die Gelegenheit, Songs in größerer Vielfalt aufzunehmen, denn Norman Granz hatte beschlossen, wieder ins Plattengeschäft einzusteigen. Der Anlaß dazu war ein Ella/Basie-Konzert, das er Anfang 1972 in Santa Monica arrangiert hatte. »Ich weiß nicht, welcher Teufel mich geritten hat, das zu tun, aber ich beschloß, es mitzuschneiden«, sagte er 1979.

> Während der Aufnahmen bekam ich die Idee, noch ein paar Überraschungsgäste hinzuzufügen. Oscar war gerade in der Stadt, und dann nahm ich noch Stan Getz, Roy Eldridge, Harry Edison, Ray Brown und einige andere dazu. Es machte viel Spaß und es ging sehr gut, und ich wollte hinterher mal sehen, wie die Platte wohl gehen würde. Ich gab einen kleinen Teil als Versandangebot heraus, und es war eine Katastrophe. Es wurden einhundertundfünfzig Stück verkauft. Aber ein paar gingen nach Europa, und ich bekam einen Anruf von der Polydor, sie gäben mir weltweite Vertriebsrechte, wenn ich wieder ins Plattengeschäft ginge. Das war so gut, da konnte man nicht nein sagen.[10]

Granz gründete die Pablo Records, nach seinem Lieblingsmaler Pablo Picasso genannt. Er hatte einen großen Teil seines Vermögens dafür ausgegeben, dessen Werke zu erwerben, und einige davon verkaufte er nun, um sein neues Label zu finanzieren. Das Motiv für Pablo war nicht der Profit – wenigstens nicht das Hauptmotiv. Granz hatte so viel Geld gemacht, wie er zu brauchen glaubte (Nat Hentoff sagte einmal von Granz, er sei getrieben von einem alttestamentarischem Zwang, ein Gerechter zu sein). Sein Motiv war nunmehr, diejenigen Menschen glücklich zu machen, die der Jazz glücklich machen konnte.

Drei Jahre später schrieb Hentoff: »Ich erinnere mich noch, ich sah Norman Granz aus einem Meeting mit Verkaufsleitern der großen Plattenfirma kommen, die Pablo Records hier im Land vertrieb. Die Verkaufsleiter hatten Bedenken gehabt, weil von einem bestimmten Album des Pianisten Tommy Flanagan nur 3000 Stück verkauft worden waren. ›Na und?‹ brüllte sie Granz an. ›Wenn 3000 Leute Freude an Tommy Flanagans Musik haben, warum sollte man sie ihnen nicht zukommen lassen?‹[11]

Im Juni 1972 ging Ella mit einer Gruppe des alten Stammteams von JATP in ein Plattenstudio in Hollywood, dazu kamen noch einige neue Musiker: Charles Turner, Al Aarons, Carroll Lewis und Shorty Sherock, Trompete, J. J. Johnson, Bill Watrous und Dick Noel, Posaune, Christopher Riddle, Baß-Posaune, Wilbur Schwartz und Harry Klee, Flügelhorn, Bill Green und Mahlon Clark, Klarinette, Gordon Schoneberg und Norman Benno, Oboe, Bobby Tricarico und Don Christlieb, Baritonsax, Paul Smith, Klavier, Ralph Grasso, Gitarre, John Heard, Baß, und Louis Bellson, Schlagzeug. Ella und die Musiker nahmen eine Gruppe von Cole-Porter-Songs auf, arrangiert von Nelson Riddle.

Zwei Monate später in Palo Alto, Kalifornien spielte sie ein Album mit dem Count-Basie-Orchester und dem Tommy Flanagan Trio ein, dessen Titel sich von einem Cole-Porter-Medley bis zu einem Thema aus der TV-Show »Sanford and Son« erstreckten.

Da Ella noch bei der Columbia unter Vertrag war, hatte Granz eine Abmachung mit der Columbia getroffen, nach der er sie für Pablo aufnehmen durfte. Sie war begeistert von diesem Arrangement, und der Columbia wurde klar, daß Granz' Entschluß, wieder ins Plattengeschäft einzusteigen, ein Wiedererwachen ankündigte, das es zu nutzen galt.

Nicht lange nach der Plattensession mit Basie, während ihres Gastspiels in Verona, Italien, fing Ellas linkes Auge an zu bluten. Sie ging nach Monte Carlo, wo ein hervorragender Augenspezialist war, Dr. Miller Berliner. Nachdem er sie untersucht hatte, gab er ihr den Rat, sie solle eine lange Pause einlegen, sonst würde sie ihr Augenlicht vollständig verlieren. Sie bestand jedoch darauf, zu einem Konzert zu

Ehren von Louis Armstrong nach Nizza zu gehen. (Das Konzert wurde zwar mitgeschnitten, erschien aber als Album erst 1983.) Sie trug auf der Bühne eine dunkle Brille, und die Lampen waren heruntergedreht, trotzdem mußte sie ihr Engagement dort abkürzen. Sie flog nach Paris, wo Dr. Berliner sich nun aufhielt. Er befahl ihr die Rückkehr nach Beverly Hills und völlige Ruhe. Norman Granz verlor keine Zeit und stellte Ellas Engagements bis zum Spätherbst zurück. Zu Hause versammelte Ella ihre ganze Familie um sich, und über kurz oder lang lebten nicht nur ihr Sohn, Ray jr., bei ihr, sondern auch ihre Nichte mit ihren beiden Kindern, zehn und drei Jahre alt. Sie sammelte Kochrezepte, sie renovierte ihr Haus. Sie setzte sich auch mit der Retina Foundation und anderen Wohltätigkeitsorganisationen, die sich mit Augenproblemen befaßten, in Verbindung, und nachdem sie sich wieder erholt hatte, gab sie gelegentlich Benefizkonzerte für sie. »Die Leute denken nicht daran, wie wichtig das Augenlicht für sie ist«, sagt sie oft.

Nach dieser langen Pause war Ella die Häuslichkeit leid und versessen darauf, wieder auf der Bühne zu stehen. »Als der Arzt seine Zustimmung gab«, sagte sie, »grinste ich nur und fing sofort an. Wir probten zu Hause mit den Jungs und traten dann öffentlich auf. Mir schien, meine Stimme sei anders geworden und saß nun irgendwo höher oben, es war ein merkwürdiges Gefühl. Aber die Jungs lachten nur und sagten, die Stimme sei schon in Ordnung so.«[12]

Ihr Zeitplan war nicht mehr so hektisch, wie er vorher gewesen war. »Wir machen das nicht mehr so wie früher«, erklärte sie.

Wir arbeiten viel weniger als vorher. Natürlich waren wir letztes Jahr sieben Wochen in Europa, dann gingen wir für vier Wochen nach Südamerika, dann zurück nach Europa, und da bin ich krank geworden. Ich vermute, es war alles ein bißchen zu schnell, und ich lasse jetzt wesentlich langsamer gehen. Jetzt sind wir immer so etwa drei Wochen irgendwo, und dann gehen wir für zwei Wochen nach Hause, dann wieder drei oder vier Wochen fort und dann wieder nach Hause. Keine Hetzjagd mehr.[13]

Ende November trat Ella im »All Star Swing Festival« in der Philharmonic Hall in New York City auf, bei dem Duke Ellington, Benny Goodman, Bobby Hackett, Count Basie, Teddy Wilson und andere zusammenkamen und das erneute Interesse an der Swingmusik feierten. Ella war es, die man dazu auswählte, den »Salute to Louis Armstrong« mit ihrer Interpretation von »Hello Dolly« zu eröffnen. Darin änderte sie den Text schon bald in »Hello Louis«, als hoch über der Bühne ein riesiges Bild von Armstrong erschien.

Anfang Dezember 1972 trat Ella zum ersten Mal nach über zwei Jahren im Norden von Kalifornien auf. Fred Wyatt, der in *Down Beat* über ihr Fünf-Tage-Engagement schrieb, erwähnte nichts von einer Veränderung ihrer Stimme. Er erwähnte jedoch, daß »das Ausmaß ihrer Sehbehinderung schmerzhaft deutlich wurde, da sie beim Betreten und Verlassen der Bühne auf die Hilfe zweier Männer angewiesen war, die sie rechts und links am Arm führten. Manchmal war einer der beiden der besorgte Basie. Auf der Bühne sprang sie herum und sang ihre Up-Tempo-Nummern mit ihrem berühmten Überschwang unter immer neuem Applaus und ›standing ovations‹ des Publikums.«[14]

Mit Ellas Stimme war alles in Ordnung. Tatsächlich wird die vokale Transponierung eines Songs – »Lemon Drop« –, die Ella im Sommer 1973 aufgenommen hatte, heute noch als Lehrbeispiel für Improvisationen benutzt.

Anläßlich des Newport Jazz Festival, das mittlerweile so groß geworden war, daß es alljährlich in New York City abgehalten wurde, nicht mehr in Rhode Island, wurde Ella ein »Salute« in der Carnegie Hall gewährt. Sie trat mit dem Chick Webb Orchestra auf, das man noch einmal wiederaufleben ließ – einer siebzehnköpfigen Band unter der Leitung von Eddie Barefield, mit Taft Jordan, Dick Vance, Francis Williams und Frank Lo Pinto, Trompete, George Matthews, Al Cobb, Garnett Brown und Jack Jeffers, Posaune, Chauncy Haughton, Pete Clark, Arthur Clarke, Bob Ashton und Haywood Henry, Holzbläser, Cliff Smalls, Klavier, Lawrence Lucy, Gitarre, und Beverly Peer, Baß – und mit Roy Eldridge, Eddie (Lockjaw) Davis und Al Grey, denen die Aufgabe zufiel, die Erinnerung an Jazz at the Philharmonic wieder lebendig zu machen. Aber eine schlechte Anlage machte es den Musikern schwer, die im ersten Teil des Programms auftraten, das Beste aus sich herauszuholen. Ella bestritt die zweite Hälfte der Show.

Ausschnitte dieses Konzertes und anderer in der Carnegie Hall wurden aufgenommen und in einem Doppelalbum als »Newport Jazz Festival: Live at Carnegie Hall« herausgebracht. Dan Gailey vom *Jazz Educator's Journal* schrieb 1987 dazu: »Wer ernsthaft die Improvisation studiert, wird von Ellas Improvisationen manches lernen können, denn wenn man genauer hinsieht, entdeckt man, wie ähnlich ihre Soli denen der großen Instrumentalsolisten des Bebop sind. Der relativ schlichte Anfang ihres Solos entwickelt sich zu einem furiosen Sturzbach von Noten, der eine genau Parallele zu denen vieler Bläser bildet.« Es folgten eine detaillierte Transkription – soweit eine detaillierte Transkription von Scatsilben überhaupt möglich ist – und Bemerkungen über »ihre unglaubliche Beherrschung der Tonfolgen ... ihre Art, Zitate zu verwenden ... ihre Behandlung einzelner charakteristischer Phrasen«.[15] Ella, die keine regelrechte Ausbildung im Notenlesen gehabt hatte, wäre entzückt gewesen, wie ernst man ihre Improvisation nahm, obwohl sie, wie so viele Leute, sich nur schwer vorstellen konnte, was mit dieser Transkription eigentlich gemeint war.

Damals hatte sie schließlich doch begonnen, auf der Bühne gelegentlich eine Brille zu tragen, wenn sie zu viele Schwierigkeiten mit den Augen hatte. Entweder mußte sie das tun, oder sie mußte sich wie ein Krüppel bewegen, was für ihre Eitelkeit ein noch schlimmeres Übel gewesen wäre.

Im Januar darauf erhielt Ella in der Abery Fisher Hall in New York als erste Popsängerin und als erste Frau die Lincoln-Center-Medaille, die vor ihr schon Dmitri Schostakowitsch und Andres Segovia bekommen hatten. Das Publikum an diesem Abend füllte nicht nur die Halle, sondern auch den freien Platz auf der Bühne. Es war ein unvergeßlicher Abend für Ella, die immer ganz demütig wurde, wenn sie so hohe Auszeichnungen bekam.

Das Album, das sie in diesem Monat aufnahm, »Fine and Mellow«, war wohl der genaue Ausdruck ihrer Empfindungen. Ein anderer Titel auf dem Album, das sie mit Clark Terry, Zoot Sims, Eddie »Lockjaw« Davis, Harry Edison, Tommy Flanagan, Joe Pass, Ray Brown und Louis Bellson für Pablo aufgenommen hatte, war »I'm Just a Lucky So and So«.

Nicht ganz vier Monate später starb Duke Ellington. Ella ging zur Beerdigung in der New Yorker Kathedrale St. John the Divine und sang eine Version seiner Komposition »In My Solitude«, die wie ein Klagelied war, und das ergreifende Spiritual »Just a Closer Walk with Thee«.

Sie gestand später traurig:

> Ich weiß nicht mehr so recht, was ich eigentlich gesungen habe. Ich habe das Gefühl, ich hab' einen ganz falschen Text gesungen, aber von da, wo ich stand, konnte ich direkt auf den Leichnam sehen, und ich war irgendwie wie zu Eis erstarrt. Ich wuße wohl, er würde eines Tages sterben, aber ich hatte ihn doch seit meiner Jugendzeit gekannt. Er sagte mir immer Dinge, die so vernünftig waren. Einmal hatte ich arge Probleme mit einer Liebesgeschichte, als er und ich im selben Theater arbeiteten, und da hab' ich ihn um Rat gefragt. Er sagte zu mir: »Ella, das ist wie Zahnschmerzen. Wenn der Zahn zu weh tut, dann muß er raus. Er fehlt dir zwar noch eine Weile; aber nachher geht es dir besser.«[16]

Zwei Jahre davor, während eines Gastspiels in Vancouver, BC, hatte sie Bob Smith erzählt: »Er hat mir gesagt, er wolle eine Show für mich schreiben, und da warte ich jetzt drauf, denn das weiß ich, so etwas mit seinen Songs, das wäre das Allergrößte.«[17] Eine Show am Broadway war ein langgehegter Traum Ellas, aber Ellington ist nicht mehr dazu gekommen, ihn ihr zu erfüllen.

Die Beerdigungen kamen ihr schon wie etwas Gewohntes vor. Sie arbeitete sehr gerne mit Count Basie, aber sie merkte, daß man sie beide langsam nur noch paarweise arbeiten ließ, weil sie die einzigen großen Namen waren, die aus der Blütezeit des Swing und Jazz noch übrig waren.

In diesem Dezember war Ella Ehrengast bei der Eröffnung des Ella Fitzgerald Center for the Performing Arts im Princess Ann Campus der University of Maryland. Dieser Bau, der 1,6 Millionen Dollar gekostet hatte und über zwölfhundert Studenten beherbergen sollte, war die erste Einrichtung, die nach einem schwarzen Künstler benannt wurde.

»Jeden Abend, wenn ich bete, danke ich Gott für diese wunderbare Ehrung und daß ich noch da bin und sehen kann, daß das alles wirklich in Gebrauch ist«, sagte sie einige Jahre später. »Sie wissen ja, solche Dinge passieren immer erst, wenn jemand schon gestorben ist, aber ich bin noch da und erlebe es noch.«[18]

1975 wurden Ella und Basie mit Frank Sinatra zusammengetan, einer weiteren Legende und Überlebendem der vergangenen Tage. Die Eintrittspreise für ihr Konzert im Uris Theater in New York City betrugen jedoch 1975 bereits $ 40 für alle Orchesterlogen und Logen, von $ 35 bis $ 15 für Parterresitze. Es gab zwar einiges Grummeln über die hohen Preise, aber die drei hatten während ihres zweiwöchigen Gastspiels ständig ein ausverkauftes Haus, was für drei Senioren in einer überwiegend auf die Jugend ausgerichteten Ära nicht schlecht war (Sinatra war achtundfünfzig, Ella siebenundfünfzig und Basie einundsiebzig). Natürlich war die Mehrheit des Publikums im gleichen Alter und konnte sich die Eintrittskarten leisten.

Die Show gehörte in erster Linie Ella und Sinatra. Sie trat in der ersten Hälfte auf, er in der zweiten. Basies Gruppe spielte drei kurze Nummern zur Eröffnung des Programms und blieb dann im Hintergrund. Seltsamerweise tat Ella die Balladen, die sonst ihre Stärke waren, schnell ab und widmete den Up-Tempo-Nummern weit mehr Aufmerksamkeit als gewöhnlich. John S. Wilson schrieb, daß in »'T Aint Nobody's Business If I Do« »eine Komik spürbar wurde, die weit entfernt von der gedankenschweren Fassade war, die sie sonst zur Schau stellt«.[19]

Wenn auch die Basie-Band nicht so im Rampenlicht stand, wie sie es gewohnt war, so freute sie sich doch über jede Gelegenheit, mit Ella zu spielen. Ein Kritiker schrieb um diese Zeit in der *Stereo Review*: »Diejenigen, die Vergnügen daran finden, Fitzgeralds Leistungen herabzusetzen, sollten sich einmal die Gesichter der Musiker genau ansehen, wie die der Leute in Count Basies Band, wenn sie sie in einem Konzert begleiten.«[20]

1976 erhielt Ella die Ehrendoktorwürde des Dartmoor College für ihre künstlerischen Leistungen. In der Urkunde wurde sie als »eine der erfolgreichsten Gesandten, die unser Land je gehabt hat«, bezeichnet.

Im gleichen Jahr zeigte Norman Granz, dessen Label Pablo nicht annähernd den kommerziellen Erfolg seiner früheren Verve-Platten erreichte, der Welt, daß er, rein zum eigenen Vergnügen, eine neue Plattenserie mit Konzerten herausgab, genannt The Pablo Jazz Festival. Zunächst brachte er im Mai 1975 die beiden Künstler zusammen, deren Vertretung er nie aufgegeben hatte, ganz gleich, wo er gerade war – Ella Fitzgerald und Oscar Peterson –, und machte ein Album »Ella and Oscar«.

Consumer Reports besprach das Album, und wenn dieses Magazin sogar die Bibel der Spülmittelverbraucher sein konnte, dann mußte es erst recht die besten Jazzplatten kennen. Der Kritiker Martin Bookspan schrieb:

> Die Wiedervereinigung der drei (Granz, Ella und Oscar) ergab ein Album, das ein Schulbeispiel des klassischen Jazz ist. Hat Ella je verführerischer geklungen, hat sie jemals die Texte mit solcher Sensibilität und solcher Eindringlichkeit erfüllt, wie es uns aus diesen Rillen entgegendringt, und hat sie ihre Stimme jemals besser in der Gewalt gehabt, so daß sie auf jede Biegung und Wendung reagiert? War Oscar Peterson ebenfalls jemals freier und wagemutiger, um mit ihr dennoch eine vollkommene Einheit zu bilden? In vier von neun Titeln setzt der Bassist Ray Brown diesen

ausgezeichneten Aufnahmen noch ein besonderes Glanzlicht auf.[21]

Ella und Oscar traten im November 1976 beim Pablo Jazz Festival in der Carnegie Hall auf, zusammen mit dem Gitarristen Joe Pass, der durch seine brillanten Soli bekannt geworden war, und der Count Basie Band (ohne Count Basie, der kurz zuvor einen Herzanfall erlitten hatte). Ein Kritiker bemerkte, sie schiene lockerer und in der Tat jovialer und kommunikativer, als sie sich in der Vergangenheit präsentiert hatte. Es freute sie sehr, daß sie wieder mit Peterson arbeiten konnte.

Nun, da Norman Granz im heimischen Plattengeschäft wieder präsent war, sah es so aus, als wolle er versuchen, die verlorene Zeit, mehr als ein Jahrzehnt, aufzuholen. Seine Veröffentlichungen auf Pablo waren überaus umfangreich, als blieben ihm nicht mehr viele Jahre, um das Werk der großen Jazzmusiker zu dokumentieren. Ella machte Mitte der siebziger Jahre eine große Anzahl Aufnahmen.

Sie nahm im Februar 1975 und im Februar 1976 zwei Alben mit dem Gitarristen Joe Pass auf. Das erste war eine Live-Aufnahme mit dem Tommy Flanagan Trio im Ronnie Scott's Club in London. Das zweite war ein Album nur mit Ella und Joe unter dem Titel »Fitzgerald and Pass ... Again«. Die Nummern enthielten unter anderem »'Tis Autumn«, »Solitude«, »Nature Boy«, »Tennessee Waltz« und »Rain«. Für dieses Album erhielt Ella den 1976er Grammy Award für die »Best Jazz Vocal Performance« – ihr siebenter Grammy, aber auch ihr erster seit 1962, womit sich eine Lücke zwischen den Grammy Awards schloß, die viel zu groß war.

Granz war eifrig damit beschäftigt, die Musik anderer Old-Time-Jazzgrößen zu dokumentieren. Er nahm im Montreux '77 Jazz Festival nicht weniger als sechzehn Alben auf, darunter auch »Ella Fitzgerald with the Tommy Flanagan Trio«, »Count Basie Big Band«, »Oscar Peterson Jam« und »Pablo All-Stars Jam«. Zwanzig Jahre früher, 1957, hatte er schon ca. ein Dutzend Alben vom Newport Jazz Festival herausgegeben, aber dies war eine erstaunliche Menge, selbst für ihn.

Unterdessen kümmerte sich Granz darum, daß die wichtigen Alben, die Ella für Verve aufgenommen hatte, auch einem neuen Publikum zugänglich gemacht wurden. 1977 gab es eine Wiederveröffentlichung solcher Klassiker wie »Ella Fitzgerald and Louis Armstrong: *Porgy and Bess*«, »Ella Fitzgerald: The Cole Porter Song Book«, »Norman Granz Jam Sessions: The Charlie Parker Sides« und »Charlie Parker: The Verve Years (1950–51)«. Für Ella, die ja immer noch Platten machte, waren ihre früheren Arbeiten eine wunderbare Ergänzung zu ihren gegenwärtigen Pabloplatten.

Sie nahm jetzt häufiger solche klassischen Titel in ihre Bühnenshows auf, darunter auch Granz' aufwendiges Pablo Jazz Festival, das im Februar 1978 in Los Angeles abgehalten wurde.

Davor im selben Jahre wurde Ella noch bei der Verleihung der American Music Awards geehrt. Als Lou Rawls ihr den jährlichen »American Music Award of Merit« überreichte, strahlte sie und sagte nur einfach danke. Sie hätte es viel lieber gesehen, daß man sie gebeten hätte, zu singen statt zu reden.

Aber sie fuhr fort zu singen. Ihr Tourneeplan umfaßte wieder sechsunddreißig Wochen im Jahr, und sie sagte nur selten ab. Wie Keter Betts sagt:

> Vor etwa zwölf Jahren waren wir oben in Kalamazoo, Michigan. Wir kamen am Abend vorher an, um zu proben, und Ella hatte ein Abszeß an einem hinteren Backenzahn. Bei der Probe am nächsten Tag war ihr Kiefer arg angeschwollen. Die Leute, die das Konzert gaben – der Dirigent und alle –, wollten schon absagen, weil sie dachten, das hielte sie nicht durch. Aber sie sagte: ›Ich trete auf jeden Fall auf.‹ Sie trat am Abend auf, und der Kiefer war wirklich sehr geschwollen, aber sie sang, als ob nichts wäre. Am anderen Morgen war ihr Kiefer so dick wie eine kleine Melone. Sie flog nach L.A. und ging sofort zum Zahnarzt. Die Leute in Kalamazoo sagten, es gäbe da Leute, die sagten schon ab, wenn sie nur einen Niednagel hätten.[22]

Ella ist stolz darauf, daß sie, um im herkömmlichen Theater-jargon zu sprechen, ein zuverlässiges altes Schlachtroß ist, und wenn sie einmal nicht auftreten kann, dann hat sie einen wirklich guten Grund. Anfang März 1978 mußte sie sich bei einer ausverkauften Wochenendvorstellung in London entschuldigen lassen, weil sie Schüttelfrost und Fieber hatte. Auch mußte sie einmal ein Konzert in der Avery Fisher Hall in New York absagen, das am 19. März stattfinden sollte. Aber bald war sie wieder im alten Fahrwasser auf Konzertreisen und trat Anfang April in der Avery Fisher Hall auf.

»Miß Fitzgerald wurde mit einer lautstarken Ovation begrüßt und durch das ganze Programm hindurch immer wieder bejubelt«, schrieb John S. Wilson. »Sie reagierte darauf mit einer der schönsten Vorstellungen, die sie je in New York gegeben hat. Sie war hervorragend bei Stimme – mit seidig-dunklem Register bei Cole Porters ›Dream Dancing‹, traf ein paar gestochen scharfe Töne, die das Glas hätten zum Splittern bringen können, als sie sich durch ›How High the Moon‹ hindurchscattete, warf sogar einen ungewohnten Schrei ein beim ›St. Louis Blues‹ (Miß Fitzgerald hat nie zu denen mit den schmetternden Tönen gehört). Selbst ihre Ansagen zwischen den Songs, ein Gebiet, auf dem sie nie ganz zu Hause war, waren von einer Sicherheit und einer Leichtigkeit, die dem Selbstvertrauen, mit dem sie ihre Songs anging, gleichkamen.«[23]

Pam Day, eine Flugbegleiterin der Continental Airlines, erinnert sich:

> Es war gegen Ende der Siebziger (wahrscheinlich 78–79), als ich Ella Fitzgerald auf einem Flug von Chicago nach Los Angeles als Passagier hatte. Zufällig war im gleichen Flugzeug auch Billy Eckstine. Er saß hinten in der ersten Klasse, während Ella auf dem vorderen Sitz auf der anderen Seite saß. Keiner von beiden wußte, daß der andere auch im Flugzeug war, bis nach etwa einer Stunde, als Billy Ella entdeckte, sich zu ihr setzte – sie reiste allein – und einen langen, fröhlichen Schwatz mit ihr hielt.

Interessant an Ella Fitzgerald war jedoch, daß sie, als Billy gegangen war, ganz, ganz leise anfing vor sich hin zu singen – ›scatting‹ würde man das wohl nennen, denke ich. Das ging so, mal mehr, mal weniger, über eine Stunde lang, bis wir in Los Angeles landeten.

Mein Notsitz war vorne davor, so hatte ich da ein Konzert ganz für mich allein. Sie hatte die Augen geschlossen und merkte nicht, daß ich sie beobachtete, ihr zuhörte. Das war sowieso für niemanden bestimmt, und so etwas wie eine Probe war es auch nicht. Sie sang, weil sie schlicht und einfach gerne sang und ich war ganz verblüfft, daß sie das so gerne tat.[24]

Im Juni trat Ella beim Newport Jazz Festival in New York auf. Da schrieb Harold Fuller von der *News World*:

Ich ging mit einigen Vorbehalten hin (zum Konzert), denn man hatte mir fälschlicherweise erzählt, sie habe Probleme mit ihrer Stimme und mir könnten am Ende des Konzertes die Tränen kommen. Dem war nicht so. Ich war hingerissen, als Miß Fitzgerald mit Hilfe des Tommy Flanagan Trios, das die Festivitäten mit einem eigenen Set eröffnete, durch 13 Songs swingte ... Ich kann ehrlich sagen, daß ihre Stimme in bester Verfassung ist. Sie singt so dahin, und plötzlich trifft sie eine hohe Note mit atemberaubender Präzision. Darüber hinaus setzt sie ihre Stimme noch wie ein Musikinstrument ein und spielt den Part der Band. Das machte sie mehrere Male am Samstagabend, aber am bemerkenswertesten war es bei der »One Note Samba« und bei »How High the Moon«. Ihr Timing ist absolut vollkommen, und mehrmals fiel mir der erstaunte Ausdruck auf dem Gesicht (des Drummers Jimmy) Smith auf.[25]

Es war eine berauschende Zeit für eine Frau von sechzig Jahren mit Augenproblemen. In gewisser Weise waren die Siebziger so etwas wie die wiedererwachten Fünfziger. Norman Granz machte in stürmischem Tempo eine Platte nach der anderen, die Pablo Jazz Festivals brachten die alte Granz-Gang noch einmal zusammen, und für Ella war es noch einmal wie ein Neuanfang.

11. Die *Grande Dame* des Jazzgesangs

Zur Feier des Neuanfangs kaufte Ella ein Haus mit dreizehn Zimmern in Beverly Hills, da sie ihr altes Haus nicht noch einmal renovieren wollte. Außerdem brauchte sie für ihre Familie mehr Platz, ganz zu schweigen von all den Trophäen, Medaillen, Plaketten und Ehrenurkunden, die an den Wänden hingen und auf den Regalen lagen. Diesmal beschwerten sich die weißen Nachbarn nicht.

Die Preise und Ehrungen gingen weiter, darunter der Ehrendoktor für künstlerische Leistungen vom Talledega College in Alabama, die Stadtschlüssel der City von Birmingham, Alabama, von Bürgermeister Richard Arrington und eine Ehrenurkunde des Gouverneurs von Alabama, Fob James, alles Beweise für die neugewonnene Aufgeschlossenheit des Südens, wenigstens in bezug auf die schwarzen Berühmtheiten.

Im Herbst 1979 erhielt Ella eine der höchsten Ehrungen der Nation, als sie, zusammen mit Aaron Copland, Henry Fonda, Martha Graham und Tennessee Williams, im Kennedy Center for the Performing Arts in Washington D.C. für ihr künstlerisches Lebenswerk geehrt wurde. Dies war die zweite Gruppe, die auf diese Weise ausgezeichnet wurde, der erste Kennedy Center Award war im vorhergehenden Jahr Marian Anderson, Fred Astaire, George Balanchine, Richard Rogers und Arthur Rubinstein verliehen worden.

Der Abend des 2. Dezember 1979 begann mit einem Fünf-Uhr-Empfang im Weißen Haus, mit allem was dazugehört, Champagner, kaltes Büfett und Musik von der United States Marine Band. Präsident Carter nahm weder an dem Empfang noch an dem darauffolgenden Programm des Kennedy Center teil. Am 4. November 1979 war die amerikanische Botschaft in Teheran von Gefolgsleuten des Ayatollah Khomeini überfallen worden, die eine Gruppe von Amerikanern als Geiseln genommen hatten. Als erstes erklärte Mrs. Rosalyn Carter also den versammelten Gästen: »Wie Sie wissen, hat Präsident Carter alle öffentlichen Auftritte in dieser Zeit der Krise absagen müssen, und er ist besonders enttäuscht darüber, daß er heute abend nicht hier sein kann, um diese hervorragenden Künstler zu ehren – diese fünf Amerikaner gehören zu den begabtesten, die es je gegeben hat.«[1]

Das Programm im Kennedy Center war überaus reichhaltig, zwei Stunden, angefüllt mit Tributen von Stars für Stars, Lesungen, einem Film über ihr Leben und ihr künstlerisches Werk, Live-Auftritten und stehenden Ovationen. Peggy Lee sagte von Ella: »Ella Fitzgerald ist zum Standard geworden, an dem wir alle gemessen werden.« Für Ella, die sagte, sie habe die ganze Nacht davor nicht geschlafen, war es ein Höhepunkt in ihrer Karriere, und sie konnte die Tränen nicht zurückhalten. Sie tropften ihr über die Wangen, aber sie brachte es trotzdem fertig, da, wo sie stand, zum Beat der Count Basie Band mitzuswingen.

Der Schlußpunkt eines wunderbaren Jahrzehnts kam, als Ella in die *Down Beat* Hall of Fame gewählt wurde, die dritte also geehrte Frau (die beiden anderen waren Billie Holiday und Bessie Smith).

In den achtziger Jahren heimste Ella weitere Ehrungen ein. Im Herbst 1980 begam sie den Rose Award von den Kaufhäusern Lord & Taylor, der jedes Jahr an eine Person verliehen wurde, die einen hervorragenden Beitrag zur Kunst, zu Umwelt, Bildungswesen etc. geleistet hat (zu den anderen Preisträgern gehören Hal Prince und Lady Bird Johnson).

Im Februar 1982 wurden Ella Fitzgerald und James Cagney von Harvard's Hasty Pudding Club zur Frau und zum Mann des Jahres gewählt, einem Club, der sich selbst den ältesten Bühnenverband der Nation nennt und der hundertundvierunddreißig Jahre lang reine Männerrevuen auf die Beine gestellt hat. Die Zeremonien umfaßten eine Parade über den Harvard Square, eine Vorstellung mit ausgewählten Szenen aus einer Produktion des Clubs, *Sealed with a Quiche,* und der Überreichung des Hasty Pudding Pot an Ella und Jimmy. 1983 bekam sie als erste Frau den Whitney

M. Young jr. Award der Urban Leage von Los Angeles, der jedes Jahr jemandem verliehen wurde, der Brücken geschlagen hatte zwischen den Rassen oder den Generationen. (Die Urban Leage ist eine Vereinigung zur Verbesserung der Verhältnisse für die Schwarzen in den Städten. *Anm. d. Übers.*)

Die Litanei der Ehrungen geht weiter. Im Juni 1987 bekam sie den Doktorhut für Musik an der Yale University. Das war etwa die siebente Ehrung dieser Art, diese aber war etwas Besonderes. Mit einem Hinweis auf ihren ersten Gig mit Chick Webb bei einer Yale Fraternity Party vor fünfzig Jahren sagte sie: »Ich bin überwältigt. Hier, könnte man sagen, fing alles an.«[2]

Im Juni 1987 gehörte sie auch zu den elf Empfängern der National Medal of Arts, überreicht von Präsident Ronald Reagan. Unter den anderen Empfängern waren Romare Bearden, der Maler, Isamu Noguchi, der Bildhauer, und Dr. Armand Hammer, Industrieller und Kunstmäzen.

Um 1980 wurden die Wörter »Ella« und »Legende« immer öfter im Zusammenhang genannt. Ella, die in dem Jahr zweiundsechzig wurde, mochte es gar nicht, wenn man sie eine »Legende« nannte, und sagte: »Ich komme mir vor wie ein Überbleibsel.« Ironischerweise protestierte sie auch dagegen, daß man sie Miß Fitzgerald nannte – »Es ist so unangenehm formell« – über vierzig Jahre nachdem sie einst dagegen protestiert hatte, daß man sie *nicht* Miß Fitzgerald nannte.

Sie begriff sehr wohl, daß es ein Risiko war, wenn man sie zur Ikone machte, deren Musik weniger ernst genommen wurde als ihr Alter und ihr Platz in der Musikwelt. In den Siebzigern und Achtzigern mußte sie sich gezwungenermaßen ein dickeres Fell zulegen, um sich nicht niederdrücken zu lassen von Kritikern, die anfingen, mit schöner Regelmäßigkeit Anzeichen nachlassender Fähigkeiten festzustellen.

Die Jahre machten sich allmählich an ihren Stimmbändern bemerkbar. Ende der Siebziger stellten die Kritiker schon einen tieferen, dunkleren Ton fest. In den Achtzigern wirkte sich diese Veränderung in ihrer Stimme besonders auf ihre Balladen aus. Um das auszugleichen, stützte sie sich anfangs mehr auf ihre früheren, alten Standards, besonders die Swingnummern, und verjazzte fast alles.

In seiner Besprechung von »Ella Fitzgerald and André Previn Do Gershwin«, 1984 auf Pablo Records herausgekommen, schrieb Derrick Stewart-Baxter: »Ich war wohl noch nie den Tränen so nah wie da, als ich das zum ersten Mal hörte. Da ist eine alte, alte Dame, die nichts mehr zu geben hat außer einem großen Herzen und überragender Künstlerschaft. Ach, die Zeit hat sie eingeholt, und sie, das arme liebe Ding, hat nichts mehr, was sie uns noch geben könnte. Jeder Takt, den sie singt, klingt bemüht – es ist herzzerreißend – aber nicht um alles in der Welt (wie man so sagt) möchte ich diese Platte missen.«[3]

In einer Besprechung eines Ella Fitzgerald/Joe Pass-Konzertes in der Carnegie Hall im Juni 1985 schrieb Stephen Holden: ». . . ihre Stimme hat viel von ihrer Spannkraft und ihrer Intonationssicherheit verloren . . . Wenn Miß Fitzgerald einen Ton aushält, ist er oft dünn und zittrig, manchmal sogar flach. Dennoch bleibt Miß Fitzgerald, mit all den bemerkenswerten Mitteln, die ihr immer noch zur Verfügung stehen, ein Wunder an Intensität, besonders in ihrem rhythmischen Scatting.«[4]

Sie war nicht nur ein Wunder an Intensität, sie war auch ein Wunder an Flexibilität. Nachdem sie die Balladen eine Zeitlang beiseite gelassen hatte, was weder ihr noch ihren Fans gefiel, begann sie ihre Auftritte umzugestalten. Zum ersten Mal in ihrer Karriere fing sie an, sie mit echtem Geschichtenerzählen anzureichern, tiefer in die Texte einzudringen und sie mit ihren eigenen Erfahrungen zu verbinden und dabei einige unvermeidliche Reflexionen über die menschliche Natur einzuflechten. Nach fünfzig Jahren öffnete sich Ella Fitzgerald endlich ihrer Hörerschaft und zeigte echtes Gefühl.

Gleichzeitig schien sie sich auch wohler und freier auf der Bühne zu fühlen. Jahrelang hatten sich die Kritiker über ihre sichtbare Befangenheit ausgelassen, über ihr Tänzeln und Trippeln zwischen den Songs, das so gestelzt und eingelernt wirkte, daß sie sich offenbar ungeschützt vorkam und nicht schnell genug zum nächsten Song kommen konnte, als wäre er ein willkommener Schild gegen den direkten Kontakt mit dem Publikum. Wie der Kritiker John McDonough es einmal ausgedrückt hat: »Wenn die Musikerin in Fitzgerald einmal versagte, die Schauspielerin könnte sie nicht rausreißen.«[5] Nur gelegentlich, besonders wenn sie mit Oscar Peterson spielte, schmolz sichtlich etwas in ihr. Jetzt schien sie eher zur Kommunikation mit dem Publikum bereit zu sein. Einiges an ihrem Getrippel wirkte immer noch etwas mechanisch, aber sie zeigte eine erfrischende Wärme und Offenheit.

Ella nahm von Ende der Siebziger bis Mitte der Achtziger immer wieder Platten auf und sah, daß ihre früheren Alben wiederveröffentlich wurden. Sie gewann auch noch mehrere Grammy Awards, zwei davon 1980 für »Fine and Mellow« und »A Perfect Match – Ella and Basie«. Im Februar 1979 ging sie mit Count Basie und seinem Orchester ins Aufnahmestudio von Pablo Today zu »Ella Fitzgerald/Count Basie: A Classy Pair«. In der Basie-Band war auch Ray Brown. Ella und ihr Exgatte hatten damals schon dreißig Jahre lang miteinander Platten gemacht. 1982 herausgekommen, wurde die Aufnahme von *Jazznews International* »uneingeschränkt empfohlen«.

Das neue Jahrzehnt begann für Ella mit der Wiederveröffentlichung ihrer Verve-Aufnahme des »Duke Ellington Songbook«. Andere bemerkenswerte Wiederveröffentlichungen waren unter anderem »Ella in Hollywood«, ursprünglich 1957 aufgenommen, »Ella Fitzgerald/Billie Holiday: At Newport«, ebenfalls 1957 eingespielt, und »Whisper Not«, das Ella mit dem Orchester Marty Paich 1965 aufgenommen hatte. Unter den neuen Alben waren »Ella à Nice«, eine verspätete Veröffentlichung der Bandaufnahme eines Konzertes 1971 in Nizza, »Digital III at Montreux«, für das sie 1981 ihren elften Grammy Award bekam, und »The Best Is Yet To Come«, aufgenommen für das Label Pablo Today, für das sie dann 1984 ihren zwölften Grammy Award bekam (Ella hat mehr Grammys bekommen als jede andere Jazzsängerin). Einige dieser Alben sind auch auf CD herausgekommen.

Decca, die jetzt von MCA übernommen worden ist, hat

mit Ella-Reissues ein flottes Geschäft gemacht, wenn man auch daran, daß aus ihrer langen Decca-Zeit keine CDs existieren, sehen kann, welch vergleichsweise armseliges Material sie damals für Decca gesungen hat. 1981 verklagte Ella auf Drängen von Granz die Firma MCA Records, die ihre bis 1951 geschlossenen Decca-Verträge gekauft hatte, wegen falscher Angaben über ihre Verkaufszahlen und ihren Verdienst. Ihre Forderung war eine Million Dollar plus einer vollständigen Buchprüfung ihres Kontos bei MCA. Einzelheiten darüber, wie man sich geeinigt hat, sind nicht bekannt.

Eine ganze neue Generation von Ella-Fans kauften diese Alben. Jonathan Schwartz vom *Esquire* schrieb im November 1985:

> Lassen Sie mich hier einmal Ella ehren und Ihnen sagen, daß der Klang ihrer Stimme in weitaus größerem Maße aufgenommen worden ist als die Musik irgendeines menschlichen Wesens, das je gelebt hat, mit Ausnahme von Bing Crosby . . . aber Ella holt Crosby bald ein. Ganz leise, auf dem Label Pablo: Ella singt Jobim, Ella mit Nelson Riddle, Ella in Südfrankreich, Ellas Aufnahmen aus den Mittachtzigern, nachdem sie vier Jahre, bevor Deutschland in Polen einfiel, zum ersten Mal ein Aufnahmestudio betreten hat . . . Allein schon diese Alben, dann die enormen ELLA-Kästen in Music and Memories auf dem Ventura Boulevard in Sherman Oaks, bei Tower Records auf dem unteren Broadway in Manhattan, im Coop am Harvard Square, im HMV Record Shop am Oxford Circus in London. Ella-Kästen, Ella-Angebote, als sei sie so eine Art von wiederauferstandenem Beatle.[6]

1988, als Quincy Jones an »Back on the Block« zu arbeiten begann, seinem langerwarteten neuen Album, das vierzig Jahre afrikanisch/amerikanischer Musik feiern sollte, da holte er natürlich auch Ella dazu unter den Jazzveteranen, die er aufnehmen wollte. Bei der Einspielung von »Jazz Corner of the Word« sangen oder spielten Ella, James Moody,

Miles Davis, Sarah Vaughan und Dizzy Gillespie Jazzsoli, jedes davon eingeleitet von einem kurzen, gereimten Tribut durch Rapstars wie Kool Moe Dee und Big Daddy Kane. Ella machte das große Freude, und sie genoß die Gelegenheit, »im Trend zu liegen«. Aber man hatte sie erst dazu überreden müssen. Jones sagte: »Der Kummer mit Ella ist, *sie glaubt nicht, daß sie singen kann.* Sie ist die netteste Frau auf dem ganzen Planeten, aber sie begreift es einfach nicht.«[7]

In den siebziger Jahren war das Fernsehen schon allgegenwärtig, und Ella war Ende der Siebziger und Anfang der Achtziger oft darin zu sehen, Auftritte, die sie und ihre Musik noch bekannter und populärer machten. Specials mit Frank Sinatra und Duke Ellington Mitte der Siebziger werden heute als klassisch angesehen. Gegen Ende der Siebziger war sie praktisch Stammgast bei jedem bunten musikalischen Programm, darunter »Captain and Tenille« und bei PBS-Serien wie »Pop: The Great Singers«.

Im November 1979 nahm Ella ein eigenes TV-Special für PBS auf, in dem sie mit dem Trompeter Roy Eldridge, dem Tenoristen Zoot Sims, dem Gitarristen Joe Pass und der Count Basie Band als Gästen auftrat. Oscar Peterson hatte auch mitmachen sollen. Er hatte vorgehabt, von seinem Wohnsitz in Mississauga, Kanada, zu fliegen, aber da entgleiste ein Zug fünf Blocks von seinem Haus entfernt, und er geriet in die größte Massenevakuierung in der amerikanischen Geschichte.

Aber auch ohne Peterson ging die Aufnahme des Special hervorragend vonstatten. Norman Granz war zur Hand, um aufzupassen, daß alles reibungslos klappte. Die Aufnahme begann um 12.45 h mittags, und als alle um 14.00 h zum Lunch gingen, war schon die erste Hälfte der Show im Kasten. Eine ziemlich förmliche Lobeshymne von Basie für Ella und umgekehrt wurde leider von Ella verpfuscht, weil sie einige Texte durcheinanderbrachte und so eine Wiederholung nötig machte. Bei den nicht so förmlichen, zwangloseren Nummern in der zweiten Hälfte der Show ging alles glatt bis zu Ellas Titel mit Joe Pass.

»Der Anfang ging schon daneben, und Granz stoppte die

Aufnahme«, schrieb John McDonough, der bei der Aufnahme zugegen war.

> Ein zweiter Versuch klappte vollkommen. Nun blieb für diesen Nachmittag nur noch die Aufnahme des Anfangs- und des Schlußtitels der Show, die nur von Ella und Joe gespielt werden sollten. »Am I Blue« war mit einem Take erledigt, aber die Schlußnummer, »Once In A While«, erwies sich als die schwierigste des ganzen Tages. Es wurden nicht weniger als sieben Takes gemacht. Zweimal gab es technische Probleme. Bei einem anderen hatte Ella plötzlich beim letzten Ton einen Frosch im Hals. Mehrere Male wußte Ella den Text nicht mehr, was jedem Sänger bei Balladen passieren kann. Das Zeitmaß ist so langsam, daß einem die Gedanken manchmal davonwandern.
> Die ganze Zeit übte Granz eine sachkundige, aber niemals aufdringliche Kontrolle aus. Stoppuhr in der Hand, machte er sich Notizen auf einen kleinen Block. Besonders Ella verließ sich auf seinen Rat, seine Kritik und seine Bestätigung. Jedenfalls war alles in weniger als sechs Stunden gelaufen, inklusive Lunch.[8]

Die fertige Show wurde am 9. Dezember gesendet, eine Woche nach Ellas Ehrung im Kennedy Center.

Ellas wichtigster Ausflug ins Fernsehen war vielleicht ein Commercial für Memorex-Kassetten. Um zu demonstrieren, wie genau die Tonwiedergabe war, brachte das Commercial erst einmal Ellas Gesang, wobei ihre klare Stimme mit Verstärker ein Glas zerspringen ließ. Währenddessen wurde ihr Gesang auf einer Memorex-Kassette aufgenommen, und als sie abgespielt wurde, zerbrach Ellas Stimme von der Kassette wieder ein Glas. »Ist das nun live oder ist das Memorex?« fragte der unsichtbare Ansager. Dieses Commercial erwies sich nicht nur als höchst erfolgreich für Memorex, es machte Ellas Namen in Hunderttausenden von neuen Haushalten zum Schlagwort.

Natürlich wurde das Memorex-Commercial für die, die alles wörtlich nahmen, zum Standard für Ellas Gesang, den sie nur schwer aufrechterhalten konnte. Nach einem Konzert speziell für die Kinder von Columbia, South Carolina, hörte man einen Jungen sagen: »Na ja, ich mag ihr Singen ja ganz gern, aber ein Glas hat sie nicht zerbrochen.«

Von jeher hatten Live-Auftritte Ella emotionell und professionell am stärksten gestützt. Wenn sie auch ihren überaus anstrengenden Konzertplan in den Siebzigern drastisch verkürzt hatte, so erhöhte Ella die Zahl der Wochen, die sie jährlich auf Tournee war, in den Achtzigern wieder, 1984–85 sogar bis auf zweiundvierzig Wochen.

Im Zeitalter der Jets konnte Ellas »Familie« noch so weit auseinander sein, sie konnten immer noch oft genug zusammen auftreten. Ella wohnte in Los Angeles, Keter Betts in Silver Springs, Maryland, Arlene in New York City. »Die guten alten Flugzeuge«, sagte Keter Betts. »So spielen wir zum Beispiel zwei Wochen in New Orleans im Fairmont, dann ist da Schluß, und dann sagen wir: ›Also bis in drei Wochen in San Francisco.‹ Einmal waren wir in alle Winde zerstreut. Der Pianist wohnte in Arizona und der Drummer in Kopenhagen.«[9]

Leider verlor die reisende Familie Anfang 1980 zwei Mitglieder. Ganz plötzlich starb Ellas Sekretärin und Reisebegleiterin Arlene. »Das war für uns alle ein harter Schlag«, sagte Betts. »Wir waren ja nur sechs – Ella, Arlene, Pete und das Trio. Es war Samstagabend, wir hatten gerade aufgehört in York, Pennsylvania, und sie gaben eine große Party für uns im Hotel. Ich fuhr sie am nächsten Morgen nach Washington zurück, und von da aus fuhr jeder nach Hause. Wir sagten noch: ›Wir sehen uns in zwei Wochen‹, wo immer wir als nächstes spielen würden. Am Dienstag oder Mittwoch darauf rief Pete an und sagte, Arlene sei gestorben. So kamen wir dann schneller wieder zusammen, als wir gedacht hatten – zu Arlenes Beerdigung.«[10]

1979 erlitt Tommy Flanagan einen Herzanfall und mußte sich für eine Weile aus dem Geschäft zurückziehen. Jetzt spielt er wieder regelmäßig. Er und Ella haben wenig Kon-

Eine verhältnismäßig schlanke Ella mit Louis Jordan in den Decca-
Aufnahmestudios 1947. Ellas Einführung in den Bebop eröffnete ihr
eine völlig neue musikalische Welt.   (Frank Driggs Collection)

Obwohl Ray Brown wesentlich jünger als Ella war, verband die beiden eine tief romantische Beziehung. Hier sieht man sie mit Billie Holiday, Ellas Idol, und Illinois Jacquet. Im Vordergrund ein unbekanntes Paar.
(Ken Whitten Collection)

takt, wie es bei Ella üblich ist. Trotz all ihrer beruflichen Nähe hat sie kaum je eine Freundschaft mit Musikern gepflegt, wenn sie erst einmal aufgehört hatte, mit ihnen zu spielen. Paul Smith übernahm Flanagans Part. »Er ist immer noch bei ihr«, sagte der inzwischen verstorbene Mel Lewis 1989. »Auch er ist ein Beschützer für sie. Er nimmt sich gewissermaßen ihrer an.«[11] Das Paul Smith Trio bestand aus Smith am Klavier, Betts am Baß und Mickey Roker am Schlagzeug.

Ellas reichhaltiges Tourneeprogramm umfaßte auch wiederholte Trips nach Europa. Im November 1980 trat sie mit dem Oscar Peterson Trio und dem Jimmy Rowles Trio in London in der Royal Festival Hall auf (Rowles sprang bei dieser Tournee für Paul Smith ein).

Zurück in London, traten sie und Peterson weiter im Palladium auf. Der Kritiker der *Variety* empfand, daß »ihre mißglückten Versuche zu tänzeln von der Müdigkeit nach einer transatlantischen Reise zeugten, vielleicht aber auch von einer Karriere, die nun bereits weit ins fünfte Jahrzehnt geht.«[12] In der Tat, vielleicht. Ella feierte in diesem Monat ihren dreiundsechzigsten Geburtstag. Dennoch lagen zwei Shows pro Abend, sechs Tage lang im Grosvenor House in London, im November 1982 mit Oscar Peterson immer noch im Bereich ihrer Möglichkeiten (die Eintrittskarten kosteten £ 125 pro Stück und waren schwer zu bekommen).

Ihr Tourneeplan zu Hause stellte ähnliche Anforderungen. In diesem Sommer kam das Ohio Valley Cool Jazz Festival, das mit George Weins Newport Jazz Festival verschmolzen worden war, nach New York. Von einem bescheidenen Zwei-Tage-Ereignis 1954 in Newport, Rhode Island, das von dem Stride-Pianisten aus New Orleans veranstaltet und gehegt worden war, hatte sich das Festival zum größten musikalischen Ereignis seiner Art gemausert, das von Juni bis November in zweiundzwanzig Städten stattfand. Kein Jazz Festival, gleich welchen Namens, war komplett ohne Ella, und so war sie auch diesmal dabei mit dem Jimmy Rowles Trio plus Clark Terry und Zoot Sims als Gaststars.

Im November trat Ella an der University of South Carolina in Columbia für die Katanni Foundation auf, eine Organisation, die die Kunst der Schwarzen in die staatlichen Schulen tragen sollte. (Ein Junge aus diesem Publikum war es gewesen, der sich beschwert hatte, sie habe ja gar kein Glas zerspringen lassen.) Danach war sie noch, zusammen mit Jesse Jackson, Jacksons Mutter und Großmutter, Logiergast auf dem Landsitz des Gouverneurs W. Riley und seiner Frau. Jesse Jackson war gerade in Columbia unterwegs mit einer Kampagne für ein neues Wahlrecht.

Vom Paul Smith Trio begleitet, oft auch mit Joe Pass, begeisterte Ella das Publikum im Kennedy Center (mit zwei Wiederholungen, beide als Antwort auf stehende Ovationen vom gesamten, ausverkauften Haus im Juni 1983), bei einem Kool-Jazz-Festival-Konzert in der Carnegie Hall etwas später im selben Monat, und selbst an Bord eines Flugzeugs der Continental Airlines, um das kurzlebige Wiedererstehen des »Continental's Pub Compartment« zu fördern. (In dem Durcheinander, das in dem zehnsitzigen Abteil herrschte, vollgestopft mit Reportern und Photographen, und dabei immer in dem Bewußtsein, daß der Maler LeRoy Neiman sie für ein späteres Porträt, das die Luftfahrtgesellschaft in Auftrag gegeben hatte, skizzierte, versuchte Ella Haltung zu bewahren, obwohl man sie klagen hörte: »Meine Strümpfe rutschen.«)[13]

In jenem Sommer enthielt das Kool Jazz Festival auch einen Salut für die Frauen im Jazz. Natürlich führte Ella, die »*Grande Dame* of Vocal Jazz«, wie sie ein Kritiker genannt hat, das Programm in der Carnegie Hall, das aus zwei Shows bestand, an. Wieder wurde sie von der Basie-Band begleitet, mit der sie ja schon jahrelang eine geradezu klassische Kombination bildete. Leider stimmte es an dem Abend zwischen ihnen nicht so recht. Einige Kritiker bemängelten, mit der Basie-Band sei Ella schrill und klänge ganz mechanisch und sie sei nur relaxed, wenn sie mit ihrem eigenen Trio, dem von Paul Smith, singe.

Aber da hatte sie eben mal einen schlechten Abend. Meistens war sie in Form, ganz gleich, wer sie begleitete. Im Sommer 1985 trat sie mit Oscar Peterson im Wolf Trap auf.

In einer Kritik im folgenden Jahr über das Konzert, das im Fernsehen ausgestrahlt wurde, schrieb Jon Pareles in der *New York Times*: »Ella Fitzgerald ... geht bei jedem Song das waghalsigste Risiko ein. Mit leichtem Fingerschnippen saust sie in und um den Beat, springt von einem Register zum anderen und verwandelt den Sound ihrer Stimme von Louis Armstrongs Trompetenklang (in ›Lucky So and So‹) in ein melodisches Trommeln (in einer Scat-Version von ›Night in Tunisia‹).«[14]

Kurz vor der Mitte des Jahrzehnts jedoch zeigten die Zeit und Ellas anstrengendes Programm Wirkung. Im August 1985 klagte sie über »Kurzatmigkeit« und verbrachte eine Woche im George Washington University Hospital in Washington D.C. wegen Atembeschwerden. Sarah Vaughan sprang für sie ein beim Ravinia Festival in Highland Park, Illinois, wo Ella als nächstes hatte auftreten sollen. Ein Sprecher des Krankenhauses sagte: »Die Ursache der Atemprobleme war anscheinend wohl Flüssigkeit in der Lunge. Sie ist in guter Verfassung und erholt sich gut.« Die Ärzte rieten ihr, sich fünf Wochen zu Hause auszuruhen, ehe sie ihre Tourneen wiederaufnähme. Aber schon innerhalb eines Monats trat sie in einem Konzert in der Hollywood Bowl auf.

Das Publikum schnappte nach Luft, als es sie sah, denn sie hatte eine Menge an Gewicht verloren und sah zusammengefallen und abgespannt auf. Trotzdem war sie anscheinend immer noch ein Bündel Vitalität. Ihre erstaunliche Energie, sobald sie auf der Bühne steht, ließ sie nie im Stich. Mit ihrer Stimme war das etwas anderes. Besonders bei den Balladen klang sie zittrig und unsicher, und es schien, daß Ella ihr Vibrato nicht halten konnte. Aber immerhin war es auch ein kühler Abend und ein Konzert unter freiem Himmel, und sie war beinahe ein Jahrzehnt nicht mehr in der Hollywood Bowl aufgetreten. So konnte man ihre zukünftige Karriere wohl kaum nach diesem Konzert beurteilen.

Ellas Atemschwierigkeiten wirkten sich allerdings auf ihren Gesang aus. Ihre unsichere Atemkontrolle führte dazu, daß sie in Konzerten mehr mit den Instrumentalisten zusammenarbeitete und daß sie mehr Gewicht auf ihren Scatgesang legte. Dadurch konnte sie eher auf die lang ausgehaltenen Noten in den Balladen verzichten. Darüber hinaus verstärkte ihr extremer Gewichtsverlust den Eindruck, daß sie *nicht* gesund war. Aber sie strafte diesen Eindruck Lügen dadurch, daß sie einen anspruchsvollen Konzertplan durchhielt, darunter auch im Juni 1986 die Eröffnung von George Weins JVC Festival (früher Kool, noch früher Newport und nun nach der Audiofirma genannt, die es sponserte).

Zwei Monate später, Mitte August 1986, nach einem Auftritt in Lewiston, New York, litt Ella wieder an Atemnot und Blutandrang zum Herzen, und man brachte sie ins Niagara Falls Medical Center. Ihren Anfall nannte der behandelnde Arzt »eine vorübergehende Angelegenheit ... so was wie Lungenentzündung«. Er fügte noch hinzu, sie habe keinen Herzanfall gehabt. Nach drei Tagen durfte Ella das Krankenhaus verlassen und wurde ins Cedars Sinai Medical Center in Los Angeles gebracht. Am 19. August wurde sie aufgenommen. Am 3. September unterzog sie sich einer fünffachen Bypass-Operation.

Abgesehen von der Herztransplantation ist diese Prozedur die radikalste Herzoperation, die ausgeführt werden kann. Wenn sie auch heutzutage immer häufiger durchgeführt wird, ist sie doch nie ohne Risiko. Auch die medikamentöse Behandlung danach ist nicht risikofrei, denn sie muß sorgfältig ausbalanciert sein, um Komplikationen und mögliche ernste Nebenwirkungen zu vermeiden. Ella trat sechs Monate lang nicht auf.

Im Spätwinter 1986–87 konnte Ella es kaum mehr aushalten und sehnte sich danach, wieder auf der Bühne zu stehen. Eines Tages, als sie zu Hause übte, sang sie dabei einen hohen Ton und löste dadurch den Feueralarm aus. »Ist das Memorex oder ist das Alarm?« pflaumte sie die Feuerwehrleute an, die umgehend auf der Bildfläche erschienen waren.

Man hatte ihr Trio nach Los Angeles geholt, um mit Ella für ihr Comeback zu proben, und alle drei waren sie erfreut über ihre Fortschritte. »Als sie aus dieser Herzgeschichte wiederauftauchte, war sie stärker, viel stärker«, sagt Keter Betts. »Dazu war sie ja operiert worden.«[15]

Ihr erstes Konzert nach der Operation gab sie erst im

Frühling 1987. »Wir spielten im März im El Camino College (in der Nähe von Los Angeles)«, sagte sie im Juni 1987. »Das war der früheste Termin, den die Ärzte mir erlaubten. Ich hatte keine Ahnung, daß es vollständig ausverkauft war. Als ich rauskam, sagten sie alle: ›We love you, Ella.‹ So was ist wie Medizin für mich.«

Im Juni trat sie im Franklin and Marshall College in Lancaster, Pennsylvania, auf. Sie war immer noch anfällig, saß aber schon wieder in dem Wohnwagen, der ihr als Garderobe diente, kaute an einer Brezel und trank Sodawasser. Eine Menge von fünftausendfünfhundert Leuten war in das Footballstadion gekommen, um sie zu hören, und wieder bezeichnete Ella diesen Empfang als »Bestandteil meiner Medizin«.[16]

Im August 1987 mußte sie wieder länger als einen Monat ins Krankenhaus. Diesmal waren es Komplikationen wegen einer Diabetes, die Schmerzen und einen geschwollenen rechten Fuß hervorriefen. Nachdem sie aus dem Krankenhaus entlassen war, begann wieder eine längere Zeitspanne weitgehender Untätigkeit, während der sie zweimal in der Woche zur Therapie mußte. Sie vermißte das Reisen und war überglücklich, als ihr die Ärzte erlaubten, im März wieder aufzutreten. Sie gab dann drei Abend in Palm Springs.

Im Juni 1988 gab sie eine eindrucksvolle Vorstellung beim JVC Festival, zu dessen festem Bestand sie gehörte. Bei einem Konzert in der Hollywood Bowl im selben Jahr stolperte sie, als sie während der Show von der Bühne heruntertrat. Alle drei Mitglieder des Paul Smith Trios sprangen ihr bei. »Es ist alles in Ordnung. Ich bin o. k. Dann singe ich eben von hier unten«, sagte sie und versuchte den Vorfall als nebensächlich abzutun. Nach einer kurzen Pause hinter der Bühne kam sie wieder raus und sang »Since I Fell For You«. Im Juni 1989 trat sie wieder im JVC Festival in New York auf. Sie war sich bewußt, daß man sie nunmehr als anfällig und kränkelnd ansah, und so antwortete sie auf die »Standing Ovation«, die sie, wie immer, bekam, als sie auf die Bühne trat, mit: »Verwöhnen Sie mich nicht so – das können Sie hinterher tun, dann tut's mir gut.«[17]

Im Juli 1989 wurde ihre Art, sich auf der Bühne zu geben,

noch als »vital« bezeichnet. Vielleicht ging sie die Dinge langsamer an, aber *stoppen* konnte man Ella nicht, wenigstens noch nicht.

Im Frühherbst 1989 gingen sie und ihr Trio zum ersten Mal nach drei Jahren wieder ins Ausland. »Wir gingen nach Paris und machten eine große Sache drüben im Moulin Rouge«, sagt Keter Betts. »Die Frau des französischen Präsidenten sah eine große Show. Ella war die Hauptattraktion, und noch andere Stars gaben ein kurzes Gastspiel – Jane Russell, Lauren Bacall, Greg Louganis, Jerry Lewis, Tony Curtis . . . Norman Granz trafen wir auch drüben. Jetzt treten wir nur noch zwei- oder dreimal im Monat einen Abend auf. Wir blieben ja lieber eine ganze Woche hier oder da, damit wir eine gewisse Gleichmäßigkeit erreichen, aber so sind nun mal die ärztlichen Vorschriften, also richten wir uns danach.«[18]

Marian Logan sagt: »Das einzige, was mir aufgefallen ist, sie vergißt manchmal den Text. Aber es ist wunderbar, wie sie dann auf der Stelle einen Text erfindet, während sie da oben steht. Und dann fängt sie an zu lachen. Die Leute im Publikum, die den Text kennen, wissen wohl, wann sie raus ist, aber es klingt trotzdem großartig.«[19]

Phil Schapp sagt: »Sie packte das Publikum, nimmt es in den Arm und macht, daß es sie liebt. Wenn sie rausgeht auf die Bühne, dann tönt es immer lauter: ›We love you, Ella, wie love you, Ella.‹ Sie überwältigen sie einfach, und sie nimmt sie vollständig für sich ein. Es ist ein Erlebnis, das mit anzusehen.«[20]

Es saßen jetzt mehr junge Leute im Publikum als je zuvor. Gegen Ende der Achtziger erlebte der Classic Jazz eine erfreuliche Auferstehung, und das nicht nur unter den Zuhörern. Zum ersten Mal innerhalb zweier Jahrzehnte spielten junge Musiker ganz ernsthaft traditionellen Jazz. Seit Ende der Sechziger, als die Elektronik aufkam, klangen die Instrumente verzerrt, und der Jazz wurde schwer mit Funk und Rock durchsetzt, die technische Genauigkeit fahrengelassen zugunsten von Lautstärke und simplen Tanzrhythmen. Die Popularität des New-Orleans-Trompeters Wynton Marsalis, dessen Können auf dem Gebiet der klassischen Musik ebenso groß war wie auf dem Gebiet des Classic Jazz und der den jungen Musikern klarmachte, wie technisch schwierig der Classic Jazz sei, so daß sie die Ohren spitzten, dessen Popularität also brachte auch die jüngeren Musiker dazu, auf die präzise Technik, die Melodie und den Ton eines Instrumentes zu achten. 1980 spielten nur wenige Musiker unter vierzig Jahren Classic Jazz. Um 1990 gab es bereits Anhänger, die gerade dreizehn waren und schon spielten und aufnahmen. So wie sie die Jazzmusiker der Vergangenheit zu würdigen wußten, so würdigten sie auch die Sänger und Sängerinnen des Classic Jazz, und nach dem Tod von Sarah Vaughan war Ella fast die einzige, die noch übrig war als lebendiger Zeuge des Jazzgesang in seiner Blütezeit.

Als das letzte Jahrzehnt des zwanzigsten Jahrhunderts begann, kämpfte eine der Großen unter den lebenden Legenden des Jahrhunderts um die gleichbleibende Form und das Niveau ihrer Darbietungen, und das bei einem äußerst anspruchsvollen Konzertplan (diese Pläne machten 1990 für sie zum arbeitsreichsten Jahr seit langem). Dazu kam dann noch der ständige Kampf gegen ihre gesundheitlichen Probleme.

Am 12. Februar 1990 zollte die Musikwelt Ella in der Avery Fisher Hall Tribut in einem Konzert für den American Heart Association's Ella Fitzgerald Research Fellowship Fund. Das Konzert hieß »Hearts for Ella« und brachte eine Fülle von Großen zusammen, darunter Benny Carter, Lena Horne, Joe Williams, Jessye Norman, Bobby McFerrin, Linda Ronstadt, Cab Calloway, George Shearing, André Previn, Dizzy Gillespie und Honi Coles. Sie alle sangen, tanzten oder spielten eine Huldigung für Ella.

Ella trat selbst nicht auf, aber sie genoß die Show von einem Ehrenplatz im Publikum aus. Als Joe Williams sie schließlich auf die Bühne geleitete, ging sie unsicher, aber ihre Stimme war kraftvoll, als sie »Honeysuckle Rose« sang und scattete. Später sagte sie dann ab und ging nicht zu der Party, die für sie gegeben wurde.

Im Mai kam Ellas erstes Album innerhalb von fünf Jahren auf den Markt. Im vergangenen Frühjahr hatte sie mit den

Aufnahmen zu »All That Jazz« begonnen und dabei das Gefühl gehabt, sie sei völlig aus der Übung. Auch Norman Granz, auf dessen Pablo-Label das Album herauskam, war nahezu vier Jahre nicht mehr in einem Aufnahmestudio gewesen, aber er war von Natur zuversichtlicher als Ella. Ihrer selbst nicht sicher, ließ sie durch Granz die Musikkritiker abweisen, die bei den Aufnahmesitzungen dabeisein wollten, aber das Album wurde wundervoll. Begleitet von Benny Carter, Clark Terry und Harry Edison sang sie zehn Standardnummern, darunter »Dream a Little Dream« und »Jersey Bounce«, mit klarer, immer noch jugendlicher Stimme und vollendeter Musikalität.

Einige Wochen nach Veröffentlichung des Albums gab Ella ein Konzert in Paris und wurde zum »Commandeur des Arts et des Lettres« ernannt, die höchste Auszeichnung, die das Land für überragende künstlerische Leistungen zu vergeben hat.

Zurück in den Vereinigten Staaten, trat sie am 16. Juni in Minneapolis und am 29. Juni beim JVC Jazz Festival in New York auf. Peter Watrous schrieb in der *New York Times* über ihr Konzert in der Avery Fisher Hall: »Miß Fitzgerald stürzte sich in die Oktaven und wieder heraus, wechselte die Töne, spielte mit den Rhythmen herum, fügte den Songs Zitate hinzu und machte das Spiel zu einer ernstzunehmenden künstlerischen Demonstration.«

Ella und ihr kleines Gefolge fuhren dann rasch zurück nach Europa, um bei mehreren Jazzfestivals Konzerte zu geben. Aber in Den Haag, wo sie beim North Sea Jazz Festival auftreten und mit einer besonderen Gala geehrt werden sollte, lag sie krank in ihrem Hotelzimmer und mußte wegen Erschöpfung und Flüssigkeitsmangel ins Krankenhaus. Sie war gezwungen, nach USA zurückzukehren und ihr Erscheinen bei den Festivals von Montreux und Antibes abzusagen.

Ella Fitzgerald ist nicht die einzige unter den alternden Musikern, die auf der Bühne Jahrzehnte abschütteln können, aber einen hohen Preis für die Verausgabung von Energie und Emotion bezahlen, sobald sie aus dem Rampenlicht verschwunden sind. Bei dreißig geplanten Konzerten für das Jahr 1990 waren die Bemühungen all derer um sie herum, sie gegen energiefressende Aktivitäten von außerhalb abzuschirmen, zwar gut gemeint, aber das Ergebnis war eine zunehmende Isolation. In dem Wunsch, sie zu schützen, riskieren die Leute um sie herum, deren Job es ist, ihre Auftritte zu arrangieren und ihr Berufsleben zu überwachen, ihr die Gelegenheit zu nehmen, alte Freunde und Bekannte zu sehen, deren Gesellschaft ihr Freude machen würde.

So sagt Marian Logan:

> Sie hielt meinen Sohn Chip immer auf dem Schoß, als er noch ein kleiner Junge war. Dann, als Chip aus dem College kam, schickte ich ihr ein paar Bilder. Sie sagte, sie habe sie nie bekommen. Ich sagte zu ihr: »Sag doch lieber Mary Jane, sie soll dich mal in deine Post sehen lassen«, ich hatte ihr nämlich auf meinem guten blauen Tiffany-Schreibpapier geschrieben, mit meinem Namen auf dem Umschlag. Sie sagte: »Na ja, ich krieg doch immer so viel Post«, und ich sagte: »Du solltest eben doch deine Post durchsehen, denn manches davon möchtest du bestimmt sehen.« Ich hab ihr dann noch einmal einen Packen geschickt, nachdem sie letzten Sommer hier beim JVC Festival war.
>
> Ich spreche so etwa einmal im Monat mit ihr, und ich hab' sie auch nach dem Festival hier angerufen. Sie war ganz außer sich, daß ich nicht zu ihr gekommen war. Ich sagte: »Ella, ich war da, aber die haben mich nicht reingelassen.« Sie sagte: »Ich sah deinen Namen auf der Liste und schickte Phoebe runter, um dich zu holen.« Ich sagte: »Aber die haben mich doch nicht reingelassen, und dann war ich es schließlich leid, es weiter zu versuchen.«
>
> Ich sagte ihr, wie sehr mir ihr Kleid gefiel, das sie im zweiten Teil trug. Sie ist immer so glücklich, wenn sie so etwas zu hören bekommt. Ich sagte: »Ella, du sahst phantastisch aus in dem Kleid im zweiten Teil.« Sie antwortete: »Mädchen, das Ding ist dreißig Jahre alt.« Ich sagte: »Also das solltest du öfter tragen, das steht dir wunderbar.«[21]

Selbst Freunde in Los Angeles berichten, daß es schwer ist, zu Ella durchzudringen. Sie wird von den Leuten um sie herum abgeschirmt wie auf einer Insel. »Das sind hauptsächlich Granz und seine Leute«, sagt einer. »Sie tut nichts ohne seine Zustimmung.« – »Sie war immer ein einsamer Mensch«, sagt Marian Logan.[22]

Heutzutage zieht Ella es vor, möglichst nahe bei ihrem Wohnort zu bleiben. Jeden zweiten Tag läßt sie sich von ihrem Chauffeur zum Einkaufen im Carl's Market, Ecke Santa Monica Boulevard und Doheney Street in Los Angeles, fahren. Wenn sie nicht kochen mag, ruft sie ihren Freund Maurice Prince von Maurice's Snack 'n' Chat auf dem West Pico Boulevard an, und Maurice kommt dann zu ihr und kocht für sie.

Ihre Familie bedeutet ihr viel. Ray jr., der eine Zeitlang in Alaska gelebt hat, wohnt momentan in Seattle, Washington, wo er eine kleine Band hat. Obwohl er und seine Mutter, dem Vernehmen nach, nicht besonders gut miteinander auskommen, besucht er sie doch im Urlaub. Das tun auch ihre Schwester und ihre Nichten und Neffen. Die Tochter von Ray jr. wurde 1985 in Alaska geboren, und Ella ist hocherfreut, ein Enkelkind zu haben. »Sie liebt dieses Kind abgöttisch«, sagt Marian Logan. »Sie wünscht sich so sehr, in irgend etwas weiterzuleben, und das bedeutet dieses Enkelkind für sie.«[23]

Gelegentlich, noch 1985, hat Ella auch den Wunsch geäußert, ihre Memoiren zu schreiben, und erklärt: »Ich möchte schreiben, um junge Leute zu ermutigen, die glauben, sie hätten keine Chance, weil sie aus armen Familien kommen.«[24] Bis jetzt, beim Schreiben dieses Buches, hat sie keine Anstalten gemacht, ein solches Projekt zu beginnen. Wenn man bedenkt, wie eisern sie ihre Gefühle unter Verschluß hält, würde eine Autobiographie ihr wohl sehr schwerfallen.

Man kann sich kaum vorstellen, daß eine Frau, die von fremden Menschen in aller Welt so allgemein geliebt wird, als Person so ungreifbar bleibt. Dann auch wieder hat ihre schiere Unerreichbarkeit zum Mythos beigetragen und in gewissem Maße auch zu ihrer Anziehungskraft. Die meiste

Zeit im Verlauf ihrer langen Karriere hat Ella die schmale Grenze zwischen Distanz und Isolation mit Erfolg eingehalten. Wäre sie im Privatleben zugänglicher gewesen, wäre sie nicht eine solche Legende geworden. Aber in den letzten Jahren hat sie diese Grenze überschritten und ist außerhalb der Bühne praktisch zur Einsiedlerin geworden und setzt so die Zuneigung, die Freunde und Fans ihr entgegenbringen, durch frustrierende Geheimnistuerei aufs Spiel. Die meisten ihrer Bekannten, die von ihr sprechen, bestehen entweder darauf, nichts über ihr persönliches Leben zu sagen, oder sie sagen, sie wüßten nur wenig darüber. Diejenigen, die sie nicht mögen, gehen darüber hinweg, als interessiere es sie nicht, was sie tut, wenn sie nicht auf der Bühne steht. Wenn Ella als Mensch auch nicht so viel von sich hergegeben hat, wie Freunde und Fans das gerne hätten, so ist es doch keine Frage, daß sie als Künstlerin verschwenderisch im Geben war, und das ist, was wir feiern sollten, wenn wir auch nicht aufhören können uns zu wundern, warum Ella sich nie entschließen konnte, ihr Publikum an ihrem Leben teilnehmen zu lassen.

Ausgewählte Bibliographie

Basie, Count, – Albert Murray. *Good Morning Blues: The Autobiography of Count Basie.* New York: Random House, 1985.

Bogle, Donald. *Toms, Coons, Mulattoes, Mammies & Bucks: An Interpretative History of Blacks in American Films.* New York: Viking, 1973.

Bushell, Garvin. *Jazz from the Beginning.* Ann Arbor, MI: University of Michigan Press, 1988.

Chilton, John. *Billie's Blues.* Briarcliff Manor, N. Y.: Stein & Day, 1975.

Chilton, John, and Max Jones. *Louis.* Briarcliff Manor, N. Y.: Stein & Day, 1984.

Colin, Sid. *Ella: The Life and Times of Ella Fitzgerald.* London: Elm Tree Books/Hamish Hamilton Ltd., 1985.

Collier, James Lincoln. *Louis Armstrong: An American Genius.* New York: Oxford University Press, 1983.

Dance, Stanley. *The World of Count Basie.* New York: Scribner's, 1980.

– *The World of Earl Hines.* New York: Scribner's, 1977.

Ellington, Duke. *Music is My Mistress.* Garden City, N. Y.: Doubleday, 1973.

Ellington, Mercer, with Stanley Dance. *Duke Ellington in Person: An Intimate Memoir by Mercer Ellington.* Boston: Houghton Mifflin, 1978.

Feather, Leonhard. *From Satchmo to Miles.* Briarcliff Manor, N. Y.: Stein & Day, 1972.

Fox, Ted. *Showtime at the Apollo.* New York: Holt, Rinehart & Winston, 1983.

Giddings, Gary. *Jazz Tradition & Innovation: The 80's.* New York: Oxford University Press, 1985.

Gillespie, Dizzy, with Al Fraser. *To Be or Not To Bop: Memoirs.* Garden City, N. Y.: Doubleday, 1979.

Gourse, Leslie. *Louis' Children: American Jazz Singers.* New York: Morrow/Quill, 1984.

Grime, Kitty. *Jazz Voices*. New York: Quartet, 1983.

Hammond, John, with Irving Townsend. *John Hammond on Record: An Autobiography*. New York: Ridge Press/Summit Books, 1977.

Haskins, Jim. *The Cotton Club*. New York: New American Library, 1984.

–, with Lionel Hampton. *Hamp: An Autobiography*. New York: Amistad/Warner, 1989.

–, with Kathleen Benson. *Nat King Cole: An Intimate Biography*. Briarcliff Manor, N. Y.: Stein & Day, 1984.

Kliment, Bud. *Ella Fitzgerald: Singer*. New York: Chelsea House Publishers, 1988.

Schuller, Gunther. *The Swing Era: The Development of Jazz 1930–1945*. New York: Oxford University Press, 1989.

Shapiro, Nat, and Nat Hentoff. *Hear Me Talkin 'To Ya: The Story of Jazz As Told By the Men Who Made It*. New York: Dover Press, 1955.

Smith, Joe. *Off the Record: An Oral History of Popular Music*. New York: Warner Books, 1988.

Tirro, Frank. *Jazz: A History*. New York: W. W. Norton, 1977.

Ulanov, Barry. *A History of Jazz in America*. New York: Viking, 1952.

Ella Fitzgeralds Grammy Awards

1958 – Best Solo Vocal Performance: *Ella Fitzgerald Sings the Irving Berlin Song Book*

1958 – Best Jazz Performance, Individual: *Ella Fitzgerald Sings the Duke Ellington Song Book*

1959 – Best Vocal Performance, Female: *But Not For Me*

1959 – Best Jazz Performance, Soloist: *Ella Swings Lightly*

1960 – Best Vocal Performance, Single, Female: *Mack The Knife*

1962 – Best Solo Vocal Performance, Female: *Ella Swings Brightly with Nelson Riddle*

1976 – Best Jazz Vocal Performance: *Fitzgerald and Pass . . . Again*

1980 – Best Jazz Vocal: *Fine and Mellow*

1980 – Best Jazz Female Vocal Performance: *A Perfect Match/Ella and Basie*

1981 – Best Jazz Female Vocal Performance: *Digital III at Montreux*

1982 – Best Jazz Solo Vocal Performance, Female: *A Classy Pair*

1984 – Best Jazz Vocal Performance, Femal: *The Best Is Yet To Come*

1990 – Best Jazz Vocal, Female: *All That Jazz*

Diskographie

Aus technischen Gründen wird in der deutschen Ausgabe die Diskographie unverändert reproduziert. Korrekturen und Ergänzungen werden in einem Anhang zusammengefaßt.

Korrekturen zur Diskographie

New York, June 12, 1935
Chick Webb and His Orchestra: Reunald (nicht Renald) Jones ersetzen durch Bobby Stark. Zusätzlich Claude Jones (tb) und Wayman Carver (ts, fl)

Radio Transcriptions, New York, February 1936
Teddy McRae für Elmer Williams

New York, March 17, 1936
Leemie (nicht Lennie) Stanfield (b); zusätzlich Benny Morton (tb) Teddy McRae (ts)

New York, April 7, 1936
Besetzung wie Feb. 1936, nicht 12. Juni 1935

New York, June 2, 1936
Nat Story (tb) für Claude Jones

New York, November 5, 1936
Benny Goodman and his Orchestra: Zeke Zarchy, Ziggy Elman, Gordon »Chris« Griffin (tp), Red Ballard, Murray McEachern (tb), Benny Goodman (cl, vcl), Hymie Schertzer, Bill DePew (as), Arthur Rollini, Vido Musso (ts), Jess Stacy (p), Allen Reuss (g), Harry Goodman (b), Gene Krupa (d), Ella Fitzgerald (vcl), Fletcher Henderson, Jimmy Mundy, William Miller (arr)

New York, February 3, 1937
Vcl acc by the Mills Brothers (vcl) quartet

Zusätzliche Titel:

Chick Webb (d), Ella Fitzgerald (vcl), with the Saturday Night Swing Club Band: probably Nat Natoli, Russ Case, Willis Kelly, Robert Johnston (tp), Joe Vargos, Wilbur Schwichtenburg, Roland Dupont (tb), Artie Manners, Toots Mondello, Hank Ross, George Tudor (reeds), Walter Gross (p), Frank Worrell (g), Lou Shoobe or Ward Lay (b)
Saturday Night Swing Club Program, New York, August 13, 1938
I've been saving myself for you   Fanfare 17–117

Chick Webb (d) Ella Fitzgerald (vcl) with the Saturday Night Swing Club Band: gleiche oder ähnliche Besetzung wie am 13. August 1938
Saturday Night Swing Club Program, New York, January 21, 1939
I let a tear fall in the river   Fanfare 17–117

NBC Broadcast, Blue Room, February 10, 1939
Komplette Bigband (siehe 6. Oktober 1938)

New York, March 20, 1940
Zusätzlicher Titel:
67361-**B**   **untitled instrumental**   Meritt 25

New York, September 25, 1940
Richtiger Titel:
68148-A,B Louisville, KY

New York, October 4, 1945
Ralph Muzillo statt Mussilo

New York, October 8, 1945
Bill Davies = »Wild« Bill Davis

New York, October 12, 1945
Erster Titel von Buddy Rich and His V-Disc Speed Demons
(ohne Ella), 3. Titel von Ella Fitzgerald and Her V-Disc Boys

Vcl acc by Billy Kyle etc. streichen

New York, February 21, 1946
Ella Fitzgerald and her V-Disc Jumpers . . . ersetzen durch:
Vcl acc by Billy Kyle (p), Jimmy Shirley (g), Junior Raglin (b),
Sylvester Payne (d)

New York, October 1946
Komplett streichen – Titel stammen von der Aufnahmesitzung am 12. Oktober 1945

Concert »Carnegie Hall«, New York, September 29, 1947
Vcl by the Day Dreamers etc. streichen (siehe 18. Dezember 1947)

New York, December 18, 1947
Ella Fitzgerald vcl prob acc Bob Haggart etc. ersetzen durch:
Vcl acc by the Day Dreamers (vcl) acc by small combo

New York, August 20, 1948
Statt »unknown« Sammy Price (p)

New York, December 26, 1951
Paul Tanner statt Tauner, Laurindo Almeida statt Almeido

New York, February 25, 1952
Bernie Privin statt Previn, Sandy Block statt Bloch; Sammy
Taylor = Sam »The Man« Taylor

New York, June 26, 1956
Vcl with Count Basie and his Orchestra: Wendell Culley,
Reunald Jones, Thad Jones, Joe Newman (tp), Henry Co-
ker, Bill Hughes, Benny Powell (tb), Marshall Royal (as, cl),
Bill Graham (as), Frank Wess (ts, fl), Frank Foster (ts),
Charlie Fowlkes (bar) Count Basie (p), Freddie Green (g),

Eddie Jones (b), Sonny Payne (d), Ella Fitzgerald, Joe Williams (vcl)

New York, June 24, 1957
Vcl with Duke Ellington and his Orchestra: Clark Terry, Willie Cook, Cat Anderson (tp), Ray Nance (tp, vln), Quentin Jackson, Britt Woodman, John Sanders (tb), Jimmy Hamilton (cl, ts), Johnny Hodges (as), Russell Procope (as, cl), Paul Gonsalves (ts), Harry Carney (bar), Billy Strayhorn (1), Duke Ellington (2) (p), Jimmy Woode (b), Sam Woodyard (d); zusätzlich Dizzy Gillespie (tp) – nur auf »Take the ›A‹ train«

New York, June 25–27, 1957
wie vorige, Duke Ellington (p); Billy Strayhorn (p) nur auf »Chelsea bridge«

Zusätzliche Aufnahmen:

Ella Fitzgerald (vcl) acc by Lou Levy (p) Max Bennett (b) Gus Johnson (d)
»Teatro Sistina«, Rome, April 25, 1958
Introduction by Norman Granz, Verve 835454–2 (CD), 835454–1 (LP)
St. Louis blues,–,–.
These foolish things,–,–.
Just squeeze me,–,–.
Angel eyes,–,–.
That old black magic,–,–.
Just one of those things,–,–.
I loves you, Porgy,–,–.
It's all right with me,–,–.
I can't give you anything but love,–,–.
When you're smiling,–.
A foggy day,–.
Midnight sun,–,–.
The lady is a tramp,–.
Sophisticated lady,–.
Caravan,–,–.

Vcl acc by Oscar Peterson (p), Herb Ellis (g), Ray Brown (b),
Gus Johnson (d)
same concert
Stompin' at the Savoy,–,–.

Seite 295 oben:
66VK342 Duke's Place ist identisch mit dem im Oktober
1965 aufgenommenen Titel (s. darunter)

Vcl with unidentified rhythm section
unknown location and date
The shadow of your smile

Newport Jazz Festival, July 5, 1973
Ella Fitzgerald acc by the Chick Webb Orchestra: zusätzlich
Panama Francis (d)

Discography

Chick Webb and His Orchestra: Mario Bauza, Taft Jordan, Renald Jones, trumpets; Sandy Williams, trombone; Edgar Sampson, Pete Clark, altos; Elmer Williams, tenor; Joe Steele, piano; John Trueheart, guitar; John Kirby, bass; Chick Webb, drums; Wayman Carver, arranger; Charlie Linton, Ella Fitzgerald, vocals:

New York, June 12, 1935

39614-A	**I'll chase the blues away** (ef, vcl), Br 02602.
39615-A	**Down home rag** (wc, arr), De 785, DL9222, MCA 510014, Coral COPS 3453.
39616-A	**Are you here to stay?** (cl, vcl), De 494
39617-A	**Love and kisses** (ef, vcl), –.

Bill Thomas (b) replaces Kirby:

New York, October 12, 1935

60054-A	**Rhythm and romance** (ef, vcl), De 588.
60055-A	**Moonlight and magnolias** (cl, vcl), –.
60056-A	**I'll chase the blues away** (ef, vcl), 640.
60057-A	**I may be wrong but I think you're wonderful** (tj, vcl), De 640.
60058-A	**Facts and figures,** De 830, DL9222, MCA 510014, Coral COPS3453.

Radio Transcriptions, New York, February 1936

BB11208	**Big John special,** Pol 423248, Jazz Arch JA33, IAJRC 1. **You hit the stop** (ef, vcl), Jazz Arch JA33. **Stompin' at the Savoy** (es, arr), Pol 423248, Jazz Arch JA33, IAJRC 5.

Don't be that way (es, arr), Pol 423248, Jazz Arch JA33.
Shine (ef, vcl), –.
Go Harlem (es, arr), Pol 236524, De DL9222, AoH A/H32, Jazz Arch JA33.
Darktown strutters' ball (ef, vcl), Jazz Arch JA33.
Keepin' out of mischief now, Pol 423248, IAJRC 5, Jazz Arch JA33.
Nitwit serenade, Pol 423248, Jazz Arch JA33.
King Porter stomp, –, –, IAJRC 5.
If dreams come true (cl, vcl), Jazz Arch JA33.
Rhythm and romance (ef, vcl), –, IAJRC 5.

Teddy Wilson and His Orchestra: Frank Newton (tp), Jerry Blake (cl, as), John Trueheart (g), Lennie Stanfield (b), Cozy Cole (d), Ella Fitzgerald (vcl), Teddy Wilson (p):

New York, March 17, 1936

18829-1	**Christopher Columbus**, Br 7640, CBS 62876, 67289, 66274.
18830-1	**My melancholy baby** (ef, vcl), 7729, –.
18831-?	**I know that you know** (unissued).
18832-1	**All my life** (ef, vcl), Br 7640, Col KG30788, CBS 67203, 62876, 66274, 67289.

Chick Webb and his Orchestra: same personnel as June 12, 1935:

New York, April 7, 1936

60999-A, B	**Love, you're just a laugh** (ef, vcl), (unissued).
61000-A	**Crying my heart out for you** (ef, vcl), De 785.
61001-A	**Under the spell of the blues** (ef, vcl), 831.
61002-A	**When I get low I get high** (ef, vcl), 1123, Bandstand, 7125.

Nat Story (tb), Ted McRae (ts), replace Jones and Williams:

New York, June 2, 1936

61123-A   **Go Harlem** (es, arr), De 995, Dl19222, MCA
510014, Coral COPS3453.

61124-A   **Sing me a swing song** (and let me dance) (ef,
vcl), De 830, MCA 510 19, Bandstand 7125.

61125-A   **A little bit later on** (ef, vcl), De 831, Dl9222,
MCA 510014, Coral COPS3453.

61126-A   **Love, you're just a laugh** (ef, vcl), De 1114,
MCA 510119, Swingfan (G) 1006.

61127-A   **Devoting my time to you** (ef, vcl), De 995.

Mario Bauza, Bobby Stark, Taft Jordan (tp), Sandy Williams,
Nat Story (tb), Pete Clark (cl, as, bar), Louis Jordan (as, vcl),
Ted McRae (ts), Wayman Carver (ts, fl), Tommy Fulford (p),
John Trueheart (g), Beverly Peer (b), Chick Webb (d), Ella
Fitzgerald (vcl):

New York, October 29, 1936

61361-A   **(If you can't sing it) You'll have to swing it** (ef,
vcl), De 1032, Historia 620, MCA 510068,
Bandstand 7125.

61362-A   **Swinging on the reservation** (ef, vcl), De 1065,
Swingfang (G)1006, MCA 510068.

61363-A   **I got the spring fever blues** (ef, vcl), De 1087,
Swingfan (G)1006, MCA 510119.

61364-A   **Vote for Mr. Rhythm** (ef, vcl), De 1032,
Swingfan (G)1006, MCA 510119.

NOTE: Matrix 61364 on De M39023 issued under Ella
Fitzgerald's name.

Benny Goodman and his Orchestra: Zeke Zarchy, Ziggy
Elman (tp), replace Bose and Erwin. Dick Clark (ts) out,
Benny Goodman (as-l), Ella Fitzgerald (vcl), William Miller
(arr):

New York, November 5, 1936

02458-1   **Somebody loves me** (fh, arr), Vic 25497, RCA
(F)741059.

02459-1	'Tain't no use (bg, vcl), 25469.
02460-1	Bugle call rag (jm, arr), –, RCA (F) 741102.
02460-2	Bugle call rag (jm, arr), RCA (F) 741084.
02461-1	Jam session (jm, arr), 25497.
02463-1	Goodnight, my love (ef, vcl), 25461, RCA (F) 731041.
02464-1	Take another guess (ef, vcl), –, –.
02465-1	Did you mean it? (ef, vcl, jm, arr), 25469, –.

NOTE: Complete session also on Bluebird AXM2-5532.

Chick Webb and His Orchestra: Mario Bauza, Bobby Stark, Taft Jordan (tp), Sandy Williams, Nat Story (tb), Pete Clark (cl, as, bar), Louis Jordan (as, vcl), Ted McRae (ts), Wayman Carver (ts, fl), Tommy Fulford (p), John Trueheart (g), Beverly Peer (b), Chick Webb (d), Ella Fitzgerald (vcl):

New York, November 18, 1936

Organ grinder's swing, MCA 2-4107.

Ella Fitzgerald and her Savoy Eight: Taft Jordan (tp), Sandy Williams (tb), Pete Clark (cl), Teddy McRae (ts, bar), Tommy Fulford (p), John Trueheart (g), Beverly Peer (b), Chick Webb (d), Ella Fitzgerald (vcl):

New York, November 18, 1936

| 61419-A | My last affair, De 1061, Coral PC07333. |
| 61420-A | Organ grinder's swing, 1062, –. |

New York, November 19, 1936

| 61421-A | Shine, De 1062, Coral PC07333. |
| 61422-B | Darktown strutters' ball, 1061, –. |

Vcl acc by the Mills Brothers (vcl) quartet:

New York, January 14, 1937

| 61529-A | Big boy blue, De 1148, Coral 6.22065. |

Chick Webb and His Orchestra: Mario Bauza, Bobby Stark, Taft Jordan (tp), Sandy Williams, Nat Story (tb), Pete Clark (cl, as, bar), Louis Jordan (as, vcl), Ted McRae (ts), Wayman Carver (ts, fl), Tommy Fulford (p), John Trueheart (g), Beverly Peer (b), Chick Webb (d), Ella Fitzgerald (vcl):

New York, January 14, 1937

61527-A   **Take another guess** (ef, vcl), De 1123.
61528-A   **Love marches on** (vcl, trio), 1115.

New York, January, 1937

61529-A   **There's frost on the moon** (vcl, trio), De 1114.
61530-A   **Gee, but you're swell** (lj, vcl), De 1115, MCA 510068.

New York, February 3, 1937

61576-A   **Dedicated to you**, De 1148, Coral 6.22065.

Ella Fitzgerald and her Savoy Eight: same pers as November 18, 1936 but Louis Jordan (as), Bobby Johnson (g), replace Clark and Trueheart:

New York, May 24, 1937

62213-A   **All over nothing at all**, De 1339.
62214-A   **If you ever should leave**, 1302.
62215-A   **Everyone's wrong but me**, –.
62216-A   **Deep in the heart of the South**, 1339, Coral PC07333.

New York, December 21, 1937

62896-A   **Bei mir bist du schön**, De 1596, Coral PC07333.
62897-A   **It's my turn now**, –.

Chick Webb and His Orchestra: Mario Bauza, Bobby Stark, Taft Jordan (tp), Sandy Williams, Nat Story (tb), Pete Clark (cl, as, bar), Louis Jordan (ad, vcl), Ted McRae (ts), Wayman

Carver (ts, fl), Tommy Fulford (p), John Trueheart (g),
Beverly Peer (b), Chick Webb (d), Ella Fitzgerald (vcl).

New York, February 8, 1937

> **That's a plenty**, Jazz Pan LP2, Bandstand 7127
> **Big boy blue** (ef, vcl), –.

Charlie Dixon (arr):

New York, March 24, 1937

62064-A	**Rusty Hinge** (lj, vcl), De 1273, MCA 510068.
62065-A	**Wake up and live** (vcl, trio), 1213.
62066-A	**It's swell of you** (lj, vcl), –.
62067-A	**You showed me the way** (ef, vcl), 1220.
62068-A	**Clap hands! Here comes Charley,** –, DL9223, MCA 510020, Coral COPS1921, AoH A/H32.
62069-A	**Cryin' mood** (ef, vcl), De 12173, MCA 510087, Bandstand 7125.
62072-A	**Love is the thing, so they say** (ef, vcl), De 1356.
62073-A	**That naughty waltz** (cd, arr), De 1356, DL9223, MCA 510020, Coral COPS1921.

NOTE: Matrices 62070/71 are by Louis Armstrong and his
         Orchestra, see there.

Chick Webb and his Little Chicks: Chauncey Haughton (cl),
Wayman Carver (fl), Tommy Fulford (p), Beverly Peer (b),
Chick Webb (d):

New York, September 21, 1937

62618-A	**In a little Spanish town**, De 1513, MCA 510068, 1759, MCA 2-4107, 510020.
62619-A	**I got rhythm**, De DL9223, Coral COPS1921.
62620-A	**I ain't got nobody**, De 1513, MCA 510068.

Chick Webb and his Orchestra: Same pers as for January 14,
1937 but Chauncey Haughton (cl, as), Bobby Johnson (g),
replace Clark and Trueheart:

New York, October 27, 1937

62725-A   **Just a simple melody** (ef, vcl), De 1521, MCA
510087.
62726-A   **I got a guy** (ef, vcl), De 1618, Hist 620, MCA
510119.
62727-A   **Strictly jive**, De 1586, MCA 2-4107, 510068,
AoH A/H32.
62728-A   **Holiday in Harlem** (ef, vcl), 1521, MCA
510087.

Chick Webb and his Little Chicks: same pers as September
21, 1937:

New York, November 1, 1937

62737-B   **Sweet Sue, just you**, De 1759, MCA 510068,
MCA 2-4107.

Chick Webb and his Orchestra: same as previous pers (big
band), *same date*:

62738-A   **Rock it for me** (ef, vcl), De 1586, MCA 2-4107,
MCA 510068, AoH A/H36.
62739-A   **Squeeze me** De 1716, MCA 2-4107, MCA
510020, Coral COPS1921, AoH A/H32.
62740-A   **Harlem Congo** (cd, arr), De 1681, MCA 2-4107,
MCA 510020, Coral COPS1921, De DL9223.

New York, November 2, 1937

62743   **Hallelujah!** (unissued), De.
62744   **I want to be happy** (ef, vcl), –.

Chick Webb and his Orchestra: Same pers as October 27,
1937 but Garvin Bushell (cl, as) replaces Chauncey
Haughton and Turk Van Lake (arr):

Broadcast, Savoy Ballroom, New York, December 10, 1937

Bronzeville stomp, Jazz Arch JA33.
She's tall, she's tan, she's terrific, –, (ef, vcl).
Honeysuckle rose (ef, vcl).

62886-A	**I want to be happy** (ef, vcl, tvl, arr), De 15039, 29239, Br 0138, A5131, MCA 510068.
62886-B	**I want to be happy** (ef, vcl, tvl, arr), De Z778.
62887-A	**The dipsy doodle** (ef, vcl), De 1587, MCA 2-4107, 510020, Coral COPS1921, De DL9223.
62888-A	**If dreams come true** (ef, vcl), De 1716, MCA 2-4107, 510119, De DL9223, Swingfan (G)1006.
62889-A	**Hallelujah!** (ef, vcl), De 15039, MCA 2-4107, 510020, Coral COPS1921, De DL9223.
62890-A	**Midnite in a madhouse** (Midnite in Harlem*) De 1587, BM1104, M30113*, Br 02569*, A81449*, A505133*, De DL9223, AoH A / H32, Coral COPS1921.
62890-B	**Midnite in a madhouse**, De Y5208.

Ella Fitzgerald and her Savoy Eight: Taft Jordan (tp), Sandy Williams (tb), Louis Jordan (as), Teddy McRae (ts, bar), Tommy Fulford (p), Bobby Johnson (g), Beverly Peer (b), Chick Webb (d), Ella Fitzgerald (vcl):

New York, January 25, 1938

| 63225-A | **It's wonderful** De 1669, Coral PC07333. |
| 63226-A | **I was doing all right**, –. |

Chick Webb and His Orchestra: same personnel as on October 27, but George Matthews (tb) added:

New York, May 2, 1938

63693-A	**A-tisket, a-tasket** (ef + ens vcl), De 1840, MCA2-4107, De DL 9223, AoH A / H16.
63694-A	**Heart of mine** (ef, vcl), De 2721.
63695-A	**I'm just a jitterbug** (ef, vcl), De 1899, MCA 510119, Swingfan (G)1006.
63696-C	**Azure**, De 1899, AoH A / H32, MCA 510068.

NOTE: De 60730 and De 333298 on Matrix 63693 issued by Ella Fitzgerald.

63707-A   **Spinnin' the Webb** De 2021, DL9223, MCA
                510020, Coral COPS1921.
63708-A   **Liza (All the clouds 'll roll away)** De 1840,
                DL9223, MCA 510020, MCA 2-4107, AoH
                A/H32, Coral COPS1921.

Ella Fitzgerald and her Savoy Eight: same personnel as on
January 25:

New York, May 3, 1938

63703-A   **This time it's real** De 1806, Coral PC07333.
63704-A   **What do you know about love?** 1967, –.
63705-A   **You can't be mine (and someone else's too)**
                1806, –.
63706-A   **We can't go on this way** 1846, –.
63709-B   **Saving myself for you** –, –.
63710-B   **If you only knew** 1967, –.
NOTE: Matrices in between recorded by Chick Webb and
his Orchestra.

Chick Webb and His Orchestra: Hilton Jefferson (as)
replaces Jordan:

New York, June 9, 1938

63934-A   **Pack up your sins and go to the devil** (ef, vcl),
                De 1894, MCA 510087, Swingfan (G)1006.
63935-A   **MacPherson is rehearsin' (to swing)** (ef, vcl),
                De 2080, MCA 2-4107, 510068.
63936-A   **Everybody step** (ef, vcl), De 1894, MCA 510119,
                Swingfan (G)1006, Bandstand 7125.
63937-A   **Ella** (ef, tj, vcl), De 2148, AoH A/H36, MCA
                510068.

New York, August 17, 1938

64459-A   **Wacky dust** (ef, vcl), De 2021, AoH A/H36,
                Stash 100, MCA 510087.

64460-A   **Gotta pepple in my shoe** (ef, vcl), De 2231, MCA 510068.

64461-A   **I can't stop loving you** (ef, vcl), MCA 510119, De 2310, Swingfan (G)1006.

64464-A   **Who ya hunchin'?**, De 2231, DL9223, MCA 510020, Coral COPS1921.

64465-A   **I let a tear fall in the river** (ef, vcl), De 2080, Swingfan (G)1006, MCA 510119.

Ella Fitzgerald and her Savoy Eight: Hilton Jefferson (as) replaces Jordan:

New York, August 18, 1938

64426-A   **Strictly from Dixie** De 2202, Coral PC07333.

64463-A   **Woe is me** –; –.

Chick Webb and his Orchestra: Dick Vance, Bobby Stark, Taft Jordan (tp), Sandy Williams, Nat Story, George Matthews (tb), Hilton Jefferson, Garvin Bushell (cl, as), Ted McRae (ts), Wayman Carver (ts, fl), Tommy Fulford (p), Bobby Johnson (g), Beverly Peer (b), Chick Webb (d), Ella Fitzgerald (vcl):

New York, October 6, 1938

64573-A   **F. D. R. Jones** (ef, vcl), De 2105, MCA 2-4107, 510119, Swingfan (G)1006.

64574-A   **I love each move you make** (ef, vcl), De 2105, MCA 510119, Swingfan (G)1006.

64575-A   **It's foxy** (ef, vcl), De 2309, Swingfan (G)1006, MCA510119.

64576-A   **I found my yellow basket** (ef, + ens vcl), De 2148, Historia 620 MCA 510119.

New York, January 9, 1939

        Tea for two, Pol 423248.
        How am I to know? –.
        One o'clock jump, –.
        The blue room, –.

Crazy rhythm, –.
Sugar foot stomp, –.
Grand Terrace rhythm, –.
By heck, 236524.
Blue skies, 423248.
Dinah, –.
Who yuh hunchin', 236524.
Liza (all the clouds 'll roll away), 423248.

NOTE: The abouve 12 titles originally recorded by RCA
Victor for NBC on Thesaurus transcriptions with
4 titles on each record in order as shown.

Chauncey Haughton (cl), Wayman Carver (fl), Tommy
Fulford (p), Beverly Peer (b), Chick Webb (d):

Saturday Night Swing Club Program, New York, January 1939

Stompin' at the Savoy Jazz Archives JA33.

*NBC Broadcast, Blue Room, Lincoln Hotel, New York, February
10, 1939*

Let's get together (theme), Cicala (It)BJL8010.
Blue room, –, Pol 236524.
Deep in a dream (ef, vcl), –.
One o'clock jump, –, –.
That was my heart (ef, vcl), –.

New York, February 17, 1939

65039-A   **Undecided** (ef, vcl), De 2323, MCA 2-4107, De
DL9223, AoH A/H16, Coral COPS1921, MCA
510020.
65040-A   **'Tain't what you do (it's the way that cha do it)**
(ef, vcl), De 2310, MCA 510119, 2-4107 2323,
DL9223, MCA 510020.
65041-A   **In the groove at the grove** Coral COPS 1921,
AoH A/H32.
65042-A   **One side of me** (ef, vcl), De 2556, MCA 510087,
AoH A/H32.

65043-A   **My heart belongs to daddy** (ef, vcl), De 2309, MCA 510087.

NOTE: Some issues on De 60730 and Brunswick 333298 by Ella Fitzgerald.

John Trueheart (g) replaces Johnson:

New York, March 2, 1939

65094-A   **Sugar pie** (ef, vcl), De 2665, AoH A/H36, Swingfan (G)1006, MCA 510087.
65095-A   **It's slumbertime along the Swanee** (ef, vcl), De 2389.
65096-A   **I'm up a tree** (ef, vcl), De 2468, AoH A/H36, MCA 510087.
65097-A   **Chew-chew-chew (your bubble gum)** (ef, vcl), De 2389, Historia 620, NCA 510119.

Ella Fitzgerald and her Savoy Eight: Trueheart (g) replaces Johnson:

New York, March 2, 1939

65092-A   **Once is enough for me**, De 2451, Coral PC07333.
65093-A   **I had to live and learn**, 2581.

New York, April 21, 1939

65441-A   **Don't worry 'bout me**, De 2451.
65442-A   **If anything happened to you**, 2481, Coral PC07333.
65443-A   **If that's what you're thinking**, 2581.
65444-A   **If you ever change your mind**, 2481, –.

Chick Webb and His Orchestra: same personnel as March 2:

New York, April 21, 1939

65445-A   **Have mercy** (ef, vcl), De 2468, Historia 620.
65446-A   **Little white lies** (ef, vcl), 2556, –, MCA 510087.

65447-A   **Coochi-coochi-coo** (ef, vcl), De 2803, AoH
          A/H36, MCA 510087.
65448-A   **That was my heart** (ef, vcl), 2665.
NOTE: Decca 2803 issued as ›Ella Fitzgerald with Chick
     Webb and his Orchestra‹.

Southland Café, Boston, May 4, 1939

         Let's get together (theme), Cicala (It)BJL8010,
         Col C1 CC11.
         Poor little rich girl, (1), –, –.
         New moon and old serenade (ef, vcl), –, –.
         Breakin' em down, –, –.
         If I didn't care (ef, vcl), –, –.
         Stars and stripes forever, –, –.
         I never knew heaven could speak (ef, vcl), –.
         My wild Irish rose, (1), –, –.
         Chew chew chew (ef, vcl), (1), –, –.
NOTE: (1) Also on First Time Records FTR1508.

Ella Fitzgerald and Her Famous Orchestra: Dick Vance,
Bobby Stark, Taft Jordan (tp), George Matthews, Nat Story,
Sandy Williams (tb), Garvin Bushell (cl, sop), Hilton
Jefferson (as), Wayman Carver (as, ts, fl), Teddy McRae (ts,
bar), Tommy Fulford (p), John Trueheart (g), Beverly Peer
(b), Bill Beason (d), Ella Fitzgerald (vcl):

New York, June 29, 1939

65903-A   **Betcha nickel**, De 2904, Coral PC07334.
65904-A   **Stairway to the stars**, 2598, –.
65905-A   **I want the waiter (with the water)**, 2628, –.
65906-A   **That's all, brother**, –.
65907-A   **Out of nowhere**, 2598.

New York, August 18, 1939

66134-A   **My last goodbye**, De 2721.
66135-A   **Billy (I always dream of Bill)**, 2769.
66136-A   **Please tell me the truth**, –.

Die Jazz at the Philharmonic All Stars auf dem LaGuardia Airport in New York beim Einsteigen in das Flugzeug der Scandinavian Airlines, mit dem sie 1956 zu ihrer Europatournee starteten.
Von rechts im Uhrzeigersinn: Flip Philipps, Gene Krupa, Roy Eldridge, Ella, Herb Ellis, Illinois Jacquet, Dizzy Gillespie.

(Photo Popsie Randolph, Frank Driggs Collection)

Bei einer Razzia der Polizei in Houston wurde auch Ella festgenommen. Sie war entsetzt, als man sie 1955 wegen verbotenen Würfelspiels in ihrer Garderobe in Houston's Music Hall anklagte. Sie protestierte, sie habe an dem Spiel gar nicht teilgenommen und wurde gegen eine Kaution von zehn Dollar freigelassen. Später erreichte es Norman Granz, daß die Anklage fallengelassen wurde.

(AP/Wide World Photos)

66137-A I'm not complainin', 3005.
66138-A Betcha nickel, (unissued).

Chicago, October 12, 1939

91836-A You're gonna lose your gal, De 2816.
91837-A After I say I'm sorry, 2826.
91838-A Baby, what else can I do? De 2826, Coral
CP07334, AoH A/H36.
91839-A My wubba dolly, De 2816.
91840-A Lindy hopper's delight, (1), De 3186,
Bandstand 7125, Br 87098.
91841-A Moon ray, De 2904, Coral Pc07334.
NOTE: (1) Ella Fitzgerald does not sing on this track.

›Savoy Ballroom‹, *New York, December 1939*

A-tisket, a-tasket, (Opening theme), Musidisc
30JA5139.
Diga diga doo –.
'Tain't what you do, –.
Breakin' down, –.
Oh, Johnny, –.
Traffic jam, –.
Limehouse blues, –.
I want the waiter with the water, –.
Blue Lou, –.
Confessin', –.
Swing out, (closing theme), –.

Ella Fitzgerald (vcl) with Chick Webb's Orchestra: pers as
before:

›Savoy Ballroom‹, *New York, January 22, 1940*

Theme (A-tisket, a-tasket), Co11 C1 CC17.
Traffic jam, –.
A lover is blue.
Dodging the Dean, –.
T'ain't what you do, –.
I'm confession', –.

241

Blue Lou, –.
What's the matter with me.
Waiter with the water, –.
Sign off theme, –.

Theme (A-tisket, a-tasket), Co11 C1 CC17.
Limehouse blues, –.
This changing world.
Oh Johnny, oh Johnny, –.
Digg digga doo, –.
Thank your stars.
Take it from the top, –.
Vagabond dreams.
Breakin' it up, (1), –.
Theme (sign off), –.

NOTE: (1) On Collectors Classics as ›Breakin' em down‹.

New York, January 26, 1940

67119-A	**Is there somebody else?** De 2988.
67120-A	**Sugar blues**, 3078, Coral PC07334.
67121-A	**The starlit hour**, 2988.
67122-A	**What's the matter with me?**, 3005.

Dick Vance, Irving Randolph, Taft Jordan (tp), George
Matthews, John Haughton, Sandy Williams (tb), Chauncey
Haughton, Eddie Barefield (cl, as), Teddy McRae (ts, bar),
Sam Simsons (ts), Roger Ramirez (p), John Trueheart (g),
Beverly Peer (b), Bill Beason (d), Ella Fitzgerald (vcl):

New York, February 15, 1940

67194-A	**Busy as a bee**, De X-1937.
67195-A	**Baby, won't you please come home?**, De 3186.
67196-A	**If it weren't for you**, 3026.
67197-A	**Sing song swing**, Coral PC07334, De 3026, AoH A/H36.
67198-A	**Imagination**, 3078

242

Ella Fitzgerald (vcl) acc by Chick Webb Orchestra: prob pers as before:

>Roseland Ballroom<, *New York, February 26, 1940*

> **Royal garden blues**, Sunbeam SB 205.
> **Sing song swing.**
> **Sugar blues** (ef, vcl), –.
> **Sweet Sue.**
> **It's a blue world** (ef, vcl), –.
> **Is there somebody else?** (ef, vcl), –.
> **One moment please** (ef, vcl), –.
> **I wanna be a rug-cutter**, –.

>Roseland Ballroom<, *New York, March 4, 1940*

> **Theme**, Sunbeam SB205.
> **I got rhythm**, –.
> **One cigarette for two.**
> **Chewin' gum** (ef, vcl), –.
> **Lover come back to me**, –.
> **Who ya hunchin'?**, –.
> **Sing song swing** (ef, vcl), –.
> **Goin' and gettin' it**, –.
> **Make believe**, –.
> **Starlit hour** (ef, vcl), –.
> **Sign off.**

Tom Fulford (p) replaces Ramirez:

New York, March 20, 1940

67358-A   **Take it from the top** (1) De 3236
67359-A   **Tea Dance** 3441
67360-A   **Jubilee swing** (1) 3236, Bandstand BS7125
NOTE: (1) Ella does not sing on these tracks

Webb on the air: Ella Fitzgerald and her Famous Orchestra: Dick Vance, Irving Randolph (tp), Taft Jordan (tp, vcl), George Matthews, John Haughton, Sandy Williams (tb),

Eddie Barefield, Chauncey Haughton (cl, as), Teddy McRae (ts, bar), Sam Simons (ts), Tommy Fulford (p), John Trueheart (g), Beverly Peer (b), Bill Beason (d), Ella Fitzgerald (vcl):

New York, c. late March 1940

> **A-Tisket, a-tasket**, Jazz Trip 5.
> **Diga diga doo**, –.
> **'Tain't watcha do**, –.
> **Breakin' down**, (inst), –.
> **Oh Johnny, oh!** (tj, vcl), –.
> **Traffic jam**, (inst), –.
> **Limehouse blues**, (inst), –.
> **I want the waiter (with the water)**, –.
> **Blue Lou**, (inst), –.
> **I'm confessin' (That I love you)**, –.
> **Swing out** (inst), –.

James Archey, Floyd Brady, John McConnell (tb), Pete Clark (cl, as), replace Matthews, Haughton, Williams and Barefield:

New York, May 9, 1940

67699-A	**Deedle-de-dum**, De 3224.
67700-A	**Shake down the stars**, 3199.
67701-A	**Gulf coast blues**, 3224, Coral PC07334.
67706-A	**I fell in love with a dream**, 3199.

George Matthews, Earl Hardy (tb), Ulysses Livingston (g), replace Archey, Brady and Trueheart:

New York, September 25, 1940

68146-A	**Five o'clock whistle**, De 3420, Coral PC07334,
68147-A	**So long**, –.
68148-A, B	**Louisville, K6Y**, 3441.

George Dorsey (as) replaces Haughton:

New York, November 8, 1940

68329-A	**Taking a chance on love**, De 3490.	
68330-A	**Cabin in the sky**, –, Coral PC07334.	
68331-A	**I'm the lonesomest gal in town**, 3662, AoH AH36.	

New York, January 8, 1941

68558-A **Three little words**, De 3608, Coral PC07334.
68559-A **Hello Ma! I done it again**, 3612.
68560-A **Wishful thinking**, –.
68561-A **The one I love (belongs to somebody else)**, De 3608.
68562-A **The muffin man**, 3666.

Dick Vance, Irving Randolph, Taft Jordan (tp), George Matthews, Earl Murphy, John McConnell (tb), Pete Clark, Chauncey Haughton (cl, as), Teddy McRae, Lonnie Simmons (ts), Tommy Fulford (p), Ulysses Livingston (g), Beverly Peer (b), Bill Beason (d), Ella Fitzgerald (vcl):

New York, March 31, 1941

68894-A **Keep cool, fool**, De 3754, Coral PC07334.
68895-A **No nothing**, –.
68896-A **My man**, 4291, –.

Elmer Williams (ts) added and Jesse Price (d) replaces Beason:

Los Angeles, July 31, 1941

DLA2607-A **I can't believe that you're in love with me**, De 18421.
DLA2608-A **I must have that man**, De 18530, Coral PC07334.
DLA2609-A **When my sugar walks down the street**, 18587.
DLA2610-A **I got it bad (and that ain't good)**, 3968.

DLA2611-A   Melinda the mousie, –.
DLA2612-A   Can't help lovin' dat man, De 18421.

Vcl acc by Teddy McRae (ts), Tommy Fulford (p), Ulysses Livingston (g), Beverly Peer (b), Kenny Clarke (d):

New York, October 6, 1941

69784-A   Jim, De 4007, Coral 6.22178.
69785-A   This love of mine, –, –.

Eddie Barefield (as) Bill Beason (d) replace McRae and Clarke:

New York, October 28, 1941

69875-A   Somebody nobody loves, De 4082, Coral 6.22178.
69876-A   You don't know what love is, –.

New York, November 5, 1941

69905-A   Who are you?, De 4291, Coral 6.22178.
69906-A   I'm thrilled, 4073.
69907-A   Make love to me, –, –.

Vcl acc by the Four Keys: Bill Furness (p), Slim Furness (g), Peck Furness (b), Ernie Hatfield (d, vcl):

New York, March 11, 1942

70470-A   I'm gettin' mighty lonesome, De 4315.
70471-A   When I come back crying (will you be laughing at me?), –.

Tommy Fulford (p) added:

New York, April 10, 1942

70652-A   All I need is you, De 18347.
70653-A   Mama come home, –, Coral 6.22065.

71286-A   **My heart and I decided**, De 18530.
71287-A   **I put a four-leaf clover in your pocket**, De
                18472, Coral 6.22065.
71288-A   **He's my guy**, De 18472, Coral 6.22178.

Vcl acc by John McGee (tp), Bill Doggett (p), Bernie McKay
(g), Bob Haggart (b), Johnny Blowers (d), The Ink Spots:
prob pers. Bill Kenny, Charles Fuqua, Ivory Watson and
Happy Jones (vcl):

New York, November 3, 1943

71482-A   **Cow cow boogie**, De 18587.

Ella Fitzgerald (vcl) with unknown orchestra:

New York, March 21, 1944

71889   **Once too often**, De 18605.
71890   **Time alone will tell**, –.

Vcl acc by Orchestra and the Ink Spots (vcl quartet):

New York, August 30, 1944

72370-A   **Into each life some rain must fall**, De 23356,
                AoH AH16, Coral 6.22065.
72371-A   **I'm making believe**, De 23356.

Vcl acc by Johnny Long's Orchestra and The Song Spinners:

New York, November 6, 1944

72483-A   **And her tears flowed like wine**, De 18633,
                Coral 6.22065.
72484-A   **Confessin'**, –.

Vcl acc by the Ink Spots and orchestra:

New York, February 26, 1945

72746-A **I'm beginning to see the light**, Coral 6.22065, De 23399.
72747-A **That's the way it is**, –.

Ella Fitzgerald (vcl), acc by Renee de Knight (p), Hy White (g), Haig Stephens (b), George Wettling (d), the Delta Rhythm Boys (vcl):

New York, March 27, 1945

72798 **Paper moon (It's only a)**, De 23425, AoH AH16, Coral 6.22065.
72799 **Cry out of my heart** (unissued).
72800 **Cry out of my heart**, –.

Vcl acc by Randy Brooks and his Orchestra: prob pers. Randy Brooks, Ernie Englund, George Bardon (tp), Harry Brooks (tb), Eddie Caine, Paul Bardon (as), Stuart Anderson, John Lesko (ts), Eddie Shomer (bar), Shorty Allen (p), Paul Lajoie (b), Sonny Mann (d):

New York, August 29, 1945

73020 **A kiss goodnight**, De 18713.
73021 **Benny's coming home on Saturday**, –.

Vcl acc by Vic Schoen and his Orchestra: Ralph Mussilo, Charles Genduso, Louis Ruggiero (tp), William Pritchard (tb), Bennie Kaufman, Sid Cooper (as), Sid Rubin, Harry Feldman (ts), Moe Wechsler (p), Hy White (g), Felix Giobbe (b), Irv Kluger (d):

New York, October 4, 1945

73066-A **Flying home**, De 23956, AoH AH 16.

Vcl acc by Louis Jordan's Tympany Five: Aaron Izenhall (tp), Louis Jordan (as, vcl), Josh Jackson (ts), Bill Davies (p), Carl Hogan (g), Jesse Simpkins (b), Eddie Byrd (d), Harry Dial (maracas), Vic Lourie (claves).

New York, October 8, 1945

73073-A   **Stone cold dead in de market**, De 23546.
73074-A   **Petootie pie**, –.
73081   **Petootie pie**, Coral 6.22178.

Ella Fitzgerald and her V-Disc Jumpers: Charlie Shavers (tp), Lou McGarity (tb), Peanuts Hucko (cl), Al Sears (ts), Buddy Weed (p), Remo Palmieri (g), Trigger Alpert (b), Buddy Rich (d):

New York, October 12, 1945

1596   **That's Rich**, V-Disc 603, Jazz Soc AA511.
1599   **I'll always be in love with you**, 569.
1661   **I'll see you in my dreams**, 730, –.

Vcl acc by Billy Kyle (p), Jimmy Shirley (g), Junior Raglin (b), Sylvester Payne (d).

Louis Armstrong and Ella Fitzgerald acc. by Bob Haggart's Orchestra: Louis Armstrong (tp, vcl), Billy Butterfield (tp), Bill Stregmeyer (cl, as), George Koenig (as), Jack Greenberg, Art Drellinger (ts), Molton Schatz (bar), Joe Bushkin (p), Danny Perri (g), Trigger Alpert (b), Cozy Cole (d), Ella Fitzgerald (vcl), Bob Haggart (cond):

New York, January 18, 1946

73285-A   **You won't be satisfied**, (la & ef vcl) De 23496,
            ED2027, DL8477.
            Br (E) 03644, OE9061, LAT8223, (G) 10118EPB,
            87038LPBM, Coral COPS7397.
73286-A   **The frim fram sauce**, (la & ef vcl) De 23496,
            ED2027, DL8477, Br (E) 03644, OE9061,
            LAT8223, Br (G) 1011EPB, 87038LPBM, De
            BM31040, Coral COPS7397

Ella Fitzgerald and her V-Disc Jumpers: same pesonnel as October 12, 1945.

New York, February 21, 1946

| 73388 | **I'm just a lucky so and so**, De 18814, AoH AH45. |
| 73389 | **I didn't mean a word I said**, –, –. |

Vcl acc by the Delta Rhythm Boys (vcl quartet), Renee de Knight (p), Jimmy Shirley (g), Lamont Moten (b), Eddie Bourne (d):

New York, Augsut 29, 1946

| 73669 | **For sentimental reasons**, De 23670, MCA (Jap) SV7006, AoH AH16. |
| 73670 | **It's a pity to say goodnight**, –, Coral 6.22065. |

Buddy Rich and his V-Disc Speed Demons: Charlie Shavers (tp), Lou McGarity (tb), Peanuts Hucko (cl), Al Sears (ts), Buddy Weed (p), Remo Palmieri (g), Trigger Alpert (b), Buddy Rich (d), Ella Fitzgerald (vcl):

New York, October, 1946

That's Rich, (ef vcl), V-Disc 569, Caracol 423.
I'll always be in love with you, –, –.

Ella Fitzgerald vcl acc by Eddie Heywood and his Orchestra: Leonard Graham (tp), Al King (tb), Jimmy Powell (as), Eddie Heywood (p), Billy Taylor (b), William Purnell (d):

New York, January 24, 1947

| 73786 | **Guilty**, De 23844. |
| 73787 | **Sentimental journey**, –, MCA (Jap)SV7006. |

Vcl duet with Buddy Rich acc by Joe Mooney (accor), Nick Tagg (p), Sidney Catlett (d):

›WNEW Broadcast‹, New York, March 1, 1947

| JD432 | **Budella (Blue skies)**, V-Disc 775, Elec (Jap) KV122. |

Vcl acc by Bob Haggart and his Orchestra: Andy Ferretti, Chris Griffin, Bob Peck (tp), Will Bradley, Jack Satterfield, Freddie Ohms (tb), Ernie Caceres (bar), Stan Freeman (p), Dan Perri (g), Bob Haggart (b), Morey Feld (d), Andy Love Quintet (vcl group-1):

New York, March 19, 1947

73818	**A Sunday kind of love** (1), De 23866, DL4129.
73819	**That's my desire** (1), De 23866, MCA (Jap) SV7006, De DL8695.
73820-A	**Lady be good!**, De 23956, DL8149, AoH AH16, AH45.

Ella Fitzgerald (vcl) prob acc by Bob Haggart Orchestra: prob pers. Andy Ferretti (tp), Will Bradley, Fred Ohms, Billy Rauch, Seymour Shaffer (tb), Art Drellinger (cl), Toots Mondello (as), Hymie Schertzer (ts), Stan Freeman (p), Dan Perri (g), Bob Haggart (b), Norris Shawker (d):

New York, July 11, 1947

| 74000 | **You're breakin' in a new heart** (unissued). |

Vcl acc by Bob Haggart and his Orchestra: definitely Haggart + above pers:

New York, July 22, 1947

| 74013 | **Don't you think I oughta know?** De 24157. |
| 74014 | **You're breakin' in a new heart**, –. |

Vcl acc by the Day Dreamers (vcl) acc by small combo. Dizzie Gillespie and his Orchestra: Dizzy Gillespie, Dave Burns, Elmon Wright, Ray Orr, Matthew McKay (tp), Taswell Baird, Bill Shepherd (tb), Howard Johnson, John Brown (as), James Moody or George Nicholas, Joe Gayle (ts), Cecil Payne (bar), Milt Jackson (vib), John Lewis (p), Al McKibbon (b), Joe Harris (d), Kenny Hagood, Ella Fitzgerald (vcl):

Concert ›Carnegie Hall‹, New York, September 29, 1947

N1791-E	**Festival in Cuba**, Arco AL8.
N1792-2E	**Panic in Puerto Rico**, –.
N1793-2E	**Bop salad**, –.
N1794-E	**A serenade in fifths**, –.
N1795-B2	**To be sure**, –.
	Toccata for trumpet and orchestra (unissued).
	Cubana be – Cubana bop, –.
	Salt peanuts, –.
	One bass hit, –.
	Oo-pop-a-da, –.
	Stairway to the stars, (ef, vcl), –.
	How high the moon, (ef, vcl), –.

Ella Fitzgerald vcl prob acc by Bob Haggart Orchestra: personnel same as in July 1947:

New York, December 18, 1947

| 74300 | **I want to learn about love**, De 24581. |
| 74301 | **That old feeling**, 28049. |

Vcl acc by Leonard Graham (tp), Ray Brown (b) + others:

New York, December 20, 1947

74322	**My baby likes to re-bop**, De 24332, Coral 6.22178.
74323	**No sense**, 24538, –.
74324-A	**How high the moon**, De 24387, AoH AH16, –.

Vcl acc by Illinois Jacquet (ts), Sir Charles Thompson (org), Hank Jones (p), Hy White (g), John Simmons (b), J. C. Heard (d):

New York, December 23, 1947

| 74386 | **I've got a feeling I'm falling**, De 24232, Coral 6.22065. |
| 74387 | **You turned the tables on me**, 24387, –. |

| 74392 | **I cried and cried and cried**, 6.22178. |
| 74393 | **Robbins nest**, 24538, –. |

Ella Fitzgerald (vcl) acc by The Song Spinners (vcl group) with large Orch:

New York, April 29, 1948

| 74537 | **Tea leaves**, De 24446. |

Ella Fitzgerald (vcl) with The Song Spinners (vcl group) but inst. acc, out:

New York, April 30, 1948

| 74538 | **My happiness**, De 24446. |

Vcl acc by Illinois Jacquet (ts) + unknown p, b and d:

New York, August 20, 1948

| 74590 | **It's too soon**, De 24497, AoH AH16. |
| 74591 | **I can't go on without you**, –. |

Vcl with unknown acc:

New York, November 10, 1948

| 74621 | **To make a mistake is human**, De 24529. |
| 74622 | **In my dreams**, –. |

Unknown tb, ts, poss Hank Jones (p), Ray Brown (b), unknown (d), Ella Fitzgerald (vcl):

Broadcast, ›Royal Roost‹, New York, November 27 + December 4, 1948

Lady be good, Alto AL760.
I never knew, –.
Love that boy (ef, vcl), –.
Too soon to know (ef, vcl), –.

                    Mr. Paganini (ef, vcl), –.
                    Royal Roost bop boogie 1 (ef, vcl), –.
                    Tiny's blues, –.
                    Bop goes to weasel, –.
                    Heat wave (ef vcl), –.
                    Old mother Hubbard (ef, vcl), –.
                    Royal Roost bop boogie 2 (ef, vcl), –.
                    Flying home (ef, vcl), –.
NOTE: On the titles where *Ella Fitzgerald* is singing she is
           only accompanied by rhythm.

Lester Young and his Orchestra: Jessie Drakes (tp), Kai
Winding (tb), Allen Eager, Lester Young (ts), Hank Jones (p),
Ted Briscoe (b), Roy Hanyes (d), Ella Fitzgerald (vcl):

›*Royal Roost*‹, *New York, December 4, 1948*

                    Theme, Ambrosia 1.
                    Bebop boogie (Boppin' boogie), Charlie Parker
                    PLP409, ESP3017, Session SR103.
                    I cover the waterfront, Session SR103.
                    How high the moon, Vogue (E) 514, Charlie
                    Parker 409.
                    Sunday, –, –.
                    Confessin', Session SR 103.

Ella Fitzgerald (vcl) with unknown accompaniment:

New York, January 14, 1949

74686   **I couldn't stay away**, De 244562.
74687   **Old mother Hubbard**, 24581.
74688   **Someone like you**, 24562.

Ella Fitzgerald (vcl) with unknown acc:

›*Royal Roost*‹, *New York, April 15, 1949*

                    Old mother Hubbard, Session 5.
                    Mr Paganini, –.

There's a small hotel, –.
How high the moon?, –.

›Bob City‹, New York, April 23 + 30, 1949

Robbins' nest, Session 5.
As you desire me, –.
Thou swell, –.
Flyin' home, –.
Someone like you, –.
Again, –.
In a mellotone, –.
Lemon drop, –.

New York, April 28, 1949

74862 **Happy talk**, De DL8696.
74863 **I'm gonna wash that man right outa my hair**,
          De DL8696, MCA, (Jap) SV7006.
74864 **Black coffee**, De DL8696.
74865 **Lover's gold**, –.

Vcl acc by Louis Jordan and his Tympany Five: Aaron
Izenhall (tp), Louis Jordan (as, vcl), Eddie Johnson (ts), Bill
Davis (p), Carl Hogan (g), Dallas Bartley (b), Christopher
Columbus (d).

New York, April 28, 1949

74866 **Baby it's cold outside**, De DL8477, MCA (Jap)
          SV7006.
74867 **Don't cry, cry baby**, –, Coral 6.22178.

Vcl acc by Sonny Burke and his Orchestra: no details:

Los Angeles, July 20, 1949

L5097 **Crying**, De 34708.
L5098 **A new shade of blue**, –.

Vcl acc by Sy Oliver and his Orchestra: pers incl. Bernie
Previn (tp), Henderson Chambers (tb), Billy Kyle (p), Sy
Oliver (arr), and others:

New York, September 20, 1949

75279	**In the evening**, De 24780, Coral 6.22179.
75280	**Talk fast, my heart, talk fast**, –, –.
75281	**I'm waitin' for the junkman**, 24868, –.
75282	**Basin Street blues**, –, AoH AH16.

Vcl acc by Gordon Jenkins' Orchestra: vcl group included,
no details:

New York, September 21, 1949

75287	**I hadn't anyone till you**, De 24900, AoH AH16.
75288	**Dream a little longer**, –.
75289	**Foolish tears**, 24773.
75290	**A man wrote a song**, –.

Vcl acc by the Mills Brothers (vcl group) with unknown acc:

Los Angeles, November 7, 1949

L5191	**Fairy tales**, De 24813.
L5192	**I gotta have my baby back**, –.

Vcl acc by Sy Oliver Orchestra: no details:

New York, February 2, 1950

75801	**Baby, won't you say you love me?**, De 24917.
75802	**Doncha go 'way mad**, –.

Vcl acc by Sy Oliver's Orchestra: Bernie Previn, Tony Faso,
Paul Webster (tp), Henderson Chambers (tb), Milt Yaner,
Sid Cooper (as), Jerry Jerome, Al Klink (ts), Hank Jones (p),
Everett Barksdale (g), Ray Brown (b), Jimmy Crawford (d):

New York, March 6, 1950

75936   **Solid as a rock**, De 24958, Coral 6.22179.
75937   **I've got the world on a string**, 27120, AoH AH22.
75938   **Sugarfoot rag**, 24958, Coral 6.22179.
75939   **Peas and rice**, 27120.

Ella Fitzgerald (vcl) with unknown acc. combo:

›Birdland‹, *New York, May 3, 1950*

            I hadn't anyone 'till you, Session 5.

Vcl acc by the Four Hits and a Miss (vcl) with unknown combo:

Los Angeles, May 9, 1950

L5594   **M-i-s-s-i-s-s-i-p-p-i**, De 27061, Coral 6.22065.
L5595   **I don't want the world**, –, –.

Vcl acc by Louis Jordan and his Tympany Five:

New York, August 15, 1950

76731   **Ain't nobody's business**, De 27200, Coral 6.22178.
76732   **I'll never be free**, –.

Louis Armstrong & Ella Fitzgerald acc by Sy Oliver's Orchestra: Paul Webster (tp), Hank D'Amico (cl), Frank Ludwig (ts), Hank Jones (p), Everett Barksdale (g), Ray Brown (b), Johnny Blowers (d), Sy Oliver (arr, cond), Louis Armstrong (tp, vcl), Ella Fitzgerald (vcl):

New York, August 25, 1950

76750   **Dream a little dream of me**, (la & ef, vcl), De 27209, ED2027, DL8477, Br (E)04614, OE9061, OE9274, LAT8223, (G) A82430, 86006LPB, (G/F) 10118EPB, 87038 LPBM, Coral COPS7397.

76711   **Can anyone explain**, (la & ef, vcl), De 27209, Br
(E)04614, OE9274, (G) A82430, 86006LPB, (G/F)
10118EPB, 87038LPBM, Coral COPS7397.

Vcl acc by Ellis Larkins (p):

New York, September 11, 1950

76823   **Looking for a boy**, De 27369, De DL8378
76824   **My one and only love**, 27368, –,
76825   **How long has this been going on?**, 27370, –.
76826   **I've got a crush on you**, –, –.
NOTE: The abouve 4 also on MCA (F) 510149 and AoH
       AH45.

JATP All Stars: prob. Harry Edison (tp), Charlie Parker (as),
Coleman Hawkins, Flip Phillips (ts), Hank Jones (p), Ray
Brown (b), Buddy Rich (d), Ella Fitzgerald (vcl):

New York, September 1950

        Body and soul, JATP Film Soundtrack.

Vcl acc by Ellis Larkins (p):

New York, September 12, 1950

76834   **But not for me**, De 27369, DL8378
76835   **Soon**, 27371, –.
76836   **Someone to watch over me**, 27368, –.
76837   **Maybe**, 27371, –.
NOTE: The abouve four also on MCA (F) 510149 and AoH
       AH45.

Vcl acc by Charlie Shavers (tp), Hank Jones (p), John Collins
(g), Ray Brown (b), Charlie Smith (d):

New York, September 26, 1950

76899   **Santa Claus got stuck in my chimney**, De
        27255.
76900   **Molasses, molasses**, –.

Vcl acc by the Ink Spots with unknown small group:

New York, December 20, 1950

80291   **Little small town girl,** De 27419.
80292   **I still feel the same about you,** –, Coral 6.22065.

Sy Oliver and the Skylarks (vcl):

New York, January 12, 1951

80337-T4A **Lonesome gal,** De 27453.
80338-T3A **The bean bag song,** –, Coral 6.22065.

Vcl acc by Sy Oliver's Orchestra: Bernie Previn, Paul
Webster, Tony Faso (tp), Mort Bullman (tb), Artie Baker,
George Dorsex, Al Klink, Bill Holcomb (saxes), Hank Jones
(p), Everett Barksdale (g), Sandy Bloch (b), Jimmy Crawford
(d):

New York, March 27, 1951

80745-A   **Chesapeake and Ohio,** De 27602, Coral 6.22179.
80746-A   **Little man in a flying saucer,** 27578, –.
80747-A   **Because of rain,** 27602.
80748-A   **The hot canary,** 27578, –.

Vcl acc by Hank Jones (p), Everett Barksdale (g), Sandy
Bloch (b), Jimmy Crawford (d):

New York, May 24, 1951

81075   **Even as you and I,** De 27634.
81076   **If you really love me,** –.
               Love you madly, 27693.

Ella Fitzgerald (vcl), acc by Bill Doggett (org), Hank Jones
(p), Everett Barksdale (g), Arnold Fishkin (b), Johnny
Blowers (d), Ray Charles Singers (vcl group):

New York, June 26, 1951

81214   **Mixed emotions,** De 27680, AoH AH22.
81215-A   **Smooth sailing,** 27693, –.
81216-A   **Come on a-my house,** 27680.

Vcl acc. by Sy Oliver and his Orchestra: Taft Jordan, Bernie Previn, Carl Poole (tp), Henderson Chambers, Frank Saracco (tb), Milt Yaner, Hymie Schertzer, Al Klink, Fred Williams, Stewart Blake (saxes), Hank Jones (p), Everett Barksdale (g), Sandy Bloch (b), Johnny Blowers (d):

New York, July 18, 1951

81286   **It's my own darn fault,** De DL8695.
81287   **I don't want to make a change,** 27948, Coral 6.22179.
81288   **There never was a baby,** 27724, DL8892.
81289   **Give a little get a little,** –, DL8695.

Louis Armstrong & Ella Fitzgerald with Dave Barbour's Orchestra: Larry Neill (tp), Frank Howard (tb), Jack Dumont, Chuck Gentry, Heinie Beau (saxes), Hank Jones (p), Ray Brown (b), Alvin Stoller (d), Dave Barbour (cond, poss g), Louis Armstrong (tp, vcl), Ella Fitzgerald (vcl):

Los Angeles, November 23, 1951

L6526   **Necessary evil,** De 27901, (F) MU60711, Br (E) OE9274, (G) A82623, (G/F) 87038LPBM.
L6527   **Oops!,** De 27901, (F) MU60711, Br (E) OE9274, (G) A82623, (G/F) 87038LPBM.
L6528   **Would you like to take a walk,** De28552, ED2027, DL8477, Br (E) 05112, OE9061, LAT8223, (G) A82803, (G/F) 87038LPBM, De MU60887.
L6529   **Who walks in when I walk out,** De 28552, (F) MU60887, Br (E) 05112 (G) A82803, (G/F) 87038LPBM.

Louis Armstrong and Bing Crosby: Louis Armstrong (tp, vcl), Bing Crosby, Ella Fitzgerald (vcl) acc by J. S. Trotter's Orchestra:

Hollywood, November 27, 1951

> **I get ideas**, (la, vcl).
> **Memphis blues**, (la, bc, ef, vcl).
> **A kiss to build a dream on**, (la, bc, vcl).

Vcl acc by Sonny Burke's Orchestra: Pete Candoli, Carlton McBeath, Mickey Mangano, Oliver Mitchell (tp), Paul Tauner, Jim Priddy, John Haliburton, Milt Bernhardt (tb), Clint Neagley, Hugo Loewenstein, Don Raffell, Hammond Russum, Chuck Gentry (saxes), Hank Jones (p), Laurindo Almeido (g), Joe Mondragon (b), Tommy Rowles (d):

Los Angeles, December 26, 1951

L6533-A	**Baby doll**, De27900.	
L6534	**What does it take?**, 28034.	
L6535	**Lady bug**, 27900.	
L6536	**Lazy day**, 28034.	

Vcl acc by Ray Brown's Orchestra: Bill Doggett (org), Hank Jones (p), Ray Brown (b), Rudy Taylor (d), Dick Jacobs (bells):

New York, January 4, 1952

82075	**Airmail special**, De 28216, Coral 6.22065.	
82076	**Rough ridin'**, 27948.	

Vcl acc by Sy Oliver's Orchestra: Taft Jordan, Bernie Previn, James Nottingham (tp), Mort Bullman, Al Grey (tb), Milt Yaner, Sid Cooper, Dick Jacobs, Sammy Taylor (saxes), Dave McRae (bar), Hank Jones (p), Everett Barksdale (g), Sandy Bloch (b), Jimmy Crawford (d):

New York, February 25, 1952

82319	**A guy is a guy**, De 28049.
82320	**Nowhere guy**, 28707, Coral 6.22179.
82321	**Gee but I'm glad to know**, 28131.
82322-A	**Goody goody**, 28126.

Same pers but Bobby Byrne (tb), Milt Yaner, Sid Cooper (as), Dick Jacobs, Sam Taylor (ts):

New York, June 26, 1952

83009	**Ding-dong boogie**, (1) De 28321, Coral 6.22179.
83010-A	**You'll have to swing it pt 1**, 28774, AoH 22.
83011-A	**You'll have to swing it pt 2**, –, –.
83012	**Angel eyes**, 28707, MCA (Jap) SV7006.
83013	**Early autumn**, 29810, Coral 6.22179.
83014	**Preview**, (1), 28321, Coral 6.22178.
NOTE:	(1) Vcl acc by Taylor (ts), Jones (p), Barksdale (g), Bloch (b), and Crawford (d) only.

Vcl acc by Leroy Kirkland's Orchestra: Phil Kraus (vib), Hank Jones (p), Hy White (g), George Duvivier (b), Stan Kane (d) + others:

New York, August 11–13, 1952

83243-1	**Trying**, De 28375.
83244	**The greatest there is**, 28930.
83247	**My Bonnie**, 28375.
83248	**Ella's contribution to the blues**, 29810.

New York, September 19, 1952

| 83429 | **Walking by the river**, De 28433, AoH AH22. |

Vcl acc by Lawson Haggart Jazz Band:

New York, October 15, 1952

| 83496 | **Basin Street blues** |

Vcl acc by Jerry Gray's Orchestra: Conrad Gozzo, John Best, Tom Patton, Whitey Thomas (tp), Milt Bernhardt, Jim Priddy, John Halliburton, George Arus (tb), Riley Weston, Dale Brown, John Rotella (as, cl, bar), Bob Cooper, Ronny Perry (ts), Hank Jones or Bob Hammack (p), Bobby Gibbons (g), Bob Stone (b), Alvin Stoller (d):

Los Angeles, November 30, 1952

L6955	**I can't lie to myself**, De 28589.
L6956	**Don't wake me up**, –.

Vcl acc by Sy Oliver's Orchestra: Taft Jordan, Jimmy Nottingham, Charlie Shavers (tp), Henderson Chambers, Frank Saracco (tb), Art Baker, George Dorsey (as), Sam Taylor, Mel Tait (ts), Manny Albam (bar), Hank Jones (p), Everett Barksdale (g), George Duvivier (b), Jimmy Crawford (d):

New York, February 13, 1953

83951-A	**Careless**, De 28671.
83952-A	**Blue Lou**, –.
83953-A	**I wonder what kind of man**, 28930, Coral 6.22179.

Vcl acc by Taft Jordan (tp), Bill Doggett (org), Sandy Bloch (b), Jimmy Crawford (d), The Ray Charles Singers (vcl group):

New York, June 11, 1953

84694	**When the hands of the clock pray at midnight**, De 28762.
84695-A	**Crying in the chapel**, –.

Concert ›Nichigeki Theatre‹, Tokyo, November 18, 1953

Ella Fitzgerald and her Quartet: Ella Fitzgerald (vcl), Raymond Tunia (p), Herb Ellis (g), Ray Brown (b), J. C. Heard (d), same location and date:

> **On the sunny side of the street**, Pablo 2620140.
> **Body and soul**, –.
> **Why don't you do right**, –.
> **Lady be good**, –.
> **I got it bad and that ain't good**, –.
> **How high the moon**, –.

Ella Fitzgerald (vcl) acc by the Jazz at the Philharmonic All Stars. Roy Eldridge, Charlie Shavers (tp), Bill Harris (tb), Willie Smith, Benny Carter (as), Flip Phillips, Ben Webster (ts), Oscar Peterson (p), Herb Ellis (g), Ray Brown (b), J. C. Heard (d), same location and date:

> **My funny Valentine**, Pablo 2620140.
> **Smooth sailin'**, –.
> **Frim fram sauce**, –.
> **Perdido**, –.

NOTE: The Ella Fitzgerald session also on Verve 2615015 and MV9078.

Vcl acc by Sy Oliver's Orchestra: Jimmy Nottingham, Taft Jordan, Charlie Shavers (tp), Frank Saracco, Jack Satterfield (tb), George Dorsey, Bill Holcomb (as), Sam Taylor (ts), Dave McRae (bar), Dave Martin (p), Everett Barksdale (g), Sandy Bloch (b), Jimmy Crawford (d), Lawrence Rivera (bgo):

New York, December 23, 1953

85590	**Empty ballroom**, De 29259, AoH AH22.	
85591	**If you don't, I know who will**, –, Coral 6.22179.	
85592-1	**Melancholy me**, De 29008.	
85593-1	**Somebody bad stole de wedding bell**, –.	

Vcl acc by John Scott Trotter's Orchestra: Red Nichols, Robert Guy, Ziggy Elman (tp), Joe Howard, Ted Vesely, Wendell Mayhew (tb), Phil Sunken, Matty Matlock, Dave Harris, Warren Baker, Larry Wright (saxes), Buddy Cole (p), Perry Botkin (g), Phil Stevens (b), Nick Fatool (d), plus string section.

Los Angeles, December 31, 1953

L7519-1	**Moanin' low**, De 29475, Coral 6839.
L7520-1	**Takin' a chance on love**, –.

Vcl acc by Gordon Jenkins' Orchestra:

New York, March 24, 1954

86079-1	**I wished on the moon**, De 29137, AoH AH22.
86080-1	**Baby**, 29108.
86081-1	**I need**, –.
86082-1	**Who's afraid?** 29137.

Vcl acc by Ellis Larkins (p):

New York, March 29, 1954

86087	**I'm glad there is you**, De DL8068.
86088	**What else could I do?**, –, Coral 6839, MCA 510149.
86089	**What is there to say?**, –.
86090	**Makin' whoopee**, MCA (F) 510149, De LD8068, Coral 6839.
86091	**Until the real thing comes along**, –.
86092	**People will say we're in love**, –.

New York, March 30, 1954

86093	**Please be kind**, De DL8068, Coral 6839, MCA (F) 510149.
86094	**Imagination**, –.
86095	**My heart belongs to daddy**, MCA (Jap) SV7006.
86096	**You leave me breathless**, MCA (F) 510149, Coral 6839.

| 86097 | **Nice work if you can get it**, –, –, AoH AH45. |
| 86098 | **Stardust**, –, –, Coral 6839. |

Vcl acc by Sy Oliver's Orchestra: no details:

New York, June 4, 1954

| 86356 | **Lullaby of Birdland**, De 29198, Coral 6.22179. |
| 86357 | **Later**, –. |

Vcl acc by André Previn's Orchestra:

Los Angeles, April 1, 1955

You'll never know, De DL8155, Coral 6839.
Thanks for the memory, –, –.
It might as well be spring, –.
I can't get started, –.

Vcl acc by Benny Carter's Orchestra:

Los Angeles, April 27, 1955

L8364	**Old devil moon**, De 29580, DL8155, Coral 6839.
L8365	**Lover come back to me**, –, –, AoH AH22.
	Between the devil and the deep blue sea, De DL8155, Coral 6839.
	That old black magic, –, AoH AH22.

Vcl acc by Don Abney (p), Joe Mondragon (b), Larry Bunker (d):

Hollywood, May 3, 1955

L8379	**Hard hearted Hannah**, Coral 6.22178, De 29689. De DL8166, AoH AH26, MCA (Jap) SV7006.
L8380	**Pete Kelly's blues**, De 29689, DL8166, AoH AH26, MCA (Jap) SV7006.
L8381	**Ella hums the blues**, De DL8166, MCA2-4064, AoH AH26.

Vcl acc by Toots Camarata and his Orchestra: Will Bradley, Frank Saracco, Cutty Cutshall (tb), Dick Moore, Lester Salomon (fhr), Hymie Schertzer (as), Don Abney (cel), Dick Hyman (p), Barry Galbraith (g), Sandy Bloch (b), Phil Kraus (d), plus vcl chorus:

New York, August 1, 1955

88435	**Soldier boy**, De 29648.
88436	**A satisfied mind**, –.

Vcl acc by Toots Camarata and his Orchestra: Jimmy Nottingham, Charlie Shavers, Dale McMickle (tp), Will Bradley, Frank Saracco, Cutty Cutshall, Ward Silloway (tb), Al Howard, Hymie Schertzer (as), Al Klink, Hal Feldman (ts), Don Abney (p), Al Casamenti (g), Eddie Safranski (b), Jimmy Crawford (d), Janet Putman (harp), plus string section:

New York, August 5, 1955

88456	**My one and only love**, De 29746, AoH 22, MCA SV7006.
88457	**The impatient years**, 29665.
88458	**But not like mine**, –.
88459	**The tender trap**, 29746.

Ella Fitzgerald & Frank Sinatra (vcl):

Hollywood, 1955

       Necessity (ef, fs, vcl), Chairman Records 6009.

NOTE: The abouve from a never released cartoon soundtrack.

Vcl acc by Buddy Bregman Orchestra:

Los Angeles, January, 1956

20054	**Stay here**, Verve 10012.
20055	**The sun forgot to shine**, 10021.
20056	**Too young for the blues**, 10002, MGV2036.
20057	**It's only a man**, –, –.

Vcl acc by Harry Edison (tp), plus others:

Los Angeles, February, 1956

20067	**It's all right with me**, Verve 10077, MGV4050, 4001-2.
20068	**Beale Street blues**, 10128.
Similar	
20075	**So in love**, Verve MGV4050, 4001-2.
20078	**Begin the beguine**, Verve MGV4049, MGV4066, 4001-2.

Vcl acc by Paul Smith (p), Barney Kessel (g), Joe Mondragon (b), Alvin Stoller (d):

Los Angeles, February 8, 1956

	I get a kick out of you, Verve MGV4049, MGV4066, 4001-2.
	Get out of town –, –.
	Miss Otis regrets, –, –.
	Easy to love, MGV4050, –.
	I concentrate on you, –, –.
20083	**Love for sale**, –, MGV4066, –.
20086	**Let's do it**, MGV4049, –.
20087	**All of you**, –, –, –.

Ella Fitzgerald (vcl) acc by Buddy Bregman's Orchestra: no details but strings included:

Los Angeles, February/March, 1956

20121	**Night and day**, Verve MGV4050, MGV4066, 4001-2.
20122	**A beautiful friendship**, MGV4063.
	All through the night, Verve MGV4049, MGV4066, 4001-2.
	Anything goes, –, –, –.
	Too darn hot, –, –.
	Do I love you?, –, –.

From this moment on, –, –.
Everytime we say goodbye, –, –, –.
Just one of those things, –, –, –.
I am in love, –, –.
In the still of the night, –, –.
Always true to you in my fashion, –, –.
Ridin' high, Verve MGV4050, 4001-2.
Don't fence me in, –, –.
It's delovely, –, –, MGV4066.
You're the top, –, –, –.
Ace in the hole, –, –.
I've got you under my skin, –, –, –.
I love Paris, –, –.
You do something to me, –, –.
What is this thing called love, –, –, –.
Why can't you behave?, –, –.

Vcl with Count Basie and his Orchestra:

New York, June 26, 1956

2900-4	**April in Paris**, (1, ef, jw, vcl), Clef 89172, MGC743, Verve MGV8030, (G/F)511038, Col (E) SEB10070, Kar AFF1122, KEP329.
2901	**Too close for comfort**, (ef, jw, vcl), Verve MGV8288.
2902-1	**Salty lips**, (ef, jw, vcl) (unissued).
2903	**Every day (I have the blues)**, (ef, jw, vcl), Clef MGC743, Verve MGV 8030, Col (E)SEB10070, Kar KEP329.
2904-5	**Party blues**, (ef, jw, vcl), Clef 89172, MGC743, Verve MGV8030, (E)VLP9127, Col (E)SEB10070, Kar AFF1122, KEP329.
2905-9	**Slats**, Verve MGV8291, ARS G422, Blue Star (F) GLP3648.
2906-3	**Don't worry 'bout me**, (jw, vcl), Verve MGV8288.
2907-4	**Low life**, Verve MGV8291, ARS G422, Blue Star (F) GLP3648, Kar KEP373.

NOTE: (1) Ralph Burns (p, arr) added.

Vcl acc by Paul Smith (p), Barney Kessel (g), Joe Mondragon (b), Alvin Stoller (d):

›Hollywood Bowl‹, *Los Angeles, August 15, 1956*

> **Love for sale**, Verve MGV8231-2.
> **Just one of those things**, –.
> **Little girl blue**, –.
> **Too close for comfort**, –.
> **I can't give you anything but love**, –.
> **Airmail special**, –.

Jazz at the Hollywood Bowl: Louis Armstrong (tp, vcl), Trummy Young (tb), Edmond Hall (cl), Billy Kyle (p), Dale Jones (b), Barrett Deems (d), Ella Fitzgerald (vcl):

Concert, Hollywood Bowl, Los Angeles, August 15, 1956

> **You won't be satisfied**, (ef & la, vcl), Verve EPV 5034, MGV8231, (G)26145, VV20085.
> **Undecided**, (ef, vcl), Verve EPV5033, MGV8231, (G)V90000, 26145.
> **When the saints go marchin' in**, (1), Verve EPV5033, MGV8231, (F)711051, (G)V90000, VV20085, Metro MS657.

NOTE: (1) Harry Edison, Roy Eldridge (tp), Illinois Jacquet, Flip Phillips (ts), Herb Ellis (g), Ray Brown (b), added. Although Verve 2615006 is supposed to contain all the Armstrong sides recorded for Verve, it has an incomplete version of the abouve ›When the saints‹! All other Verve's are indeed on this 10 LP album.

Ella Fitzgerald & Louis Armstrong: Louis Armstrong (tp, vcl), Oscar Peterson (p), Herb Ellis (g), Ray Brown (b), Buddy Rich (d), Ella Fitzgerald (vcl):

Los Angeles, August 18, 1956

20207-2   **They can't take that away from me**, Verve EPV5014, MGV4003, (Swed) EPV5007.

20208-8	**Isn't it a lovely day?**, Verve EPV5012, MGV4003, (Swed) EPV5008.
20209-5	**Tenderly**, Verve EPV5012, MGV4003, (Swed) EPV5007, Metro MS657.
20210	**Stars fell on Alabama**, Verve EPV5015, MGV4003, (Swed) EPV5006.
20211-5	**Cheek to cheek**, Verve EPV5012, MGV4003, (Swed) EPV5006.
20212-2	**Under a blanket of blue**, Verve EPV5015, MGV4003, (Swed) EPV5008, HMV7 EG8280.
20213-7	**Moonlight in Vermont**, Verve EPV5015, MGV4003, (Swed) EPV5008, HMV7 EG8280.
20214-6	**A foggy day**, Verve EPV5015, MGV4003, (Swed) EPV5006.
20215-6	**April in Paris**, Verve EPV5013, MGV4003, (Swed) EPV5008, Metro MS567.
20216-1	**The nearness of you**, Verve EPV5007, MGV4003, (Swed) EPV5007.
20222-2	**Can't we be friends**, Verve 2015, 10023, MGV4003, (Du) EPV5046, (Swed) EPV5008. HMV7 EG8280.

Vcl acc by Buddy Bregman's Orchestra:

Los Angeles, August 21, 1956

| 20221 | **The silent treatment**, Verve MGV2036. |

Prob. same pers as abouve Buddy Bregman's Orchestra:

Los Angeles, August 1956

	A ship without a sail, Verve MGV4022, 4002-2
	Have you met Miss Jones?, –, –.
	You took advantage of me, –, –.
	The lady is a tramp, –, –.
	Johnny One Note, –, –.
	I wish I were in love again, –, –.
	Spring is here to stay, –, –.
	This can't be love, –, –.

Where or when, –, –.
Little girl blue, –, –.
It never entered my mind, –, –.
Bewitched, MGV4023, –.
Mountain greenery, –, –.
Wait till you see her, –, –.
Ten cents a dance, –, –.
My heart stood still, –, –.
I've got five dollars, –, –.
Lover, –, –.
Isn't it romantic, –, –.
Blue moon, –, –.
Here in my arms, –, –.
To keep my love alive, –, –.
Thou swell, –, –.
Dancing on the ceiling, –, –.
Blue room, –, –.
Everything I've got, –, –.
I could write a book, –, –.
My funny Valentine, –, –.
Manhattan, –, –.
With a song in my heart, –, –.
Give it back to the Indians, –, –.
I didn't know what time it was, –, –.
My romance, –, –.
There's a small hotel, –, –.

NOTE: The entire session also on Verve (F)2610044.

Ella Fitzgerald (vcl) acc by Stuff Smith (vln), Ben Webster (ts), Paul Smith (p), Barney Kessell (g), Joe Mondragon (b), Alvin Stoller (d):

Los Angeles, September 4 or 16, 1956

20252-4	**I let a song go out of my heart**, Verve MGV4009-2.
20253-1	**Rocks in my bed**, MGV4008-21.
20254-3	**Cotton tail**, –.

Zwei Große des Jazz, Ella und Duke Ellington. Sie nahmen Platten zusammen auf und gingen auch 1960 mit JATP mehrere Male gemeinsam auf Tournee. Bei seiner Beerdigung 1974 sang Ella zu Ehren ihres
langjährigen Freundes „Just a Closer Walk With Thee".

(Ken Whitten Collection)

Norman Granz hilft Ella beim Verlassen des Theaters in Pescara, wo
sie trotz einer schweren Entzündung im rechten Auge aufgetreten
war. Sie mußte später alle weiteren Konzerte der 1971er Tournee
durch Europa absagen. (AP/Wide World Photos)

20255-1	Just squeeze me, –.
20256-4	Do nothin' till you hear from me, –.
20257-6	Solitude, (only g acc), –.
20258-2	Sophisticated lady, –.
20259-1	Just a-sittin; and a-rockin', –.
20260-4	It don't mean a thing, –.
20261-1	Prelude to a kiss, MGV4008-2.
20262-3	Don't get around much anymore, –.
20263	Satin doll, MGV4009-2.
	Azure, (g acc only), –.
	In a sentimental mood, (g acc only), MGV4009-2.

Vcl acc by Russ Garcia's Orchestra: no details:

Los Angeles, January 20, 1957

| 20575 | Hear my heart, Verve 10031. |
| 20576 | Hotta chocolata, –. |

Vcl with Duke Ellington and his Orchestra: Cat Anderson, Dizzy Gillespie (tp), Johnny Hodges (as), Jimmy Hamilton (cl, ts), John Sanders (tb), Duke Ellington, Billy Strayhorn (p), Jimmy Woods (b), Sam Woodyard (d):

New York, June 24, 1957

| 21033 | Day dream, (ef, vcl), (1), Verve MGV4008-2, Bar 80102. |
| 21034-6 | Take the ›A‹ train, (ef, vcl, 2), –, –. |

Ella Fitzgerald (vcl) added:

New York, June 25, 1957

21036	Everything but you, (ef, vcl), Verve MGV4009-2, Bar 80105.
21037	I got it bad, (ef, vcl), –, –.
21038	Drop me off at Harlem, (ef, vcl), MGV4008-2, 80102.

| 21039 | **Lost in meditation**, (ef, vcl), –, –. |
| 21040 | **I ain't got nothin' but the blues**, (ef, vcl), –, –. |

Ella Fitzgerald with Duke Ellington Orchestra:

New York, June 26, 1957

21049	**Clementine**, (ef, vcl), Verve MGV4008-2, Bar 80102.
21050	**Lush life**, (ef, vcl), (unissued).
21051	**I'm beginning to see the light**, (ef, vcl), (1), –, –.
21052	**I didn't know about you**, (ef, vcl), (1), –, –.
21053	**Rockin' in rhythm**, (ef, vcl), (1), –, –.
	I'm just a lucky so and so, (ef, vcl), MGV4009-2, 80105.

Ella Fitzgerald with Duke Ellington Orchestra: Billy Strayhorn (p-1):

New York, June 27, 1957

21064	**Caravan**, (ef, vcl), Verve MGV4008-2, Bar 80102.
21065	**Bli-blip**, (ef, vcl), MGV4009-2, 80105.
21066	**Chelsea bridge**, (ef, vcl), –, –.
21067	**Perdido**, (ef, vcl), MGV4008-2, 80102.
	All too soon, (ef, vcl), MGV4009-2, 80105.
	The ›B‹ and ›D‹ blues, (ef, vcl), –.

Vcl acc by Don Abney (p), Wendell Marshall (b), Jo Jones (d):

Newport Jazz Festival, July 4, 1957

> **This can't be love**, Verve MGV8234.
> **I got it bad**, –.
> **Body and soul**, –.
> **April in Paris**, –.
> **I've got a crush on you**, –.
> **Airmail special**, –.
> **I can't give you anything but love**, –.

Louis Armstrong and Ella Fitzgerald: Louis Armstrong (tp, vcl), Oscar Peterson (p), Herb Ellis (g), Ray Brown (b), Louis Bellson (d), Ella Fitzgerald (vcl):

Los Angeles, July 22 + 23, 1957

21132	**Love is here to stay**, (la, ef, vcl), Verve MGV4006-2, MGV4018, (Du)EPV5054, (Swed) VEP5038. HMV 7EG8436.
21133	**Learning the blues**, (la, ef, vcl), Verve MGV4006-2, MGV4018, (Du) EPV5053, (Swed) VEP5037.
21134	**Autumn in New York**, (la ef, vcl), Verve MGV4006-1, MGV4017, (Du) EPV5049, Metro (S), 601.
21135	**Let's call the whole thing off**, (la, ef, vcl), Verve MGV4006-2, MGV4018, (Du) EPV5053, (Swed) VEP5037.
21136	**They all laughed**, (1) (la, ef, vcl), Verve MGV4006-1, MGV4017, (Du) EPV5050, (Swed) VEP5038, Metro M(S)601.
21137	**Gee baby ain't I good to you**, Verve MGV4006-1, MGV4017, (Du) EPV5051, (Swed) VEP5038, Metro M(S)601.
21138	**Stompin' at the Savoy**, (la, ef, vcl), Verve MGV4006-1, MGV4017, (Du) EPV5050, (Swed) VEP5036, Metro M(S)601.

NOTE: (1) Louis Armstrong does not play tp.

Vcl acc by Oscar Peterson (p), Herb Ellis (g), Ray Brown (b), Louie Bellson (d):

Los Angeles, July 23, 1957

21141	**Ill wind**, Verve MGV4018.
	These foolish things, –.
	Comes love, MGV4017.

Frank De Vol's Orchestra: no details:

Los Angeles, July 24, 1957

21163	**Moonlight in Vermont**, Verve MGV4034.
21164	**Stairway to the stars**, –.
21166	**A-tisket, a-tasket**, MGV4063.
21169	**Goody goody**, –.
21170	**St Louis blues**, –.
	Moonlight becomes you, –.
	You turned the tables on me, –.
	Gipsy in my soul, –.

Louis Armstrong and Ella Fitzgerald: same as before with Ella Fitzgerald (vcl) added:

Los Angeles, August 13, 1957

21267-6   **I won't dance**, (l & ef, la vcl), Verve MGV4006-1, MGV4017, (Du) EPV5054, (Swed) VEP5036, Metro M(S)601.

21268-5   **A fine romance**, (la, ef, vcl), Verve MGV4006-2, MGV4018, (Du) EPV5054, (Swed) VEP5038, HMV 7EG8486.

21269-9   **Don't be that way**, (l, ef & la, vcl), Verve MGC4006-1, MGV4017, (Du) EPV5049, Metro M(S)510, M(S)601, Adria 655043.

21270-7   **I'm puttin' all my eggs in one basket**, (la, ef, vcl), Verve MGV4006-2, MGV4018, (Du) EPV5052, (Swed) EPV5037.

21271-12   **I've got my love to keep me warm**, (ef, la, vcl), Verve MGV4006-2, MGV4018, (Du) EPV5051, (Swed) EPV5036.

NOTE: (1) Louis Armstrong does not play tp. Three more titles without Louis were recorded on the above session dates ›Comes love‹, ›Ill wind‹, and ›These foolish things‹.

Louis Armstrong and Ella Fitzgerald acc by strings, p, g, b and d:

Los Angeles, August 8, 1957

21290-2   **Summertime**, (la, ef, vcl), Verve MGV4011,
HMV 7EG8489, (Du) EPV5098, (Swed)
VEP5055, MGVS-6040.

21291-6   **Bess you is my woman**, (la, ef, vcl) Verve
MGV4011, HMV 7EG8490, (Du) EPV5099,
(Swed) VEP5056, MGVS-6040.

21292-10   **I got plenty o' nuttin'** (la, ef, vcl), Verve
MGV4011, (Du) EPV5099, (Swed) VEP5056,
HMV 7EG8489.

21293-2   **It ain't necessarily so** (la, ef, vcl), Verve
MGV4011, (Du) EPV5098, (Swed) VEP5055,
MGVS-6040, HMV 7EG8490.

21294-6   **There's a boat that's leaving soon for New
York**, (la, ef, vcl), Verve MGV4011, (Du)
EPV5115, MGVS-6040.

21295-9   **A woman is a sometime thing**, (la, vcl), Verve
MGV4011, (Du) EPV5115, MGVS-6040.

21296-9   **Oh Lord I'm on my way**, (la & coir, vcl), Verve
MGV4011, (Du) EPV5098, (Swed) VEP5055,
MGVS6040.

21298   **Bess oh where is my Bess** (la, vcl), Verve
MGV4011.

Vcl acc by Russ Garcia's Orchestra: no details:

Los Angeles, August 18, 1957

21360   **I want to stay here**, Verve MGV4011-2.
21361   **My man's gone now**, –.
21362   **What you want with Bess**, –.
21363   **Buzzard song**, –.
21364   **Oh doctor Jesus**, –.
21365   **Here comes de honeyman**, (medley), –.
21366   **Strawberry woman**, (medley), –.

Duke Ellington and his Orchestra: Quentin Jackson (tb),
replaces Henderson and Billy Strayhorn (p, talking), added
(1), Duke Ellington (p, talking) on (2):

New York, August, 1957

> **Portrait of Ella Fitzgerald**: Verve MGV4009-2,
> Bar 80105, HMV CLP1227/1228, VSP
> SVSP57024.

1.   **Royal ancestry** (2).
2.   **All heart** (2).
3.   **Beyond category** (2).
4.   **Total jazz** (1, 2).

Vcl acc by Oscar Peterson (p), Herb Ellis (g), Ray Brown (b),
Jo Jones (d):

›Chicago Opera House‹, October 19, 1957

> **Don't cha go way mad**, Verve MGV8264.
> **It's all right with me**, –.
> **Bewitched**, –.
> **These foolish things**, –.
> **Ill wind**, –.
> **Goody goody**, Verve MGV8264.
> **Moonlight in Vermont**, –.

Vcl acc by Roy Eldridge (tp), Jay Jay Johnson (tb), Sonny Stitt
(as), Lester Young (ts), Illinois Jacquet, Coleman Hawkins,
Stan Getz, Flip Phillips (ts), Oscar Peterson (p), Herb Ellis
(g), Ray Brown (b), Connie Kay (d):

›Philharmonic Hall‹, Los Angeles, October 25, 1957

> **Stompin' at the Savoy**, Verve MGV8264.
> **Lady be good**, –.

Ella (vcl) acc by Ben Webster (ts), Oscar Peterson (p), Herb
Ellis (g), Ray Brown (b), Alvin Stoller (d):

Los Angeles, October 26, 1957

> **Mood indigo** (bw out), Verve MGV4009-1.
> **In a mellow tone**, –.
> **Love you madly**, –.

> **Lush life** (op only), –.
> **Squatty roo**, –.

Vcl acc by Paul Weston's Orchestra: Stan Getz (ts) + others:

Los Angeles, October, 1957

21732	**What will I tell my heart**, Verve MGV4004.
	There's a lull in my life, –.
	More than you know, –.
	I never had a chance, –.
	Close your eyes, –.
	We'll be together again, –.
	Then I'll be tired of you, –.
	Like someone in love, –.
21738	**Midnight sun**, –.
	You're blasé, –.
	I thought about you, –.
	Night wind, –.
	What's new, –.
	How long has this been going on?, –.
	Hurry home, –.

Vcl acc by Paul Weston's Orchestra: prob similar to above:

Los Angeles, March 16 + 18, 1958

22119	**Isn't this a lovely day**, Verve MGV4031, MGV4019-2.
22120	**All by myself**, MGV4030, –.
22121	**Let's go slummin' on Park Avenue**, MGV4031, –.
22122	**I'm puttin' all my eggs in one basket**, –, –.
22123	**Always**, –, –.
22124	**I used to be colorblind**, MGV4030, –.
22125	**You can have him**, –, –.
22126	**How's chances**, MGV4031, –.
22127	**No strings (I'm fancy free)**, –, –.
22128	**You keep coming back like a song**, –, –.
22129	**Summertime**, –, –.
22130	**How deep is the ocean**, MGV4030. –.

22131	**You're laughing at me**, –, –.
22132	**Russian lullaby**, –, –.
22133	**Change partners**, MGV4031, –.
22134	**Now it can be told**, –, –.
22135	**How about me**, MGV4030, –.
22136	**Get thee behind me Satan**, –, –.
22137	**Reaching for the moon**, MGV4031, –.
22138	**I've got my love to keep me warm**, –, –.
22139	**Heat wave**, –, –.
22140	**Cheek to cheek**, MGV4030, –.
22141	**The song is ended**, MGV4031, –.
22142	**Blue skies** (1), Playboy PB1958-2, Verve 4036.
22143	**Lazy**, Verve MGV4030, MGV4019-2.
22144	**Let's face the music and dance**, –, –.
22145	**It's a lovely day**, MGV4031, –.
22146	**Puttin' on the Ritz**, MGV4030, –.
22147	**Remember**, Verve MGV4030, MGV4019-2.
22148	**Alexander's ragtime band**, –, –.
22149	**Let yourself go**, –, –.
22150	**Top hat white tie and tails**, –, –.
22151	**Teach me to cry**, 10130.
22152	**Swingin' shepherd blues**, –.

NOTE: (1) The accompaniment of matrix 22142 includes Harry Edison, although this is Paul Weston's Orchestra. Thepersonnell has been changed during the different recordings of the songs.

Vcl acc by Lou Levy (p), Max Bennett (b), Gus Johnson (d), Dick Hyman (org-1):

New York, c. 1958

22290	**Travelin' light**, Verve 10143.
22291	**Your red wagon** (1), –, MGV8320.

Vcl acc by Nelson Riddle's Orchestra: no details:

Los Angeles, November 1958

22525	**He loves and she loves**, Verve MGV4027, 4029-5.

Bidin' my time, MGV4026, –.
Aren't you glad we did?, –, –.
You've got what gets me, MGV4027, –.
I can't be bothered now, MGV4028, –.

Vcl acc by Marty Paich's Dektette: Don Fagerquist, Al
Porcino (tp), Bob Enevoldsen (vtb, ts), Vince DeRosa (fhr),
John Kitzmiller (tu), Bud Shank (as), Bill Holman (ts), Med
Flory (bar), Lou Levy (p), Joe Mondragon (b), Mel Lewis (d),
Marty Paich (arr, cond):

Los Angeles, November 22 + 23, 1958

22563	**You hit the spot**, Verve MGV4021.
22564	**Blues in the night**, –.
22565	**What's your story morning glory**, –.
22566	**Just you just me**, –.
22567	**My kinda love**, –.
22568	**If I were a bell**, –.
22569-3	**Teardrops from my eyes**, –.
22570	**You're an old smoothie**, –.
22571	**As long as I live**, –.
22572	**Knock me a kiss**, –.
22573	**Gotta be this or that**, –.
22574	**720 in the books**, –.
22575	**Moonlight on the Ganges**, –.
22576-4	**Oh what a night for love**, –.
22577-2	**Little jazz**, –.
22578	**Little white lies**, –.
22579	**You brought a new kind of love**, –.
22580-1	**Dreams are made for children**, 10158.

Vcl acc by Frank De Vol Orchestra: Harry Edison (tp), plus 4
other tp, 4 tb, 5 reeds, p, g, b and d:
22130	**How deep is the ocean**, MGV4030. –.

Los Angeles, November 24, 1958

22581-1	**East of the sun**, Verve MGV4032.
22582-4	**Lullaby of Broadway**, –.

22583-2	Let's fall in love again, –.
22584-4	I remember you, –.
22585-3	Sweet and lovely, –.
22586-1	Can't we be friends, –.
22587-7	Out of this world, –.
22588-1	Makin' whoopee, –.

Vcl acc by Nelson Riddle's Orchestra: Don Fagerquist (tp), Bob Cooper (tb), Alvin Stoller (d) plus others and string section:

Los Angeles, 1959

22617-5	Soon, Verve MGV4026.
22618-8	I got rhythm, –.
22619-3	Our love is here to stay, –.
22620-9	They can't take that away from me, –.
22621-2	How long has this been going on?, Verve MGV4024, MGV4029-5.
22622-3	A foggy day, MGV4026, –.
22623-5	The man I love, –, –.
22624	
22625	
22626-5	I've got beginners luck, MGV4024, –.
22627	
22628-3	Slap that bass, MGV4027, –.
22629-3	Clap hands here comes Charlie, MGV4026, –.
22630	
22631-6	That certain feeling, MGV4025, –.
22632-5	Embraceable you, MGV4028, –.
22633-3	I've got a crush on you, MGV4026, –.
22634-2	But not for me, MGV4024, –.
22635-9	Lady be good, –, –.

Ella Fitzgerald (vcl) with unknown acc:

Los Angeles

| 22749-5 | This can't be love, Verve MGV4026, MGV4029-5. |

22750-5	**Of thee I swing**, MGV4025, –.
22751-4	**I was doing all right**, MGV4027, –.
22752-6	**Funny face**, MGV4028, –.
22753-6	**Fascinating rhythm**, –, –.

Ella Fitzgerald (vcl) with unknown acc:

22763-6	**I'm thru with love**, Verve MGV4034, MGV4029-5.
22768-4	**My one and only love**, MGV4024, –.
22769-2	**Someone to watch over me**, MGV4025, –.
22770-2	**Nice work if you can get it**, MGV4024, –.
22771-3	**Love walked in**, MGV4027, –.
22772-10	**But not for me**, MGV4024, –.
22773-5	**Let's call the whole thing off**, –, –.
22774-6	**Lookin' for a boy**, MGV4025, –.
22775-10	**Lorelei** (Nelson Riddle Orch), MGV4028, –.
22776-3	**Let's kiss and make up**, –, –.
22777-6	**They all laughed**, MGV4025, –.

Ella Fitzgerald (vcl) acc by Russ Garcia's Orchestra:

Los Angeles, late 1959

22892-6	**Like young**, Verve MGV4036.
22893	
22894-4	**Beat me daddy eight to the bar**, MGV4036.
22895-4	**The Christmas song**, 10182.
22896-4	**The secret of Christmas**, –.
	Cool breeze, MGV4036.

Vcl acc by Frank De Vol's Orchestra: no details:

Los Angeles, July 11, 1959

26413-5	**My old flame**, Verve MGV4032.
26414-2	**Gone with the wind**, –.
26415-8	**That old feeling**, –.
26416	

| 26417-2 | Moonlight serenade, –. |
| 26418-3 | You make me feel so young, MGV4036. |

Vcl acc by Nelson Riddle's Orchestra: Don Fagerquist (tp),
Bob Cooper (ts), Alvin Stoller (d) plus strings and ohter
musicians:

Los Angeles, July 1959

26433-7	Shall we dance, Verve, MGV4027, MGV4029-5.
26434-3	That certain feeling, MGV4026, –.
26435-7	What love has done to me, MGV4028, –.
26436-7	Boy wanted, MGV4026, –.
26437-3	Half of it dearie blues, MGV4027, –.
26438-6	'S Wonderful, Verve MGV4025, MGV4029-5.
26439-3	Who cares, MGV4025, –.
26440-8	Treat me rough, MGV4027, –.
26441-3	Strike up the band, MGV4026, –.
26442-12	Sam and Delilah, MGV4025, –.
26443-3	By Strauss, MGV4025, –.
26444-11	My cousin from Milwaukee, –, –.
26445-9	Things are looking up, MGV4024, –.
26446-5	Stiff upper lip, MGV4026, –.
26447-12	Oh so nice, MGV4028, –.
26448-5	Just another rhumba, MGV4024, –.
26449-6	Somebody from somewhere, MGV4025, –.
26450-4	Love is sweeping this country, MGV4027, –.
26451-6	For you for me forevermore, MGV4026, –.
26452-6	Are not you friends, –, –.
26453-4	Isn't it a pity, MGV4027, –.
26454-6	My real American folk song, MGV4025, –.

Vcl acc by Frank de Vol Orchestra:

Hollywood, 1960

> You go to my head, Verve MGV4034.
> Willow weep for me, –.
> Spring will be a little late this year, –.
> Everything happens to me, –.

Lost in a fog, –.
I've grown accustomed to his face, –.
I'll never be the same, –.
So rare, –.
Tenderly, –.
Somebody loves me, MGV4036.
Cheerful little earful, –.

Ella Fitzgerald (vcl), acc by Paul Smith (p), Jim Hall (g),
Wilfred Middlebrooks (b), Gus Johnson (d):

›*Deutschland-Halle*‹, *Berlin, February 13, 1960*

26607	**Gone with the wind**, Verve MGV4041.
26608	**Misty**, –.
26609	**The lady is a tramp**, –.
26610	**The man I love**, –.
26611	**Summertime**, –.
26612	**Too darn hot**, –.
26613	**Lorelei**, –, MGV4063.
26614	**Mack the knife**, –.
26615	**How high the moon**, –.

Vcl acc by Frank de Vol's Orchestra:

Los Angeles, 1960

26717	**Santa Claus**, Verve MGV4042.
26718	**Jingle bells**, –.
26719	**Frosty the snowman**, –.
26722	**Rudolf the red nosed reindeer**, –.
26723	**Good morning blues**, –.
26724	**Winter wonderland**, –.
26725	**Let it snow**, –.
26726	**What are you going on New Year's eve**, –.
26727	**White Christmas**, –.
26728	**Have yourself a merry Christmas**, –.
26741	**The Christmas song**, Verve MGV4042.
26742	**Sleigh ride**, –.

Ella Fitzgerald (vcl) acc by Paul Smith (p) plus rhythm:

Los Angeles, 1960

> **Black coffee**, Verve MGV4043.
> **Angel eyes**, –.
> **I cried for you**, –.
> **I can't give you anything but love**, –.
> **Then you've never been blue**, –.
> **I hadn't anyone till you**, Verve MGV4043.
> **My melancholy baby**, –.
> **Misty**, –.
> **September song**, –.
> **One for my baby**, –.
> **Who's sorry now**, –.
> **I'm getting sentimental over you**, –.
> **Reach for tomorrow**, –.

Ella Fitzgerald (vcl), acc by Billy May's Orchestra: 4 tp, 3–4 tb, 4–5 saxes, p, g, b, d:

Los Angeles, 1960–61

> **Blues in the night**, Verve MGV4057,
> MGV4046-2.
> **Let's fall in love**, –, –.
> **Stormy weather**, –, –.
> **Between the devil and the deep blue sea**, –, –.
> **My shining hour**, –, –.
> **Hooray for love**, –, –.
> **This time the dream's on me**, –, –.
> **That old black magic**, –, –.
> **Ill wind**, –, –.
> **I've got the world on a string**, –, –.
> **Let's take a walk**, –, –.
> **Acc-ent-tchu-ate the positive**, –, –.
> **Come rain or come shine**, MGV4058, –.
> **When the sun comes out**, –, –.
> **As long as I live**, –, –.
> **Happiness is a thing called Joe**, –, –.

It's only a paper moon, –, –.
The man that got away, –, –.
One for my baby, –, –.
It was written in the stars, –, –.
Get happy, –, –.
I gotta right to sing the blues, –, –.
Out of this world, –, –.
Over the rainbow, –, –.

Vcl acc by Lou Levy (p), Jim Hall (g), Wilfred Middlebrooks (b), Gus Johnson (d):

Crescendo Clug, Hollywood, summer 1961

27036	**You'll have to swing it Mr Paganini**, Verve MGV4052.
27038	**I've got the world on a string**, –.
27039	**You'r e driving me crazy**, –.
27040	**Just in time**, –.
27042	**Blue moon**, –.
27044	**This could be the start of something big**, –.
27045	**Baby won't you please come home**, –.
27048	**It might as well be spring**, –.
27049	**Take the ›A‹ train**, –.
27050	**Stairway to the stars**, –.
27051	**Satin doll**, –.
27075	**Airmail special**, –.

Vcl acc by Nelson Riddle's Orchestra: pers including Ronnie Lang (as):

Los Angeles, 1961

Don't be that way, Verve MGV4054.
When your lover has gone, –.
Love me or leave me, –.
I hear music, –.
What am I here for?, –.
I'm gonna go fishing, –.

	I won't dance, –.
	I only have eyes for you, –.
	The gentleman is a dope, –.
	Mean to me, –.
	Alone together, –.
	Pick yourself up, –.
61VK609	**Call me darling**, Verve 10238.

Ella Fitzgerald (vcl), acc by Lou Levy (p), Herb Ellis (g), Joe Mondragon (b), Stan Levey (d):

Los Angeles, June 22, 23 + 24, 1961

        Cry me a river, Verve MGV4053.
        Clap hands here comes Charlie, –.
        A night in Tunisia, –.
        You're my thrill, –.
        My reverie, –.
        Stella by starlight, –.
        Jersey bounce, –.
        Good morning heartache, –.
        I was born to be blue, –.
        Spring can really hang you up the most, –.
        The music goes round and round, –.
        Signing off, –.
        'Round midnight, –.
        This year's kisses, –.

Vcl acc by Nelson Riddle's Orchestra: 4–5 tp, Ronnie Lang (as) 4–5 saxes, p, g, b, d and vib. plus string section except on titles marked (1):

Los Angeles, 1962

        Sweet and slow, Verve MGV4055.
        Georgia on my mind, (1) –.
        I can't get started, (1) –.
        Street of dreams, –.
        Imagination, –.

The very thought of you, –.
It's blue world, –.
Darn that dream, (1) –.
He's funny that way, –.
I wished on the moon, –.
It's a pity to say goodnight,
My one and only love,
Body and soul,

Ella Fitzgerald (vcl) acc by Knud Jorgensen (p), Jimmy
Woode (b), William Schiöpffe (d):

Copenhagen, August 25, 1961

You'll have to swing it, Verve V90012.
Ich fühle mich crazy, –.

Vcl acc by Ernie Royal, Taft Jordan (tp), Phil Woods (as), Bill
Doggett (org), Gus Johnson (d) plus others:

New York, May 1962

62VK272   **I'll always be in love with you**, Verve
MGV4056.
Rough ridin', –.
You can depend on me, –.
Broadway, –.
Runnin' wild, –.
Show me the way to get out of this world, –.
Hallelujah, I love him so, –.
I can't face the music,
No moon at all, –.
Laughing on the outside, –.
After you've gone, –.

No details, prob. as above or similar:

62VK317   **What is this thing called love**, Verve 10238.

Ella Fitzgerald (vcl) acc by Marty Paich and his Orchestra:

Los Angeles, September 1962

62VK631   Desafinado, Verve 10274, MGV4063.
62VK632   Stardust bossa nova, –.

Vcl acc by Paul Smith (p), Wilfred Middlebrooks (b), Stan Levey (d):

Crescendo Club, Los Angeles, December 1962

62VK714   Ol' man Mose, Verve 10288.
62VK785   Bill Bailey won't you please come home, MGV4063.

Vcl acc Count Basie and his Orchestra: Don Rader, Joe Newman, Sonny Cohn, Al Aarons, Fip Ricard (tp), Harry Coker, Benny Powell, Grover Mitchell, Urbie Green (tb), Marshall Royal (as, cal), Eric Dixon, Frank Wess, Frank Foster (as, tx, fl), Charlie Fowlkes (bar), Count Basie (p), Freddie Green (g), Buddy Catlett (b), Sonny Payne (d):

New York, July 16, 1963

63VK501   Pleasingly plump, (inst), Verve V10329, MGV(6)8549.
63VK504   Into each life some rain must fall, V10305, MGV(6)4061, (E)SS517, VLP(S)9050, VLP9091.

New York, Juli 16 + 17, 1963

63VK511   Shiny stokings, Verve V10305, MGV(6)4061, (E)SS517, VLP(S)9050, VLP9091.
Dream a little dream of me, (1), Verve MGV(6)4061, (E)VLP(S)9050.
Them there eyes, (1), –, –.
Deed I do, –, –.
Ain't misbehavin', –, –.
On the sunny side of the street, –, –.
Satin doll, –, –.

Honeysuckle rose, –, –.
Tea for two, –, –.
I'm beginning to see the light, –, –.
My last affair, –, –.

NOTE: (1) Joe Newman, Urbie Green, Frank Foster, Count
Basie, Freddie Green, Buddy Catlett and Sonny
Payne only.

Vcl acc by Nelson Riddle's Orchestra: + strings:

Los Angeles, September, 1963

Let's begin, Verve MGV4060, (E)SVLP9080.
A fine romance, –, –.
All the things you are, –, –.
I'll be hard to handle, –, –.
You couldn't be cuter, –, –.
She didn't say yes, –, –.
I'm old fashioned, –, –.
Remind me, –, –.
The way you look tonight, –, –.
Yesterdays, –, –.
Can't help lovin' that man, –, –.
Why was I born?, –, –.

These are the blues: Ella Fitzgerald (vcl), acc by Roy Eldrige
(tp), Wild Bill Davis (org), herb Ellis (g), Ray Brown (b), Gus
Johnson (d):

New York, October 27–28, 1963

63VK675	See see rider, Verve MGV4062 (G)2332083.
63VK676	Trouble in mind, –, –.
	Jailhouse blues, –, –.
	In the evening (when the sun goes down), –, –.
	You don't know my mind, –, –.
	How long, how long blues, –, –.
	Hear me talking to ya, –, –.
	Cherry Red, –, –.
	Downhearted blues, –, –.
	St. Louis blues, –, –.

Vcl acc by Frank de Vol's Orchestra: horns on (1) Zoot Sims
(ts–2, fl–3, vib–4), cel, g, b, d, and bgo on (5) + string section.

New York, March 3–4, 1964

> **Miss Otis regrets** (4), Verve MGV4064.
> **My man (mon homme)** (1, 3), –.
> **How high the moon** (2, 4), –.
> **Volare (Nel blu, dipinto di blue)**, (3, 4), –.
> **The thrill is gone** (1, 3, 5), –.
> **Memories of you** (2), –.
> **Lullaby of the leaves** (2, 4), –.
> **Pete Kelly's blues** (2, 4), –.
> **Call me darling**, Verve 58984.

English Orchestra under the leadership of Johnnie Spence
(arr, dir) tp's, tb's, reeds, p, g, b, d:

London, April 7, 1964

64VK335	**Can't buy me love**, Verve MGV4064.
64VK336	**Hello Dolly**, –.
	The sweetest sounds, –.
	People, –.

No details:

1964

64VK502	**I've grown accustomed to her face**, Verve, 10337.
64VK518	**Ringo beat**, 10340, 58123.
64VK519	**I'm fallin' in love**, –, –.
	Hernando's hideaway
	If I were a bell
	Warm all over
	Almost like being in love
	Dites moi
64KV660	**I could have danced all night**
	Show me
	No other love

Steam heat
Whatever Lola wants
Guys and dolls
Somebody somewhere

Ella Fitzgerald (vcl), acc by Roy Eldridge (tp), Tommy
Flanagan (p), Bill Yancey (b), Gus Johnson (d):

Jazz Festival, Juan-Les-Pins, France, July 1964

64VK555	**Day in day out**, Barclay GLP3716, Verve MGV4065.
64VK556	**Just a sittin' and a rockin'**, –, –.
64VK557	**The lady is a tramp**, –, –.
64VK558	**Summertime (re out)**, –, –.
64VK559	**St. Louis blues**, –, –.
64VK560	**Honeysuckle rose**, –, –.
	They can't take that away from me, –, –.
	You'd be so nice to come home to, –, –.
	Somewhere in the night (re out), –, –.
	I've got you under my skin, –, –.
	The cricket song, –, –.
	How high the moon, –, –.
	Goody goody, –, –.
	The boy from Ipanema, –.
	Cutie pants, –.

Ella Fitzgerald (vcl) acc by Nelson Riddle's Orchestra:
Buddy DeFranco (cl), Willie Smith (as), Paul Smith (p),
Frank Flynn (vib) plus others:

Los Angeles, October 20, 1964

Early autumn, Verve MGV4067.
Too marvellous for words, –.
Day in day out, –.
Laura, –.
This time the dreams on me, –.
Skylark, –.
Single O, –.

                    Something gotta give, –.
                    Travellin' light, –.
                    Midnight sun, –.
                    Dream, –.
                    I remember you, –.
                    When a woman loves a man, –.

No details:

65VK399   She's just a quiet girl, Verve 10359.
65VK400   We three, –.

Vcl acc by Tommy Flanagan (p), Keter Betts (b), Gus Johnson
(d):

Musikhalle, Hamburg, March 26, 1965

                    Walk right in, Verve MGV4069.
                    That old black magic, –.
                    Body and soul, –.
                    Here's that rainy day again, –.
65VK448   And the angels sing, –.
65VK508   A hard day's night, –.
                    Ellington medley: Mood indigo
                                       Do nothin' till your hear
                                         from me
                                       It don't mean a thing
                    The boy from Ipanema, Verve MGV4069.
                    Don't rain on my parade, –.
                    Angel eyes, –.
                    Smooth sailing, –.
                    Old McDonald had a farm, –.

Vcl acc by Duke Ellington and his Orchestra on (1) rhythm
on (2):

66VK342   Duke's Place (2), Verve 10408.
                    The shadow of your smile, –.

Duke Ellington/Ella Fitzgerald: Duke Ellington and his Orchestra: Cat Anderson, Cootie Williams, Mercer Ellington, Herbie Jones (tp), Lawrence Brown, Chuck Connors, Buster Cooper (tb), Jimmy Hamilton (cl, ts), Russell Procope (as, cl), Johnny Hodges (as), Paul Gonsalves (ts), Harry Carney (bar, cl), Duke Ellington (p), Jimmy Jones (p-l), replacing Duke, John Lamb (b), Luie Bellson (d), Ella Fitzgerald (vcl):

Los Angeles, October 1965

> **A flower is a lovesome thing** (1), Verve (V6)4070.
> **Something to live for**, (1), –.
> **Azure**, –.
> **I like the sunrise**, (1), –.
> **Passion flower**, (1), –.
> **Cotton tail** (1 + de also p), –.
> **Imagine my frustration** (*), –.
> **What am I here for?**, –.
> **Duke's place**, –.
> **The brown-skin gal** (1), –.

NOTE: (*) Original title of Imagine is in fact ›Feelin' kinda blue‹.

Vcl acc by Jimmy Jones (p), Jim Hughart (b), Grady Tate (d):

Juan-Les-Pins, July 28–29, 1966

101595	**Jazz samba** (1), Verve MGV4072-2.
101596	**Goin' out of my head**, –.
101597	**How long has this been goin' on?**, –.
101598	**Misty**, –.
101599	**The more I see you**, –.
101600	**Lullaby of Birdland**, –.

NOTE: (1) With Ellington band but above rhythm.

Vcl acc by The Duke Ellington Orchestra: Cootie Williams, Cat Anderson, Herbie Jones, Mercer Ellington (tp), Lawrence Brown, Buster Cooper, Chuck Connors (tb), Jimmy Hamilton (cl, ts), Johnny Hodges, Russell Procope (as), Paul Gonsalves (ts), Harry Carney (bar), Duke Ellington (p), John Lamb (b), Sam Woodyard (d):

Juan-Les-Pins, July 28, 1966

101601   **Mack the Knife**, Verve MGV4072-2.

Ray Nance (tp, vln, vcl), Ben Webster (ts) added:

Juan-Les-Pins, July 29, 1966

101602   **It don't mean a thing**, Verve MGV4072-2.
101603   **Just squeeze me**, –.

Vcl acc by Marty Paich's Orchestra: Harry Edison (tp), Jimmy Rowles (b), Chuck Berghofer (b), Louis Bellson (d), plus others:

Los Angeles, August 1966

100669   **Sweet Georgia Brown**, Verve MGV4071,
                (E)SVLP9148.
100670   **Whisper not**, –, –.
100671   **I said no**, –, –.
100672   **Thanks for the memory**, –, –.
100673   **Spring can really hang you up the most**, –, –.
100674   **Old McDonald had a farm**, –, –.

Vcl acc by Marty Paich's Orchestra: Stu Williamson (tp), Bill Perkins (ts), Jimmy Rowles (p), Al Viola (g), Joe Mondragon (b), Shelly Manne (d):

Los Angeles, August 1966

100675   **Time after time**, Verve MGV4071,
                (E)SVLP9148.
100676   **You've changed**, –, –.

100677	**I've got your number,** –, –.
100678	**Lover man,** –, –.
100679	**Wives and lovers,** –, –.
100680	**Matchmaker,** –, –.

Ella Fitzgerald and her Orchestra: prob full Ellington band
with Ella's rhythm section: Cootie Williams, Cat Anderson,
Mercer Ellington, Herbie Jones (tp), Chuck Connors, Buster
Cooper, Lawrence Brown (tb), Jimmy Hamilton (cl, ts),
Russell Procope, Johnny Hodges (as), Paul Gonsalves (ts),
Harry Carney (b-cl, bar), Jimmy Jones (p), Jim Hughart (b),
Ed Thigpen (d):

›The Greek Theatre‹, Los Angeles, September 14 + 25, 1966

> **The moment of truth**
> **These boots are made for walking**
> **Stardust**
> **I'm just a lucky so and so** (1)

NOTE: (1) small combo (tp) prob. Cat Anderson acc by
rhythm only.

1966

> **These boots are made for walkin'**, Stateside
> SS569, SE1044.
> **Stardust,** –, –.
> **The moment of truth**, Stateside SE1044.
> **I'm just a lucky so and so,** –.

No details:

Live, c. 1967

> **Gone with the wind**, Verve V6-8748.
> **The man I love,** –.
> **Summertime,** –.
> **The lady is a tramp,** –.
> **Boy from Ipanema,** –.
> **That old black magic,** –.

Just a-sittin' and a-rockin', –.
They can't take that away from me, –.
I've got you under my skin, –.
Body and soul, –.
St. Louis blues, –.
Stompin' at the Savoy, –.

Ella Fitzgerald (vcl) acc by Ralph Carmichael Chorus and Orchestra: no details:

Los Angeles, February 1967

56900	**God will take care**, Cap T2685.
56901	**What a friend we have in Jesus**, –.
56902	**God will be with you till we meet again**, –.
56903	**Abide with me**, –.
56904	**In the garden**, –.
56905	**Brighten the corner where you can**, –.
56906	**I shall not be moved**, –.
56907	**Just a closer walk with thee**, –.
56912	**Throw out the lifeline**, Cap T2685.
56913	**The old rugged cross**, –.
56914	**Rock of ages**, –.
56915	**I need thee every hour**, –.
56916	**Let the lower lights be burning**, –.
56917	**The church in the wildwood**, –.

Christmas: Ella Fitzgerald (vcl) prob acc with the same group as above:

Los Angeles, July 19, 1967

57998	**Silent night**, Cap T2805.
57999	**Hark the herald angels sing**, –.
58000	**Angels we have heard on high**, –.
58001	**We three kings**, –.

Los Angeles, July 20, 1967

58006	**O little town of Bethlehem**, Cap T2805.

58007	**Away in a manger**, –.
58008	**It came upon a midnight clear**, –.
58009	**Sleep, my little Lord Jesus**, –.
58010	**Joy to the world**, –.
58011	**O holy night**, –.
58012	**O come all ye faithful**, –.
58013	**God rest ye merry gentlemen**, –.

Los Angeles, July 21, 1967

| 58033 | **The first Noel**, Cap T2805. |

Misty blue: Ella Fitzgerald (vcl) acc by Sid Feller Orchestra: no details:

Los Angeles, December 20, 1967

58921	**I taught him everything he knows**, Cap T2888.
58922	**Don't touch me**, –.
58923	**Turn the world around**, –.
58924	**Walking in the sunshine**, –.

Los Angeles, December 21, 1967

58936	**It's only love**, Cap T2888.
58937	**Born to lose**, –.
58938	**The chokin' kind**, –.
58939	**Misty blue**, –.

Los Angeles, December 22, 1967

58944	**Evil on your mind**, Cap T2888.
58945	**Don't let the doorknob hit you**, –.
58946	**This gun don't care**, –.

30 by Ella: Ella Fitzgerald (vcl), acc by Benny Carter's Music: Harry Edison (tp), Benny Carter (as), George Auld (ts), Jimmy Jones (p, celeste), John Collins (g), Bob West (el-b), Panama Francis (d):

Los Angeles, July 1968

59798	Medley:	**No regrets**, Cap T2960, (F)STTX340776.
		I've got a feeling I'm falling
		Don't blame me, (inst).
		Deep Purple
		Rain
		You're a sweetheart
59799	Medley:	**On Green Dolphin Street**, –, –.
		How am I to know?
		Just friends
		I cried for you
		Seems like old times
		You stepped out of a dream

Louie Bellson (d) replaces Francis:

Los Angeles, July–August 1968

59819	Medley:	**If I give my heart to you**, Cap T260, (F)STTX340776.
		Once in a while
		Ebb tide
		The lamp is low
		Where are you
		Think of you
59820	Medley:	**My mother's eyes**
		Try a little tenderness
		I got it bad
		Everything I have is yours
		I never knew
		Goodnight my love

Los Angeles, August 1968

59892	Medley:	**Candy**, Cap T2960, (F)STTX340776.
		All I do is dream of you
		Spring is here, (inst).
		720 in the books
		It happened in Monterey

	What can I say after I say I'm sorry
59893	**Hawaiian war chant**, Cap 2267.
59894	**Medley: Four or five times**, T2960.
	Maybe
	Takin' a chance on love, (inst).
	Elmer's tune at sundown
	It's a wonderful world

Ella Fitzgerald (vcl), Benny Carter (arr, cond):

New York, 1968

26883   **It's up to me and you**, Cap 2212.

Sunshine of your love: Ella Fitzgerald (vcl), acc by Ernie Heckscher Big Band: pers. incl. Allen Smith (tp), Tommy Flanagan (p, cond), Frank De La Rosa (b), Ed Thigpen (d), Marty Paich, Frank De Vol, Tee Carson and Bill Holman (arr):

›*Fairmont Hotel‹, San Francisco, February/March 1969*

Hey Jude (pr, arr), MPS 15250ST, BASF 20712.
Sunshine of your love (mp, arr), MPS 15250ST, BASF 20712.
This girls's in love (fdv, arr), –, –.
Watch what happens (tc, arr), –, –.
Alright, okay, you win (mp, arr), –, –.
Give me the simple life (bh, arr), –, –.

Ella Fitzgerald (vcl), acc by own Trio: Tommy Flanagan (p), Frank De La Rosa (b), Ed Thigpen (d), same place and date:

Useless landscape, MPS 15250ST, BASF 20712.
Old devil moon, –, –.
Don' cha go' way mad, –, –.
A house is not a home, –, –.
Trouble is a man, –, –.
Love you madly, –, –.
NOTE: The abouve recording was made by Norman Granz

during a live performance. The original title on MPS was ›Sunshine of your love‹ but when BASF bought up the SABA label they released it again unter a BASF number and retitled the LP ›Watch what happens‹.

Ella: Ella Fitzgerald (vcl), acc by studio band with Richard Perry, Mike Vickers and John Cameron (arr):

London, May 26, 28, 29 + 30, 1969

> **Get ready**, Reprise RS6354.
> **The hunter gets captured by the game**, –.
> **Yellow man**, –.
> **I'll never fall in love again**, –.
> **Got to get you into my life**, –.
> **I wonder why**, –.
> **Open your window**, –.
> **Savoy truffle**, –.
> **Ooh, baby, baby**, –.
> **Knock on wood**, –.

NOTE: The above also on Midi (G)MID4008.

Vcl acc by Orchestra unter Dir. of Gerald Wilson (arr, cond), Bobby Bryant, Larry McGuire, Alex Rodriguez, Paul Hubinon, Harry Edison (tp), J. J. Johnson, Jimmy Cleveland, Mike Wimberley, Britt Woodman, Bill Tole, Alexander Thomas, Thurman Green (tb), Arthur Maebe (fhr), Henry de Vega (as), Anthony Ortega, Ernie Watts, William Green (fl, pic), Marshall Royal (as, cl, fl), Harold Land, Ray Bojorquez (ts), Richard Aplanalp (bar), Tommy Flanagan (p), Joe Sample (org, el-p), Vic Feldman/Bobby Hutcherson (vib), Herb Ellis/Dennis Budimir (g), Ray Brown (b), Louie Bellson (d), Modeste Duran, Franzisco de Souza (bgo, cga), Things ain't what they used to be:

Hollywood, 1970

> **Sunny**, Reprise RS6432m 44122.
> **Mas que nada**, –, –.

302

A man and a woman, –, –.
Days of wine and roses, –, –.
Black coffee, –, –.
Tuxedo junction, –, –.
I heard it through the grapevine, –, –.
Don't dream of anybody but me, –, –.
Things ain't what they used to be, –, –.
Willow weep for me, –, –.
Manteca, –, –.
Just when we're falling in love, –, –.

Ella Fitzgerald (vcl), Tommy Flanagan (p), Frank De Rosa (b), Ed Thigpen (d):

Nice Jazz Festival, July 21, 1971

Night and day, CBS (F)64812.
The many faces of Cole Porter, –.
    Get out of town
    Easy to love
    You do something to me
The ballad medley, CBS (F)64812.
    Body and soul
    The man I love
    Porgy
The bossa scene, –.
    The girl from Ipanema
    Fly me to the moon
    O nosso amor
    Cielito lindo
    Magdalena
    Aqua de beber
Summertime, –.
They can't take that away from me, –.
Aspects of Duke
    Mood indigo
    Do nothin' till you hear from me
    It don't mean a thing
Something, –.

> **St. Louis blues**, –.
> **Close to you**, –.
> **Put a little love in your heart**, –.

Last time: Mercer Ellington, Cootie Williams, Money Johnson, Edward Preston (tp), Malcolm Taylor, Chuck Connors, Booty Wood, James Cheatham, John Coles (tb), Russell Procope, Harold Minerve (as), Harold Ashby (ts, cl), Paul Gonsalves, Norris Turney (ts), Harry Carney (bar), Duke Ellington (p), Wild Bill Davis (org), Joe Benjamin (b), Rufus Jones (d), Nell Brookshire, Ella Fitzgerald (vcl):

Warsaw, Poland, October 30, 1971

> **I'm beginning to see the light**, Poljazz (P)SX0673.
> **Duke's tune**, –.
> **Things ain't what they used to be**, –.
> **Unknown no 1 (+ Hello Dolly)** (mj, vcl), –.
> **La plus belle Africaine.**
> **I got the blues** (nb, vcl).
> **Medley: Sophisticated lady**
> **   Caravan**
> **Satin doll.**
> **Unknown no 2.**
> **Lotus Blossom.**

Vcl acc by Count Basie and his Orchestra: George Minger, Paul Cohen, Sonny Cohn, Waymon Reed (tp), Al Grey, Bill Hughes (tb), Bobby Plater, Curtis Peagler (as, cl), Jimmy Forrest (ts), Eric Dixon (ts, fl), J. C. Williams (bar), Count Basie (p), Freddie Green (g), Norman Keenan (b), Harold Jones (d), Quincy Jones, Marty Paich, Gerald Wilson (arr):

Civil Auditorium, Santa Monica, CA, June 2, 1972

> **You've got a friend** (mp, arr), Pablo PB1000.
> **What's goin' on?** (gw, arr), –.
> **Shiny stockings** (qj, arr), –.

Der Not gehorchend, trug Ella schließlich auch auf der Bühne eine Brille, obwohl sie es haßte. Hier bei „An Evening with Pops".

(Archiv des Verfassers)

1987 erhielt Ella von Präsident Ronald Reagan die National Medal of Arts. Es war nur eine von vielen Ehrungen, die ihr im fünften Jahrzehnt ihrer Karriere zuteil wurden, aber diese war etwas Besonderes, weil sie damit als nationale Größe anerkannt wurde.
(National Archives, Office of Presidential Libraries)

       Cole Porter medley, –.
          Too darn hot (mp, arr),
          It's all right with me (mp, arr).
       Sanford & Son Theme (mp, arr), –.
       I can't stop lovin' you (mp, arr), –.

JATP All Stars: Roy Eldridge, Harry Edison (tp), Al Grey (tb), Stan Getz, Eddie Davis (ts), Count Basie (p), Freddie Green (g), Ray Brown (b), Ed Thigpen (d), Ella Fitzgerald (vcl):

Same place and date

       C jam blues

Ella Fitzgerald and Cole Porter: Charles Turner, Al Aarons, Carroll Lewis, Shorty Sherock (tp), J. J. Johnson, Bill Watrous, Dick Noel (tb), Christopher Riddle (b-tb), Wilbur Schwartz, Harry Klee (fl), Bill Green, Mahlon Clark (cl), Gordon Schoneberg, Norman Benno (oboe), Bobby Tricarico, Don Christlieb (bar), Paul Smith (p), Ralph Grasso (g), John Heard (b), Louie Bellson (d), Nelson Riddle (arr):

Hollywood, June 9, 1972

       I've got you under my skin, Pablo 2310-814.
       I concentrate on you, –.
       My heart belongs to daddy, –.
       Love for sale, –.
       So near and yet s far, –.
       Down in the depths, –.
       Just one of those things, –.
       I get a kick out of you, –.
       All of you, –.
       Anything goes, –.
       At long last love, Pablo 2310-814.
       C'est magnifique, –.
       Without love, –.

Ella Fitzgerald (vcl), acc by the Count Basie Orchestra plus
The Tommy Flanagan Trio: George Minger, Paul Cohen,
George Cohn, Waymon Reed (tp), William Hughes, Melvin
Wanzo, Frank Hooks, Al Grey (tb), John Williams, Eric
Dixon, Jimmy Forrest, Robert Plater, Curtis Peagler (saxes),
Count Basie (p), Freddie Green (g), Norman Keenan (b),
Harold Jones (d), Tommy Flanagan (p), Frank De La Rosa
(b), Ed Thigpen (d):

Palo Alto, August 2, 1972

> **Shiny stockings**, Pablo 2625701.
> **You've got a friend**, –.
> **What's going wrong**, –.

Vcl acc by Tommy Flanagan Trio: same trio as before, same
date:

> **Spring can really hang you up the most**, Pablo
> 2625701.
> **Madalena**, –.

Count Basie Orchestra added: same as before, same date:

> **The Cole Porter Medley**, Pablo 2625701.
>   **Too darn hot**
>   **It's all right with me**
> **Sanford & Son theme**, –.
> **I can't stop lovin' you**, –.

Ella Fitzgerald acc by Tommy Flanagan Trio, Count Basie
Orchestra plus The Philharmonic All Stars: Roy Eldridge,
Harry Edison (tp), Al Grey (tb), Stan Getz, Eddie ›Lockjaw‹
Davis (ts), Oscar Peterson (p), Freddie Green (g), Ray Brown
(b), Ed Thigpen (d), same date:

> **Finale: C jam blues**, Pablo 2625701.
> **At long last love**, Pabloe 2310-814.
> **C'est magnifique**, –.
> **Without love**, –.

Take love easy: Ella Fitzgerald (vcl), Joe Pass (g):

1973

> **Take love easy**, Pablo 2310-702.
> **Once I loved**, –.
> **Don't be that way**, –.
> **You're blasé**, –.
> **Lush life**, –.
> **A foggy day**, –.
> **Gee baby ain't I good to you**, –.
> **You go to my head**, –.
> **I want to talk about you**, –.

Newport Jazz Festival/Live at Carnegie Hall: Ella Fitzgerald (vcl), Tommy Flanagan (p), Joe Pass (g), Keter Betts (b), Freddie Waits (d).

Newport Jazz Festival, Juli 5, 1973

> **I've gotta be me**, Col KG32557.
> **Good morning heartache**, –.
> **Miss Otis regrets**, –.
> **Medley: Don't worry 'bout me** (ef, jp only), –.
> **These foolish things** (ef, jp only).
> **Any old blues**, –.

Ella Fitzgerald acc by the Chick Webb Orchestra: Taft Jordan, Dick Vance, Francis Williams, Frank Lo Pinto (tp), George Matthews, Al Cobb, Garnett Brown, Jack Jefffers (tb), Eddie Barefield, Chauncy Haughton, Pete Clarke, Arthur Clarke, Bob Ashton, Haywood Henry (reeds), Cliff Smalls (p), Lawrence Lucy (g), Beverly Peer (b), same date:

> **A-tisket, a-tasket**, Col KG32557.
> **Indian summer**, –.
> **Smooth sailing**, –.

Ella Fitzgerald (vcl), Ellis Larkins (p), same date:

You turned the tables on me, –.
Nice work if you can get it, –.
I've got a crush on you, –.

Ella Fitzgerald (vcl), Roy Eldridge (tp), Al Grey (tb), Eddie
›Lockjaw‹ Davis (ts), Tommy Flanagan (p), Joe Pass (g),
Keeter Betts (b), Freddie Waits (d), same date:

I can't get started, Col KG32557.
The young man with a horn, –.
'Round midnight, –.
Star dust, –.
C jam blues, –.
Medley: Taking a chance on love, –.
         I'm in the mood for love, –.
         Lemon drop
         Some of these days
         People

Fine and mellow: Ella Fitzgerald (vcl), acc by Clark Terry (tp,
flhrn), Zoot Sims, Eddie ›Lockjaw‹ Davis (ts), Harry Edison
(tp), Tommy Flanagan (p), Joe Pass (g), Ray Brown (b), Louie
Bellson (d):

Los Angeles, January 8, 1974

Fine and mellow, Pablo 2310-829.
I'm just a lucky so and so, –.
(I don't stand) A ghost of a chance with you,
Pablo 2310-829.
Rockin' in rhythm, –.
I'm in the mood for love, –.
'Round midnight, –.
I can't give you anything but love, –.
The man I love, –.
Polka dots and moonbeams, –.

In London: Ella Fitzgerald (vcl), Tommy Flanagan (p), Joe
Pass (g), Keter Betts (b), Bobby Durham (d):

›Ronnie Scott's Club‹, London, April 11, 1974

Sweet Georgia Brown, Pablo 2310-711.
They can't take that away from me, –.
Everytime we say goodbye, –.
The man I love, –.
It don't mean a thing, –.
You've got a friend, –.
Lemon drop, –.
The very thought of you, –.
Happy blues, –.

Ella and Oscar: Ella Fitzgerald (vcl), Oscar Peterson (p):

Los Angeles, May 19, 1975

Mean to me, Pabloe 2310-759.
How long has this been going on, –.
When your lover has gone, –.
More than you ever know, –.
There's a lull in my life, –.

Ray Brown (b), added, same date:

Midnight sun, –.
I hear music, –.
Street of dreams, –.
April in Paris, –.

Ella Fitzgerald (vcl), Tommy Flanagan (p), Keter Betts (b), Bobby Durham (d):

Live, Montreux Jazz Festival, July 17, 1975

The man I love, Pablo 2625-707.
Caravan, 2310-751.
Satin doll, –.
Wave, –.
Teach me tonight, –.
It's all right with me, –.

Let's do it, –.
How high the moon, –.
The girl from Ipanema, –.
'T'ain't nobody's bizness, –.

Again: Ella Fitzgerald (vcl), Joe Pass (g):

Los Angeles, February 8, 1976

I ain't got nothin' but the blues, Pablo
2310-772.
'Tis autumn, –.
I didn't know about you, –.
You took advantage of me, –.
I've got the world on a string, –.
All too soon, –.
The one I love belongs to somebody else, –.
Solitude, –.
Nature boy, –.
Tennessee waltz, –.
One note samba, –.
My old flame, –.
That old feeling, –.
Rain, –.

Montreux '77: Ella Fitzgerald (vcl), acc by Tommy Flanagan
(p), Keter Betts (b), Bobby Durham (d):

Montreux, July 15, 1977

Too close for comfort, Pablo 2306-206.
I ain't got nothin' but the blues, –.
My man, –.
Come rain or come shine, –.
Day by day, –.
Ordinary fool, –.
One note samba, –.
I let a song go out of my heart, –.
Billie's bounce, –.
You are the sunshine of my life, –.

Ella Fitzgerald (vcl) acc by Nelson Riddle Orchestra: Charles Turner, Al Aarons, Carroll Lewis, Shorty Sherock (tp), J. J. Johnson, Bill Watrous, Dick Noel (tb), Chris Riddle (b-tb), Harry Klee, Wilbur Schwartz (fl), Bill Green, Mahlon Clark (cl), Gordon Schonberg, Norman Benno (oboe), Bob Tricarico, Don Christlieb (bar), Paul Smith (p), Ralph Grasso (g), John Heard (b), Louie Bellson (d), Nelson Riddle (arr, cond):

Los Angeles, February 13, 1978

> **Dream dancing**, Pablo 2310-814.
> **After you**, –.

Lady time: Ella Fitzgerald (vcl), Jackie Davis (org), Louie Bellson (d):

Los Angeles, June 19 + 20, 1978

> **I'm walkin'**, Pablo 2310-825.
> **All or nothing at all**, –.
> **I never had a chance**, –.
> **I cried for you (now it's your turn to cry over me)**, –.
> **Since I fell for you**, –.
> **And the angels sing**, –.
> **I'm confessin' (that I love you)**, –.
> **Mack the Knife**, –.
> **That's my desire**, –.
> **I'm in the mood for love**, –.

A classy Pair: Ella Fitzgerald sings, Count Basie plays: Ella Fitzgerald (vcl), Pete Minger, Sonny Cohn, Ray Brown, Nolan Smith (tp), Mel Wanzo, Bill Hughes, Booty Wood, Dennis Wilson (tb), Bobby Plater, Danny Turner, Kenny Hing, Eric Dixon, Charlie Fowlkes (saxes), Count Basie (p), Freddie Green (g), John Clayton (b), Butch Miles (d):

Hollywood, February 15, 1979

> **Organ grinder's swing**, Pablo 2312-132.
> **Just a sittin' and a rockin'**, –.

> My kind of trouble is you, –.
> Ain't misbehavin', –.
> Teach me tonight, –.
> I'm getting sentimental over you, –.
> Don't worry 'bout me, –.
> Honeysuckle rose, –.
> Sweet Lorraine, –.

A perfect match: Ella & Basie: Ella Fitzgerald (vcl), acc by Count Basie Orchestra: Pete Minger, Sonny Cohn, Paul Cohen, Ray Brown (tp), Mitchell »Bootie« Wood, Bill Hughes, Mel Wanzo, Dennis Wilson (tb), Bobby Plater, Danny Turner (as), Kenny Hing, Eric Dixon (ts), Charlie Fowlkes (bar), Paul Smith (p), Count Basie (p-l), Freddie Green (g), Keter Betts (b), Mickey Roker (d):

Montreux, July 12, 1979

> Please don't talk about me when I'm gone, Pablo 2312-110.
> Sweet Georgia Brown, –.
> Some other spring, –.
> Make me rainbows, –.
> After you've gone, –.
> Round about midnight, –.
> Fine and mellow, –.
> You've changed, –.
> Honeysuckle rose, –.
> St. Louis blues, –.
> Basella (1), –.

Digital III at Montreux: Ella Fitzgerald (vcl), Paul Smith (p), Keter Betts (b), Mickey Rocker (d) same date:

> (I don't stand a) Ghost of a chance (with you), Pablo D2308223.
> Flying home, –.

NOTE: Rest of the above LP see Count Basie and Joe Pass.

Ella Abraca Jobim/Sing the Antonio Carlos Jobim Songbook: Vcl acc by Clark Terry (tp), Zoot Sims (ts), Toots Thielemans (hca), Terry Trotter, Mike Lang, Clarence McDonald (keyboards), Joe Pass (el-g), Oscar Castro-Neves, Paul Jackson, Mitch Holder, Roland Bautiste (g), Abraham Laboriel (b), Alex Acuna (d), Paulhino Da Costa (perc), Erich Bulling (arr, cond), coll. pers:

Hollywood, September 17–19, 1980 + March 18–20, 1981

> **Somewhere in the hills**, Pablo 2630-201.
> **The girl from Ipanema**, –.
> **Dindi**, –.
> **Off key (Desafinado)**, –.
> **Water to drink (Agua de beber)**, –.
> **Triste**, –.
> **How insensitive**, –.
> **He's a Carioca**, –.
> **A felicidade**, –.
> **This love that I found**, –.
> **Dreamer**, –.
> **Quiet nights of quiet stars (Corcovado)**, –.
> **Bonita**, –.
> **One note samba**, –.
> **Wave**, –.
> **Don't ever go away**, –.
> **Song of the jet**, –.
> **Useless landscape**, –.

The best is yet to come: Ella Fitzgerald (vcl), acc by Al Aarons (tp), Bill Watrous (tb), Bob Cooper (ts), Marshall Royal (as), Hubert Laws, Wilbur Schwarzt, Ronnie Lang, Bill Green (fl), David Allen Duke, Gale Robinson, Joe Meyer, Richard Klein (fhr), Jimmy Rowles (p), Art Hillery (org), Joe Pass (g), Tommy Tedesco (g-l), Jim Hughart (b), Shelly Manne (d), Jerome Kessler, Dennis Karmazyn, Christine Ermacoff, Barbara Jane Hunter, Nancy Stein, Robert L. Martin, Frederick Seykora, Judy Perett (cello), Nelson Riddle (arr, cond):

Hollywood, February 4–5, 1982

> **I wonder where our love has gone** (1), Pablo
> 2312-138.
> **Don't be that way**, –.
> **God bless the child**, –.
> **You're driving me crazy**, –.
> **Good-bye** (1), –.
> **Any old time**, –.
> **Autumn in New York** (1), Pablo 2312-138.
> **The best is yet to come**, –.
> **Deep purple** (1), –.
> **Somewhere in the night** (1), –.

Speak Love: Joe Pass (g), Ella Fitzgerald (vcl):

Hollywood, March 21 + 22, 1982

> **Speak low**, Pablo D233 0888.
> **Comes love**, –.
> **There's no you**, –.
> **I may be wrong (but I think you're
> wonderful)**, –.
> **At last**, –.
> **The thrill is gone**, –.
> **Gone with the wind**, –.
> **Blue & sentimental**, –.
> **Girl talk**, –.
> **Georgia on my mind**, –.

Nice work if you can get it: Ella Fitzgerald and André Previn
do Gershwin: Ella Fitzgerald (vcl), André Previn (p),
Niels-Henning Ørsted Pedersen (b):

New York, May 23, 1983

> **A foggy day**, Pablo Today D2312-140.
> **Nice work if you can get it**, –.
> **But not for me**, –.

Let's call the whole thing off, –.
How long has this been going on, –.
Who cares?, –.
They can't take that away from me, –.
Medley: I've got a crush on you, –.
Someone to watch over me, –.
Embraceable you, –.

Ella à Nice: Ella Fitzgerald with Tommy Flanagan (p), Ed Thigpen (d), and Frank De La Rosa (b).

Nice, France, July 21, 1971, Pablo Live 2308-234 p. 1983

Night and Day
The Many Faces of Cole Porter
The Ballad Medley
The Bossa Scene
Summertime
They Can't Take That Away From Me
Aspects of Duke
Something
St. Louis Blues
Close To You
Put A Little Love In Your Heart

Stockholm Concert: Ella Fitzgerald (vcl), with Duke Ellington and his Orchestra.

Stockholm, Sweden 1966. Pablo Live: 2308-242

Imagine My Frustration
Duke's Place
Satin Doll
Something to Live For
Wives & Lovers
So danco Samba
Let's Do It
Lover Man
Cottontail

Anmerkungen

Kapitel 1

1 – »Half a Century of Song With the Great ›Ella‹«, *New York Times* (15. Juni 1986), S. 31.

2 – Interview mit Billy Taylor, *Sunday Morning* (CBS-TV, 13. Januar 1985).

3 – »Ella Fitzgerald Plans to Write Her Autobiography«, *Jet* (21. Oktober 1985), S. 62.

4 – Interview in *Essence* (NBC-TV, 12. Juli 1986).

5 – Ibid.

6 – Bud Kliment, *Ella Fitzgerald* (New York: Chelsea House, 1988), S. 22.

7 – Joe Smith, *Off the Record* (New York: Warner, 1988) S. 14.

8 – Einige Quellen geben an, der erste Amateurwettbewerb, an dem sie teilgenommen habe, habe im Apollo Theater stattgefunden, das später weitaus bekannter wurde als das Harlem Opera House.

9 – Kliment, S. 18.

10 – Ibid.

11 – Nach einigen Quellen betrug der Preis in bar $ 10.

12 – Einige Quellen behaupten, es sei das Lafayette Theater gewesen, aber zu der Zeit veranstaltete das Lafayette schon keine Amateurwettbewerbe mehr.

13 – David Hinckley, »Ella, The Object of Their Affection«, New York *Daily News* (12. Februar 1990), S. 29.

14 – »First Lady of Song« (Dezember 1949), S. 41.

15 – »She Who Is Ella«, *Time* (27. November 1984), S. 86.

16 – *Essence* Interview.

17 – »Half a Century of Song with the Great ›Ella‹«, *New York Times* (15. Juni 1986), S. 31.

Kapitel 2

1 – Kliment, S. 31.

2 – Garvin Bushell, *Jazz From the Beginning* (Ann Arbor: University of Michigan Press, 1988), S. 101.

3 – Duke Ellington, *Music Is My Mistress* (New York: Doubleday, 1973), S. 100.

4 – *A History of Jazz in America* (New York: Viking, 1952), S. 171.

5 – Ellington, ibid.

6 – Kliment, S. 36.

7 – Sid Colin, *Ella: The Life and Times of Ella Fitzgerald* (London: Elm Tree, 1986), S. 20.

8 – Kliment, S. 41.

9 – Interview, 9. Mai 1988.

10 – Colin, S. 27/28

11 – Interview, 14. August 1989.

12 – Bushell, S. 102.

13 – Interview, 11. August 1989

14 – *Time* (27. November 1984), S. 91

15 – Interview, 9. Mai 1988.

16 – *Time*, ibid.

17 – Nat Shapiro und Nat Hentoff, *Hear Me Talkin' To Ya: The Story of Jazz As Told By the Men Who Made It* (New York: Dover, 1955), S. 195/196.

18 – *Hamp: An Autobiography* (New York: Amistad/Werner, 1989), S. 30.

19 – Kliment, S. 45/46

20 – Shapiro und Hentoff, S. 194.

21 – Kliment, S. 49

Kapitel 3

1 – Stanley Dance, *The World of Earl Hines* (New York: Scribner's, 1977), S. 257.

2 – Kliment, S. 52.

3 – Schuller, S. 293, N. 27.

4 – Kliment, S. 57.

5 – Interview, 11. August 1989.

6 – Bushell, S. 101.

7 – Ibid., S. 103.

8 – Brief an den Autor von Abe und Harriet Rothstein, 11. April 1989.

9 – Brief an den Autor von E. E. Gariepy, 6. Juli 1989.

10 – Brief an den Autor von Dave Burchfield, 10. April 1989.

11 – Interview, 14. April 1989.

12 – Kliment, S. 55.

13 – Bushell, S. 101.

14 – Kliment, S. 56.

15 – Colin, S. 55.

Kapitel 4

1 – Interview, 14. August 1989.

2 – Colin, S. 56.

3 – April 1940.

4 – Interview, 11. August 1989.

5 – Ibid.

6 – Colin, S. 58.

7 – Bushell, S. 104

8 – Interview, 11. August 1989.

9 – Ibid.

10 – Ibid.

11 – Colin, S. 60/61

12 – Interview, 14. August 1989.

13 – Ibid.

14 – Interview, 11. August 1989.

15 – Ibid.

16 – McDonough, S. 31.

17 – Dizzy Gillespie mit Al Fraser, *To Be Or Not To Bop* (Garden City, N. Y.: Doubleday, 1979), S. 133.

18 – Interview, 11. August 1989.

19 – Ibid.

20 – Interview, 14. August 1989.

21 – Leslie Gourse, *Louis' Children: American Jazz Singers* (New York: William Morrow, 1984), S. 257.

Kapitel 5

1 – Interview, 9. Mai 1989.
2 – Interview, 15. August 1989.
3 – Ibid.
4 – *John Hammond on Record* (New York: Summit Books, 1977), S. 255.
5 – Brief an den Autor von Abe und Harriet Rothstein, 11. April 1989.
6 – Interview, 15. August 1989.
7 – Ibid.
8 – Kliment, S. 63.
9 – Hammond, S 273.
10 – Interview, 5. Mai 1990.
11 – Ibid.
12 – Ibid.
13 – Ibid.
14 – Ibid.
15 – Gillespie, S. 273.
16 – Inteview, 8. März 1988.
17 – Gillespie, ibid.
18 – Stanley Dance, *The World of Count Basie* (New York: Scribner's, 1980), S. 333/334.
19 – Colin, S. 92.

Kapitel 6

1 – Gillespie, S. 272.
2 – Interview, 8. Mai 1989.
3 – Interview, 8. Dezember 1989.
4 – John McDonough, »Jazz: Revisiting Norman Granz«, *Wall Street Journal* (5. September 1989), S. A12.
5 – Colin, S. 102.
6 – Kliment, S. 72/73.
7 – »The Jazz Business«, *Time* (2. März 1953), S. 40.
8 – Colin, S. 87.
9 – Interview, 8. Dezember 1989.
10 – Colin, ibid.
11 – Ibid.

12 – Briefe an den Autor, 24. Juli 1989 und 16. September 1989.

13 – »Ella Admires Bebop But Prefers to Sing Ballads (Ella bewundert Bebop, zieht es aber vor, Balladen zu singen), *Ebony* (Mai 1949), S. 46.

14 – Jim Haskins mit Kathleen Benson, *Nat King Cole: An Intimate Biography* (Briarcliff Manor, N. Y.: Stein & Day 1984), S. 118.

15 – Interview, 19. August 1989.

16 – Brief an den Autor, 5. Juni 1989.

17 – Interview, 8. Dezember 1989.

18 – Colin, S. 96.

19 – *Vancouver Sun* (1. August 1989), ohne Seitenangabe.

20 – *Sunday Morning* CBS-TV (1. Oktober 1989).

21 – Kitty Grime, *Jazz Voices* (New York: Quartet, 1983).

22 – Interview, 8. Dezember 1989.

Kapitel 7

1 – Interview, 23. Mai 1988.

2 – Haskins mit Benson, S. 126.

3 – *Time* (3. März 1953), ohne Seitenangabe.

4 – *New York Amsterdam News* (17. November 1936) ohne Seitenangabe.

5 – Colin, S. 100.

6 – Leonard Feather, »Ella Today (And Yesterday Too)«, *Down Beat* (18. November 1965), S. 22.

7 – Interview, 9. Mai 1989.

8 – »Any Style Will Do« (7. Juni 1954), S. 82.

9 – 19. August 1955.

10 – Gillespie, S. 407/408.

11 – Ibid., S. 407.

12 – »The Ella Fitzgerald/Norman Granz Songbooks: Locus Classicus of American Song«, *Hi-Fidelity* (März 1980), S. 47.

13 – Ibid., S. 48.

14 – Smith, S. 15.

15 – Quelle nicht zu ermitteln, Zeitungsausschnitte im Schomburg Center for Research in Black Culture.

16 – James Goodrich, »On the Record«, *Tan* (Juli 1957), S. 13 und 61.
17 – Ibid., S. 61.

Kapitel 8

1 – Smith, S. 18.
2 – Brief an den Autor von Victoria Secunda, 1. Oktober 1989.
3 – »Ella Fitzgerald, Norway Friend Now Deny They're Married« (Ella Fitzgerald und ihr norwegischer Freund bestreiten die Eheschließung), *Jet* (15. August 1957), S. 20/21.
4 – 24. August 1957.
5 – Brief von Victoria Secunda.
6 – Gourse, S. 257.
7 – John McDonough, »Pablo Patriarch: The Norman Granz Story Part II«, *Down Beat* (November 1979), S. 35.
8 – Ellington, S. 236/237
9 – »Duke Ellington and Queen Ella« (12. April 1958), S. 50.
10 – Ellington, S. 238.
11 – »Music: Gingham and Ginger Ale«, *Good Housekeeping* (Februar 1958), S. 40.
12 – Rufus Blair, »Audience Appreciation«, *The Afro-American* (8. Februar 1958), S. 5; Rufus Blair, »Ella Fitzgerald Sees ›Rock 'n' Roll‹ Decline«, *The Afro-American* (20. März 1958), S. 7.
13 – »Ella Fitzgerald Talks ›Rock'n'Roll‹ Vs. Jazz«, *Chicago Defender* (5. April 1958), ohne Seitenangabe.
14 – Dance, *World of Count Basie*, S. 295.
15 – »Ella Fitzgerald Joins Duke Ellington in a Jazz Concert at Carnegie Hall«, (7. April 1958), ohne Seitenangabe.
16 – Colin, S. 115/116.
17 – Interview, 9. Mai 1989.
18 – »What Ella Does Best«, *Newsweek* (23. Juni 1958), S. 67.
19 – Hammond, S. 341.
20 – »Hot Air«, (April 1972).

Kapitel 9

1 – Haskins mit Benson, S. 156.
2 – Ibid.
3 – Interview, 8. Mai 1989.
4 – »The Perennial Ella« (25. März 1961), S. 194.
5 – »11 000 Hear Ella Fitzgerald at Forest Hills Stadium« (7. August 1961), ohne Seitenangabe.
6 – Interview, 19. August 1989.
7 – 13. Dezember 1963.
8 – McDonough, *Down Beat* (November 1979), S. 31.
9 – Interview, 2. Juli 1989.
10 – Ibid.
11 – Interview, 8. Mai 1989.
12 – Interview, 2. Juli 1989.
13 – *Jazz: A History* (New York: Norton, 1977), S. 322/323.
14 – Interview, 2. Juli 1989.
15 – Ibid.
16 – Colin, S. 126.
17 – Feather, S. 23.
18 – Brief an den Autor, 1. Oktober 1989.
19 – Colin, S. 127.

Kapitel 10

1 – Interview, 19. August 1989.
2 – Interview, 23. Mai 1988.
3 – Interview, 9. Mai 1988.
4 – Interview, 23. November 1989.
5 – April 1972.
6 – Interview, 13. November 1989.
7 – April 1972.
8 – Ibid.
9 – Jay M. Steinberg und Pat Salvo, »That Great Jazz Feeling«, *Sepia* (Oktober 1979), S. 57.
10 – McDonough, *Down Beat* (November 1979), S. 36.
11 – »Ain't But a Few of Us Left«, *Progressive* (September 1982), S. 51.
12 – John Chilton und Max Jones, *Louis* (Briarcliff Manor, N. Y.: Stein & Day, 1984), S. 125.

13 – Ibid.

14 – »Ella, Basie Join Hands in California Stand« (1. Februar 1973), S. 11.

15 – »Ella Fitzgerald's Solo on ›Lemon Drop‹« (Okt./Nov. 1987), ohne Seitenangabe.

16 – Steinberg und Salvo, ibid.

17 – April 1972.

18 – Steinberg und Salvo, ibid.

19 – »Sinatra, Basie and Ella Fitzgerald Appear for Audience of Old Admirers«, *The New York Times* (10. September 1975), ohne Seitenangabe.

20 – »A New Jazz Reissue Series from Verve« (Mai 1977), S. 98.

21 – »*Jazz*« *Consumer Reports* (Oktober 1976), S. 584.

22 – Interview, 13. November 1989.

23 – »Jazz: Ella Fitzgerald Wins Ovation« (4. April 1978), S. C6.

24 – Brief an den Autor, 8. April 1989.

25 – »Spin Off« (26. Juni 1978), ohne Seitenangabe.

Kapitel 11

1 – Arthur Unger, »JFK Center Tribute: It Was Better on TV«, *Christian Science Monitor* (28. Dezember 1979), ohne Seitenangabe.

2 – John Rockwell, »Half a Century of Song with the Great ›Ella‹«, *New York Times* (15. Juni 1986), S. 30.

3 – »Ella Fitzgerald and André Previn Do Gershwin«, *Jazz Journal International* (September 1984), ohne Seitenangabe.

4 – »Joe Pass is Surprise Guest of Fitzgerald at Carnegie« (24. Juni 1985), ohne Seitenangabe.

5 – »Ella Fitzgerald: Songbird Lives«, *The Wall Street Journal* (31. Mai 1990), S. A12.

6 – »Ella«, *Esquire* (November 1985), S. 98/99, 102.

7 – David Hinckley, »Ella, The Object of Their Affection«, *New York Daily News* (12. Februar 1990), S. 29.

8 – »Caught! An Evening with Ella Fitzgerald«, *Down Beat* (Februar 1980), S. 57/58.

9 – Interview, 13. November 1989.

10 – Ibid.

11 – Interview, 8. Mai 1989.

12 – »Ella Fitzgerald, Oscar Peterson (Palladium London)«
(22. April 1981), S. 178.

13 – Bob Greene, »The Sky's the Limit«, *Esquire* (Mai 1983),
S. 14.

14 – »Fitzgerald and Peterson Perform at Wolf Trap«,
(25. August 1986), ohne Seitenangabe.

15 – Interview, 13. November 1989.

16 – Mary Ellen Wright, »Ella Helps F&M Blow Out its 200
Candles«, *Lancaster Sunday News* (8. Juni 1987), ohne
Seitenangabe.

17 – (27. Juni 1989), ohne Seitenangabe.

18 – Interview, 13. November 1989.

19 – Interview, 19. August 1989.

20 – Interview, 23. Mai 1988.

21 – Interview, 19. August 1989.

22 – Ibid.

23 – Ibid.

24 – »Ella Fitzgerald Plans to Write her Autobiography«, *Jet*
(21. Oktober 1985), S. 62.

Register

Internationale Stars der Rock- und Popmusik

Ihr Leben - ihre Musik

Jerry Hopkins/
Daniel Sugerman
**Keiner kommt
hier lebend raus**
*Die Jim-Morrison-
Biographie*
01/8159

Christopher P.
Andersen
Mick Jagger
*Die nicht-
autorisierte
Biographie*
01/8529

Rick Sky
Freddie Mercury
*Das Leben des
legendären Popstars*
01/8703

Victor Bockris
Keith Richards
*Die Biographie des
legendären Gitarristen
der Rolling Stones*
01/8830

Mick Wall
Guns n´ Roses
*Lügen, Fakten und der
unzensierte Rest*
01/8845

J. P. Bean
Joe Cocker
*Durch die Hölle
zum Erfolg*
01/8858

Charles Shaar
Murray
Jimi Hendrix
*Die Legende der
Rockmusik*
01/8886

Wilhelm Heyne Verlag
München

Faszinierende Frauen

Die neuen Stars in Hollywood

HEYNE FILMBIBLIOTHEK

Cookie Lommel

MICHELLE PFEIFFER

IHRE FILME – IHR LEBEN

32/170

Außerdem lieferbar:

Adolf Heinzlmeier
Kim Basinger
Ihre Filme – ihr Leben
32/177

Robert Fischer
Jodie Foster
Hollywoods Wunderkind
32/179

Eric Shangai
Madonna
32/156

Meinolf Zurhorst
Julia Roberts
»Pretty Woman«
32/168

Andrea Thain
Meryl Streep
32/109

Wilhelm Heyne Verlag
München

Mary Higgins Clark

Ihre psychologischen Spannungsromane sind ein exquisites Lesevergnügen. »Eine meisterhafte Erzählerin.«

Sidney Sheldon

Schrei in der Nacht
01/6826

Das Haus am Potomac
01/7602

Wintersturm
01/7649

Die Gnadenfrist
01/7734

Schlangen im Paradies
01/7969

Doppelschatten
Vier Erzählungen
01/8053

Das Anastasia-Syndrom
01/8141

Wo waren Sie, Dr. Highley?
01/8391

Schlaf wohl, mein süßes Kind
01/8434

Mary Higgins Clark (Hrsg.)
Tödliche Fesseln
Vierzehn mörderische Geschichten
01/8622

Wilhelm Heyne Verlag
München